内山節と読む
世界と日本の
古典50冊

UCHIYAMA
Takashi
内山節

農文協

はじめに

敗戦から30年くらいの間は、青年たちが思想的な本を読もうとすると、マルクス、エンゲルス、レーニンといった社会主義系の文献から読みはじめることが多かった。その頃までは社会主義思想が輝きを失っていなかったのである。

私もその一人だった。マルクスとエンゲルスによって書かれた『共産党宣言』から読みはじめ、次第にマルクスの他の文献にも手を広げていく。ところが『ドイツ・イデオロギー』などを読もうとすると、ヘーゲルやフォイエルバハの哲学がわかっていないと理解するのは難しい。こうしてヘーゲルやフォイエルバハの本を読むことになり、ところがヘーゲルを理解するためにはカント哲学やギリシャ哲学の知識が必要になる。すなわち、マルクスを理解するためにより古い時代の哲学を読んでいく。そうこうするうちに哲学がおもしろくなってくる。私もそうだが、こういう読み方をする人たちが当時は多かった。

個人的には、たとえば『共産党宣言』のなかで空想的社会主義者などとして批判されている、マルクスと同時代の思想家たちのものや、ヘス、ルーゲ、シュティルナーといった急進的な社会批判派のものも、当時手に入るものは読んでいた。基本的にこういう読み方だから、私の本箱には古典と呼ばれる本が多い。経済学に関心をもったときも、スミス、リカードゥ、ケネー、J・S・ミル、ペティといった古典経済学から読みはじめた。また戦後はサルトルを代表とする実存主義の哲学も人気があったが、私自身はサルトルをあまり評価していなかった。おそらくその理由は、人間の主体を論理的にとらえようとする思考に浅薄なものを感じていたからだろう。私の主体のとらえ方は論理的というより文学的であり、個人の主体として個体還元主義的にとらえるのではなく、関係論的に考察しようとするものである。

率直に述べれば、私のような仕事をしている人間としては、私はそれほど多くの本を持っていない。置き場がないという問題もあるが、私はいらないと思った本はすぐに処分してしまうのである。これからも読み返す可能性のある本だけをとっておく。それでも東京と上野村の家を合わせれば何千冊かはありそうだが、こうしてますます古典と呼ばれるような本の割合がふえることになった。

＊

もう一つ述べておくと、日本では戦前から『歎異抄《たんにしょう》』が特殊な地位をもっていた。鎌倉時代に唯円によって書かれたこの本は、親鸞の教えをまとめたものとして江戸時代にも何度か刊行されていたが、今日的な『歎異抄』ブームの基盤は、明治になって清沢満之が再評価してからのものである。内容をめぐる議論の多い本ではあるが、親鸞教学を伝えようとして書かれたものである。ところがこの本は、必ずしも浄土真宗に帰依しない人たちの間でもよく読まれた。そんなこともあって、私も十代半ばに、『歎異抄』だけは読んだことがある。それをきっかけにして、私もときには仏教系の本も読むようになった。そんな感じで読んでみると、圧倒的におもしろいのは仏教の経典自身であり、各宗派の開祖たちの本や『大乗起信論』といった古い文献なのである。こうしてこの分野でも、本箱に古典がふえていくことになった。

哲学の世界では、19世紀以降、仏教思想から学ぼうとする傾向が生まれている。20世紀になるとこの動きはますます広がっていくのだが、それは西洋哲学の限界が意識されはじめたこととも関係している。論理的考察によって真理を発見するという方法に対する懐疑や、人間中心主義への批判などがいろいろな領域で拡大していった。いまでは、哲学を学ぶことと仏教思想を学ぶことの間に、断絶はなくなったといってもよい。仏教の領域では、私にとっては、真理を個別的な実体としてとらえるのではなく、とらえられない関係としてみつめる『華厳経』の思想を知ったことが大きかった。関係論的な視点からさまざまなものをとらえるのが私の哲学の方法であるが、この方法と仏教思想が、『華厳経』を仲立ちとして重なり合うようになったのである。そんなこともあってこの本でも、何冊かの仏教書が取り上げられている。

＊

『かがり火』という隔月刊の雑誌がある。全国各地で地域づくりなどで活躍している、しかしいまのマスメディアや出版文化の世界からは無名でありつづける人たちの活動を伝える雑誌として、菅原歓一さんがつくった雑誌である。貴重な雑誌なのだけれど、経営的には苦戦の連続だった。今年（２０１９年）の10月号で１８９号となるから、30年以上つづいた雑誌である。いまから10年くらい前に経営危機になり休刊を余儀なくされた。ところが購読者たちが「廃刊にするな」と起ち上がり、寄付を集めて相当額の運転資金を提供してくれたのである。こうして『かがり火』は復刊された。

復刊されたとき菅原さんが私に編集長をやってほしいと頼みにきた。そういうわけでいまでも『かがり火』の奥付には「発行人菅原歓一、編集人内山　節」と記されているが、実際の編集作業は菅原さんとその仲間たちによっておこなわれていて、私は奥付に名前が載っているだけの編集人である。菅原さんからの依頼も、はじめからそういうことだった。

しかし、私も『かがり火』の復刊を喜んでいた一人であったし、多少は協力しようということになってはじめたのが、この雑誌での「古典を読む」という連載だった。昔読んだ本で、いま読みなおしてもよい本を紹介していくという企画である。連載は２０１０年の10月号から開始されているから、10年ほどつづいている。この連載を単行本化したのが本書である。連載のなかでは同じ本を二度取り上げたときもあったので、そういうものは一つにしぼったが、刊行にあたって原稿にはほとんど手を入れていない。原則として連載時のままである。

＊

この連載は書評的な書き方をしていない。つまりできるだけ正確に内容を紹介して批評を加えるという形式をとっていない。むしろ、どういう時代背景のなかで、どんな読まれ方をしたのかという方に力点を置いている。

たとえば最初に触れた『共産党宣言』をみても、戦後になって『共産党宣言』が出版、発売されたときには、全国各地の本屋に行列ができて多くの人が買い求めた。敗戦によって社会のすべてが破壊され、人々が食べることにも苦しんだ時代、他方で社会主義が輝いてみえた時代がそれをつくりだした。それと比べれば私の世代は、高度成長の時代とソ連や中国が光を失っている時代である。ゆえに社会主義思想も敗戦直後とは違う角度から読まれた。社会主義思想を学ぼうとする姿勢はあったとしても、それは無条件のものではなく、マルクスの文献も一面では批判的に読む。それが私の時代だった。

永く読み継がれてきた古典といえるような本は、それぞれの時代の関心のなかで読み継がれてきたのである。ゆえに私がどのようにその本を読んだのかを書こうとすれば、どういう時代背景のなかで、何を重視しながら読まれたのかを語らなければならない。そんな思いをもちながら連載したのが、「古典を読む」である。そういうこともあってこの本は、本の紹介というよりも古典と時代のかかわりの方に重心がある。

どういう時代背景のなかで、どんな本を読みながら、何を考えてきたのか。そのことを示すことが新しい議論を生みだす素材になれば、これほど幸せなことはない。

内山　節

本書は『かがり火』132号（2010年10月）から187号（2019年6月）に連載された「古典を読む」第1回～第53回を50節に編集したものである（同連載は継続中）。各節で取り上げた本について、おもに参照したテキストは文末にそれぞれ示した。

●目次●

Ⅱ　政治・経済・社会

Ⅳ　文学・紀行・評伝など

V 宗教・信仰

いま、どのような姿勢で古典を読むか

これからの社会はどうあったらよいのか。この問いに対して私は「地域から」と答える。

近代から現代にかけての社会は、中央集権的な国家や経済とともに展開したといってもよい。政治的には地域が主体ではなくなり中央に従属するようになった。経済もまた同じ方向に向かった。巨大資本が国内にとどまらず世界の頂点に立ち、地域の自律的な経済は衰弱していった。いわば中央集権的な政治と経済の下で世界の覇権を争ったのが、近代、現代という時代だったのである。それは少し古い言葉を使えば、「帝国主義」の時代の社会のあり方だということもできる。

この社会のかたちは、先進国の多数派に、ある種の利益をもたらしたことも確かだった。強い国家と集積された経済をもつ社会だけに与えられた経済的特権は、先進国に持続的な経済成長をもたらし、そのことが経済的な生活の向上をもたらしていたからである。

ところが今日ではこの仕組みが壊れた。その原因の一つは新興国の台頭であった。そのことによって先進国は低賃金国との競争を強いられ、その結果強い経済を維持しようとすると、国内の賃金の引き下げが必要になったのである。そこから、経済を強くしようとすればするほど、非正規雇用や低賃金労働者がふえるという現実が生まれてしまった。もう一つの原因は新しい技術の登場が、経済全体の拡大を推進しなくなってしまったことである。たとえば今後電気自動車が普

及したとしても、そのことが自動車市場を拡大することはないだろう。普及した分だけガソリン車市場が縮小するだけである。インターネットの普及でも同じことが起こった。ネット市場の拡大は、その分だけ既存の市場を縮小させただけであり、市場全体の拡大にはなっていないのである。今日の先進国市場では一定の枠内での奪い合いが進行し、その結果新しい企業や製品が台頭すると、その分だけ経営危機になる企業が出るようになってしまった。

新興国や途上国ではまだしばらく、強い国家と集積された経済の実現が多くの人々に経済的な利益を与えるという構図が維持されるだろうが、先進国では、この構図自体が無効になってしまったのである。

私たちはいま、このような時代に生きている。経済的な利益さえ得られないままに、かつてから存在していた矛盾ばかりが顕在化する、そのような時代に、である。

持続的な経済成長が進行していた時代においても、私たちの社会には、それを推しすすめたがゆえに生まれたさまざまな矛盾が存在していた。地方の疲弊、地域の衰退、農山村の危機、農業の衰退、林業の崩壊、漁業の危機、自然・環境の問題。都市では、バラバラになった個人の社会がさまざまな危機を生みだすようになっていた。そういうさまざまな問題が、それらを覆い隠していた「経済成長」というベールを失って、私たちの前に現れてくる時代がはじまったのである。

これからの社会はどうあったらよいのか。この問いに対して私は「地域から」と答えた。私は今日の地域づくりには、「地域をどう維持していくのか」という問題意識とともに、「地域を軸にして社会全体をつくりなおす」というもう一つの問題意識が必要になっていると考えている。中央集権的な政治と経済によって、矛盾ばかりが顕在化する時代に今日の私たちは立っている。

このような思いをもちながら、私は「古典を読む」ことにした。これからの社会のあり方を根本的に問いなおさなければならない時代だからこそ、さまざまな古典を読みながら、私たちの考えを整理していくことはできないかと私は考えた。

I 哲学・思想

01

理性への反抗

『シュルレアリスム宣言』

アンドレ・ブルトン著

この本を私が読んだのは、1960年代の後半に入った頃だった。ちょうど高度成長によって「強い日本」「安定した生活」が実現していった頃で、都市の社会はかつてない繁栄を謳歌していた。もちろんそれは農村の危機を深めていく時代でもあったのだけれど、当時の雰囲気は発展していく経済と都市への熱気が社会を覆っていた。この時代は学生運動も盛んであったが、「豊かな時代の反乱」と評されるのが常套句でもあった。

「可もなく不可もない」暮らしへの不安

そんな時代によく読まれた一冊がこの本である。ただし表題は「シュールリアリズム宣言」だったような気がする。その頃読んだ訳本が手元にないので確認できないが、「シュール」という言葉とともに読まれていた。「シュール」はフランス語で発音は「スル」あるいは「スール」

が近い。英語の「on」の意味ももつ単語で、「レアリスム」は英語なら「リアリズム」である。だから訳本によっては「超現実主義宣言」とされているものもあった。

１９６０年代の後半はいま述べたように「豊かさを実感しはじめた時代」でもあったのだが、それは同時に「人生の鬱陶しさ」を人々が感じはじめた時代でもあった。今日と違って終身雇用、年功序列型賃金が当たり前で、１００パーセント雇用の状態が生みだされていた。だから当時の言葉を使えば「可もなく不可もなく」働き暮らしていれば一生が保証されている、そんな時代でもあった。だがそれでよいのだろうかと問いなおす多くの人たちもいた。自分たちの「安定した暮らし」が途上国からの収奪の上に成り立っているという思いもあった。そしてもう一つ、安全なだけの人生を歩んでいるうちに人間としての何かが失われていくのではないか、という思いがあった。だから当時は疎外論＝人間疎外論、労働疎外論についての本もよく読まれていたが、人間の本質が喪失されていく、労働の本質が失われていくという感覚が社会のなかには存在していたのである。

とすると現実とは何であり、本質とは何であるのか。そのふたつに人間はどのように対面しているのか。そんなことを問いながら読まれたのが１９６０年代後半におけるこの本の位置であった。

自由な想像力を働かせつづけるために

『シュルレアリスム宣言』がアンドレ・ブルトンによって書かれたのは1924年のことであった。直接的な意図は1920年からはじまっていた芸術における「ダダイスム」の運動に対するブルトンの決別宣言である。だからそれは一つの芸術論であった。「ダダイスム」は既成の価値観を否定し、合理主義的な認識や道徳主義的なとらえ方を排した、自由な芸術の表現運動、あるいは既成のすべてのものの破壊運動として展開したものであったが、そのうえで人間の理性を徹底的に破壊しながら、いわば理性によって邪魔されていた想像力の解放を目指したのが、ブルトンの「シュール」であった。この運動は詩人のアラゴンやエリュアールらが中心になっていたが、ピカソやダリといった画家たちも直接、間接的に参加し、一大芸術運動へと展開していった。

『シュルレアリスム宣言』は、人生とはという問いかけからはじまる。人間は現実のなかで生きているうちに「実際的必要性に身も心もささげてしまっていて、そこから目をはなすことをゆるされない」ようになっていく。だからその「現実」は、既成の観念によってがんじがらめにされた「現実」になってしまう。なぜなら人間たちは既成の観念によってつくられた「現実」のなかに生きているからである。そしてそうであるかぎり、既成の観念によってがんじがらめにされた「現実」しかみえなくなってしまう。

ブルトンはこの構造のなかに「理性」の働きをみていた。「理性」は「知性」と呼んでもいいし、知の働きと考えてもいい。それはもともとはデカルトが夢想したように、自由に考え、自由に疑う知性であったはずなのだが、実際にはそんなものではない。理性とは合理的にものごとをとらえる働きである。合理的に分析し、合理的に解釈し、合理的に理解する。その結果、その時代の合理的な考え方に強く支配されながらしか、人間たちは理性を行使することができなくなる。

たとえば今日の私たちは「中央と地方」という既成観念に基づいてさまざまなことを考えようとする。現実的に思考しようとすると、否応なくそうなってしまうのである。「地域」という言葉を使うときも、そこには既成観念が入り込んでいる。「行政と住民」もそうだし、「国家と国民」も同様である。つまり、真剣に考えようとすればするほど、私たちは既成観念のなかに取り込まれてしか考えることができなくなっていく。しかもそれらの奥には、つねに、人間中心的な発想が前提のようにある。

もしも自然の立場で考えたら「中央と地方」などというものは存在するのだろうか。おそらくはそれぞれが生きている世界が展開しているだけだろう。「地域」もまた一つではくくれないもののはずだ。なぜなら小さな石の下で一生をとげていく生き物もいれば、地球を半周するほどの広がりのなかで生きる「地域」をかたちづくっている生き物もいるからである。もちろん自然の世界には「行政と住民」も存在しないし、「国家と国民」も存在しない。とすると「中央と地方」とか「国家と国民」というような思考様式でものを考えること自体が、人間中心主義的な発想、ということにはならないだろうか。

こんなふうに考えていくと、人間の思考というものは、自由ではないということに気づく。だからブルトンは「自由」な「想像力」を働かせつづけるためには理性を捨てて、つまり合理的な思考を捨てて、自由な精神の飛翔に任せることを主張した。

もちろん、理性を捨てるなどということは人間にとって容易なことではない。不可能だといってもいいほどである。なぜなら理性を捨てようと考えること自体が、理性の働きなのだから。さらにいえば、ブルトンは「自動筆記」という方法で、生まれてくるイメージをそのまま筆記していくというかたちで書かれたさまざまな「作品」を残したが、それがどれほどのものであったのかは評価の分かれるところでもある。

しかし、にもかかわらずブルトンたちが生みだした「シュール」の流れは今日にまで受け継がれ、さまざまな試みをつくりだしつづけたことも確かなのである。それはいったいなぜだったのか。それは人間による認識は理性によって曇らされているのではないかという疑いが、ぬぐい去れないものとして存在しているからである。

「私たちはいまなお論理の支配下に生きている」とブルトンは述べた。「いまだに流行している絶対的な合理主義が、私たちの経験に直接依存する事実しか考慮することをゆるさないのである」「文明という体裁のもとに、進歩という口実のもとに、当否はともかく迷信だとか妄想だとかきめつけることのできるものはすべて精神から追いはらわれ、作法にあわない真理の探究方法はすべて禁じられるにいたったのだ」

観念＝意味づけを超えて

1960年代後半に再びブルトンが読まれるようになったのは、戦後の高度成長がつくりだした「豊かな社会」が、もしかすると「このような社会を豊かな社会だと感じる観念」によって生みだされた「豊かな社会」にすぎないのかもしれない、という思いがどこかにあったからなのかもしれない。実際私たちの社会は、その時代特有の観念＝意味づけをあらゆるものに与えることによって成り立っている。戦後のある時期までは、日本の社会は、農山村に「遅れた社会」という意味づけを与えていた。そうすることによって都市優位の時代を、農山村から都市へと若者が移動する時代をつくりだしたのである。

だが今日の農山村への意味づけは違う。それは自然環境のよいところであり、地域のコミュニティがしっかりしている場所、さまざまな知恵や技をもつ人たちが暮らしているところ、である。そしてこのような観念＝意味づけが生まれることによって、都市から農山漁村へと移動する新しい人の波が生まれた。

ブルトンは、このような観念＝意味づけによってみえてくる「現実」を「理性」の働きとして排除している。それでは本当の本質はみえないのだと。

確かにそうなのかもしれないと私も思う。だが知性に頼るかぎり、人間には意味づけされた現実しか認識できないのである。それを拒否するのなら、農民や職人が身体で覚え、身体で判断するときがあるように、身体をとおしてとらえていくとか、生命の力そのものでつかみとっていくというような、別の回路が必要になってくるだろう。その意味ではブルトンの理性批判は中途半端だった。第一にブルトンは、ものごとを認識する主体として人間しかみていない。その点ではヨーロッパの伝統的な発想を超えてはいなかった。だからブルトンは理性のところだけで格闘してしまったのである。もしも自然という認識の主体に気づいていたら、身体性による認識や生命性による認識に気づくことができただろう。理性による認識だけでは本質がとらえられないというのはそのとおりである。だがそれを、理性を否定したところにある想像力というだけでは、空回りしてしまう。

もう一つ、こういう問題がある。農山村を「遅れたところ」とみなすのも、今日のようにいろいろな意味で「優れたところ」とみなすのも、どちらも観念=意味づけであるが、その前提はまったく違う。前者は戦後の経済と都市の発展を目指す支配イデオロギーとして生まれた。だが後者は近代社会の発展モデルに対する疑問をとおして、人々がつくりだしてきたものである。前者は「発展」を目指す勢力による誘導であるが、後者はそうやって生まれた社会に対する人々の反抗であった。そして、だからこそ後者には欧米を模倣しながら進んできた近代化によって無視された、身体性や生命性の回復を目指す意志がふくまれていた。農山村の人々の技や知恵に対する尊敬は、身体と一体になっているからこそつくりだせる技や、生命の力で判断していく知恵への尊敬をふくんでいるのである。

とすると農山村に対するこのふたつの観念＝意味づけを、どちらも理性によるものとかたづけることはできないだろう。

だがそのような思いはあっても、私はいまでも『シュルレアリスム宣言』の提起したものを大事にしている。なぜなら、私たちはいまでも既成観念に基づいてものごとを考え、判断することから自由になっていないからだ。地域とは何か、地域とともにある暮らしとは何か。自由に豊かに生きるとはどうすることなのか。そういう課題に対して既成観念にとらわれることなく自由に考えることができるようになったとき、私たちは本当の地方の時代をつくりだすのだろうと、私は考えている。

『シュルレアリスム宣言・溶ける魚』収録、巌谷國士訳、岩波文庫、1992年による

02

近代的観念と虚無

『自殺について』

ショウペンハウエル 著

ヨーロッパ社会に近代への萌芽が現れてくるのは、17世紀のことであった。バスコ・ダ・ガマが世界一周の船旅に出てから100年余りがたった頃である。思想史を振り返れば、デカルトが『方法序説』を発表したのは1637年である。この本には「われ思う、ゆえにわれ在り」という有名な言葉が出てくるが、それはすべてのものは疑わしいが、考えている自分は確かに存在するという意味である。

デカルトは近代哲学の父ともいわれた。確かに彼の哲学は人間の本質を理性=知性ととらえる点でも、さらに身体をその道具として位置づけたことでも、さらに真理は一つであり、その真理を解き明かす方法として科学を設定していたことでも、近代を先取りする哲学者であった。

このデカルトの時代からさらに100年余りがすぎると、ヨーロッパ社会は具体的に近代社会のかたちをみせはじめる。イギリスでは産業革命がはじまり、1789年にはフランス革命も発生する。資本主義、市民社会、国民国家が三位一体となった新時代がはじまったのである。こうして近代という「夢」は現実になっていく。

どれほど多くの思想家や知識人が、近代の形成に期待を寄せていたことだろうか。近代、それは知識人たちにとっては輝かしい未来だったのである。

ヨーロッパ近代という挫折

ところが18世紀から19世紀にかけて、近代社会がその姿をみせはじめると、この新しく生まれた現実に失望する人たちもまた生まれてきた。「こんなはずではなかった」のである。何に制約されることなく、人間たちが自由に能力を発揮していける社会、それが近代のはずであった。ところが現実にはお金の社会が生まれ、人々はお金に跪《ひざまず》いて生きるようになった。崇高な理念ではなく、世俗的な損得が社会を覆うようになった。知識人たちは人々の尊敬を失い、代わって成金たちが羨望の的になった。もしかすると近代とは、人間たちを下品にしただけなのかもしれない、そんな思いが知識人たちの間に芽生えていく。

近代社会のはじまりは、この新しい現実のなかで躍動していく人たちも、その現実に飲み込まれていく人々も、さらには現実に挫折感を抱く人間たちをも生みだしたのである。そうして近代への挫折感や失望感を抱いた人たちのなかから、「われわれは何かを間違ったのではないか」という思いが広がっていく。ヨーロッパ近代史とは、一面ではこの歴史に対する挫折感の歴史でもあったのである。

合理主義への反発とロマン主義

近代の形成に挫折感を抱いた人たち。次第に人々はこの人たちをロマン主義という名称で呼ぶようになる。ロマン派と呼ばれることもある。このロマン主義とかロマン派といわれた人々は、一つの思想で結ばれていたわけではない。近代が生みだした現実への挫折感だけが共通のもので、それをどう解析していくのかはそれぞれ異なっていた。それでも次第にいくつかの傾向は生まれてくる。

一番大きな動きをつくったのは、自然回帰派の人々だった。彼らは自然に還ろうと主張した。イギリスでこの傾向を代表したのは詩人のワーズワースだったが、彼は、さあ、あの美しい自然のなかに帰ろうと呼びかけた。自然を美しく歌い上げるばかりの詩は今日の私たちを辟易させるが、そこに近代批判の一つの方向性があったことは確かである。同じような傾向はハイネの詩やシューベルトの音楽などにも見受けられるが、この一群のなかにベートーベンを加えても問題はない。

もう一つの傾向は神秘主義の流れだった。摩訶不思議なものに惹かれたというより、合理的に説明できないものを否定しないという傾向である。それはロマン主義の多くの人たちに多少の差はあれ流れているもので、彼らには合理主義の時代に対する批判があった。

第三の傾向はオリエンタリズムである。彼らはヨーロッパ的思考の限界を、東洋思想を学ぶことによって突破しようとした。19世紀に入るとドイツでは仏教研究がはじまるが、それは苦難の道でもあった。一番ピュアな仏教を学ぶには原始仏教経典から入るのがよいのではないかと考えながら、彼らはパーリ語教典からの翻訳をおこなっている。パーリ語は、サンスクリット語の前のインドの言語である。

さらにロマン主義の人々のなかには社会主義者になっていく人たちもいた。近代への挫折が、新しい平等社会の創造へと向かわせたのである。ただし社会主義者のなかには、ロマン主義の雰囲気をまったくもたない人たちもいる。代表的な人はマルクスで、マルクスは近代の形成を歴史の発展としてとらえている。歴史の発展ではあるが問題もある、というのがマルクスの発想で、彼の思想は挫折感から生まれてくるものではなかった。

思想、文学、芸術などの分野では、ロマン主義の方が近代の主流派だったといってもかまわない。実に多くの人たちが近代という時代に嫌気を感じ、真剣にこの現実と向き合っていたのである。

「外」なる時間と「内」なる時間

ここで取り上げる哲学者のショウペンハウエルもその一人だった。彼は1788年に生まれて、1860年に亡くなっている。ロマン主義が大きな潮流になっていくのは19世紀のことだが、その時代をショウペンハウエルは生きた。彼は自然回帰派でも社会主義者でもなかった。前記した分類でいけば、合理主義が万能でないことを知っていたという点では神秘主義のなかに加えることもできるし、真剣に仏教から学ぼうとしたという面ではオリエンタリズムの一員だったとみることもできる。

晩年のショウペンハウエルが闘ったのは、「時間」という観念であり、この観念から生みだされた「時間」の客観的実在性に対してであった。彼は次のように言う。常識的な人々は時間は客観的な存在であり、自分とは関係なく存在していると考える。たとえば自分が死んでも、時間はその歩みを止めることはない、というように。だがこの考え方は根本的に間違っている。時間は自分の内部にあるのであって、その時間は無限である、と。

もう少しわかりやすくしよう。私たちがつねに意識しているのは「外」の時間である。明日までにこの仕事を終えなければいけないとか、老後に備える必要があるとか、医者にあと6ヶ月と言われたとか。この「外」の時間に自分を合わせながら生きているのである。だがこの時間は本当に実在するのだろうか。たとえば「明日までにこの仕事を終えなければいけない」というとき、本当に「明日」まででなければいけないのだろうか。本当に「終え」なければいけないのだろうか。おそらく、いけないのだろう。そうしなければ困ったことになる。だがそれは、そうしなければ困る世界をつくりあげているからなのであって、つまり自分たちがつくりあげた世界に、自分たちが支配されているからにすぎないのである。そうしなければいけないという観念の世界がつくられ、その観念の世界が実態を形成してしまったのである。こうして時間は自分の「外」にある権力になっていく。

ところがそのことを疑いなく受け入れてしまうと、自分には「内」の時間があることに気づかなくなる。それは自分の根本とともにある時間であり、その意味で存在とともにある時間である。この時間は有限性をもたない。なぜならつねに自分とともに在るだけだからである。それは自分とともにありつづける時間である。この時間は無限であり、「外」からの支配を受けない時間である。

それはこんなふうに解釈してもかまわない。「外」の時間を意識したときには、人間は自分の寿命が長くてもあと数十年であると考える。ところが人間は、だからこうする、という生き方はしない。つねにいまの生を大事にする。あたかも永遠に生きるかのごとく、いまを生きているのである。とすれば「外」の時間は有限だが、「内」の時間は無限だということにはならないだろうか。

観念に支配される

ショウペンハウエルにとっては、世界は観念が実在化したものであり、この世界とともにある自己もまた、観念がつくりだした私という実態にほかならないのである。だから次のように書く。「人間は単なる現象なのであって、如何なる物自体でも、したがってまた如何なる真実性でもない」

「世界はわが表象である」

「人生は何ら真実の純粋な内容をもってはいないので、ただ欲求と幻影によって動かされているだけだ」

「(今の時代の人たちは)人生は『自己目的』であるなどと言って恥じることを知らない」

このように述べるショウペンハウエルのまなざしのなかに、近代が生みだしたさまざまな観念に対する虚無が潜んでいることは確かである。近代社会はさまざまな観念を生みだした。「外」の時間も観念が生みだしたものだけれど、さらにその「外」の時間に、進歩とか発展とか成長とか、さらには「自己目的」を実現するとかというようなさまざまな観念をのせたのが近代社会である。そしてこれらの観念が単なる観念のままであるのならまだよいが、その観念が実態をつくりだしてしまう、そのことによって、つくりあげられた観念とその実体化した世界から出られなくなってしまうのである。そこに自由を獲得したはずなのに、たえずみえない何かに支配され、管理されている近代人の姿がある。

ところで『自殺について』について述べておけば、ショウペンハウエルは人間の「内」なる時間とともにある生を「無」としてとらえている。観念の支配を受けない「生」だから「無」なのである。それはとらえることができない。とすれば「死」もまた「無」である。なぜなら「死」は観念からの解放だからである。

「たしかに生は夢なのであって、死はまた目覚めである」

そして、だとすれば本質的には「生」と「死」を分けるものはなく、自殺を否定する観念も成立しない。この原稿を書いた後にショウペンハウエルは自殺する。

近代という新しい社会の成立は、多くの知識人たちを苦悩に陥らせた。それは一面では人間たちが欲望の赴くままに生きる社会であり、むごたらしい社会であった。そしていまそのむごたらしさの果てに、私たちは原発の事故や壊れていく時代をみなければならなくなった。

私たちの時代はいまもロマン主義とともにある。

『自殺について　他四篇』収録、斎藤信治訳、岩波文庫、1979年による

03

「我らが内なるファシズム」の時代

『自由からの逃走』

エーリッヒ・フロム 著

この本が日本で刊行されたのは1951年（昭和26年）のことだから、すでに60年余りがたっている。ところがこの本はつねに読み継がれ、戦後の代表的なロングセラーになった。いま手元にあるのは私にとっては2冊目の本で（1冊目は貸しているうちに行方不明になってしまった）、1985年刊の第91版である。この数字をみると、毎年2、3回は版を重ねてきたことになる。ナチスによるファシズムの成立過程を分析した『自由からの逃走』が、これだけのロングセラーになったのは、その考察の的確さが広く支持されたからであろう。ファシズムとは何か、それを異常な政権の成立としてとらえるのではなく、現代社会のなかに潜む病理として描き出す、それがフロムのおこなった仕事でもあった。

ところで時代は変わるが、20世紀の終盤に近い頃に、ファスビンダーという若いドイツの映画監督が現れている。若くして亡くなってしまったが、彼の映画はつねにこのファシズムの問題を追っていた。『秋のドイツ』などの作品があり、映画のテーマは「我らの内なるファシズム」であった。映画で描かれている時代は、20世紀終盤に近い安定した西ドイツ社会である。当然市民の自由は保障されていて、政治的な民主主義も確立されている。いわば今日の日本のような状況だと思えばよい。だがその社会の内部には、たえずファシズムの芽が潜んでいる。全体主義的な管理社会をみずから求めていく、何となく展開する市民の感情、国民感情が、である。それを描いたのがファスビンダーの作品だった。

人間たちが、みずから、「自由」から「逃走」していく。それはいったいなぜなのか、そのことをナチスが政権が展開していく過程で分析したのがフロムの仕事であり、その現実が今日でもなお存在しつづけていることを告発しつづけたのがファスビンダーの映画であった。その意味ではファシズムは一時期の誤った行動ではなく、現代社会がもっている病理なのである。

共同体の崩壊と「根無し草の大衆」の誕生

さてナチズムが形成されていく20世紀前半に戻ってみよう。このときファシズム政権を成立させたのは、ドイツとムッソリーニの率いるイタリア、フランコ政権を生んだスペインといった国々であった。内容は少し違うが、日本における翼賛体制の確立を加えることも忘れてはならないだろう。だがそれですべてではなかった。フランスでもファシズム政権が成立寸前まで行っていたのである。ただしフランスでは農村から広範な反ファシズム運動が起こり、農村が都市を包囲するかたちで「人民戦線政府」が樹立されることになった。フランスでも都市ではファシズム勢力が優勢だったのである。これらのことはファシズムが例外国家ではないことを示している。

ナチスもまたクーデターによって政権を確立したわけではなかった。選挙によって権力を確立したのである。もちろんその後は法制度を無視して対立する勢力への弾圧などをしていったし、最終的には一党独裁体制を確立していったのだけれど、「国民に支持されて」政権についたことに変わりはない。とすると問題は、なぜ国民はナチスを支持したのか、である。

フロムはその背後に近代社会の形成があることをみていた。それはこういうことである。近代以前の人々は誰もが自分の生きる世界をもち、その世界に根を張った生き方をしていた。たとえば農民は農村共同体に自分の生きる世界をもち、この共同体に根を張って暮らしていた。商人や職人たちもそれぞれの「ギルド」に所属し、その構成員として自分の生きる世界をつくりだしていた。もちろんその共同体や「ギルド」にはさまざまな問題点もあっただろうが、それでも誰もが自分の生存圏をもち、その構成員としての安定を保持していたのである。

ところが近代に入ると、共同体や「ギルド」は壊されていく。とともに都市社会が肥大化し、都市への人口の流入がはじまる。こうして近代的市民が形成されていくのだけれど、その近代的市民はつねに不安定な個人として暮らすことになった。都市には農村共同体やかつての「ギルド」にあたるものは形成されておらず、経済活動とそこから得る収入だけを頼りに生きる「根無し草の大衆」が広範に生まれたのである。フロムはこの人たちを「根無し草の大衆」とも「浮き草の大衆」とも呼んでいる。個人の力だけで生きる、頼るべき世界をもたない人々である。

下からの改革としてのファシズム

この「根無し草の大衆」はたえず不安のなかにおかれる。経済情勢にも翻弄されるし、根を張った生きる世界ももっていない。近代の形成とは、根無し草の大衆の大量発生であり、不安な大衆の大量出現でもあった。そしてこの人たち、つまり私たちは、経済情勢が悪化したときは、たちまち危機に立たされる。

第1次大戦後のドイツもそうだった。政治的にはワイマール体制が確立し、自由や民主主義が展開していたが、戦勝国への多額の賠償にあえぐ不安定な経済がドイツを覆っていた。そこにヒットラーたちが登場する。偉大なるドイツ民族がこのような惨めな現実を強いられている。われわれはいつまでこの惨めさを甘受しつづけるのか。この訴えが根無し草の大衆たちの心に響いた。そして既得権益をむさぼっているとみなされた者たちへの攻撃がはじまった。

ヒットラーが呼びかけたのは下からの改革である。各地の学校でそれまで「下」におかれてきた事務職員たちが、旧態依然たる学校運営を変えようとしない教員たちをつるしあげ、改革を推進していくようになった。大学や研究者の世界では権威にあぐらをかくボスたちを若手の研究者たちが攻撃し、役所でも、工場でも、「偉大なるドイツの回復」のための改革が、あるいは改革運動が推進された。こうして不安な大衆はドイツの主人公へと上り詰めた。経済的権益を保持する既得権者であるユダヤ人への攻撃も、この動きのなかで展開していく。

いま私たちはこれらの動きを「下からのファシズム運動」と呼んでいる。この改革運動がナチスを軸にする巨大なうねりになっていったとき、ナチスによる政権奪取が成功したのである。

この過程を分析しながら、フロムはファシズムを成立させた基盤に「不安な大衆」、「根無し草の大衆」が存在することをみていた。その人たちが、「自由からの逃走」の担い手になっていった。また、だからこそそれは、ドイツの例外的な出来事ではなかったのである。それは現代社会の病理のようなものであり、しかもいつ再び台頭してくるかもしれない病理である。

「理想的な市民」は成立可能か

だが、だとするなら、ここでファシズムの考察を終えてしまうことはできないだろう。なぜなら私たちの課題は、どうしたらファシズムの可能性を取り除くことができるかであり、そのためにはどのような社会や人間の生き方をつくりだしていかなければいけないのか、にあるからである。だがこの問いに対するフロムの見解は、私には十分なものにはみえない。なぜならフロムは、近代社会の未成熟にその原因を求めているからである。

共同体から離れた人々は、その不安定さのなかにおかれているだけで、まだ強い市民としては形成されていなかった。強い市民になり、都市のなかに根を張った個人になる、この市民の形成こそがファシズムの可能性を克服する要素として、フロムには描かれている。だがはたしてそうなのだろうか。この発想には、ドイツの市民社会研究者たちがたえず求めてきた「理想的な市民」の像があるのだが、はたしてそのような市民は成立可能なのだろうか。

私は人間は個人になったとき、つねに弱い存在として生きなければならなくなると考えている。だとするなら近代社会という個人の社会の形成は、たえず不安定で不安な状態におかれた個人を大量出現させていくことになるだろう。この不安定さや不安は、経済状態がよいときだけ、多少緩和されている。だが経済が悪化してしまえば、どうにもならないところに追い込まれる。そういう脆弱さをもちながら生きているのが、近代的個人なのである。

だとするなら、近代的個人という生き方そのものが、あるいは近代的個人の社会として形成されている現代社会のかたち自身が問題にされなければならないはずだ。そしてだからこそ今日の私たちは、ときに共同体の復活について語り、ときにコミュニティ＝共同体の再創造について語り合っているのだけれど、それは個人の社会から結び合う社会への転換を求める動きである。関係とともに、あるいは関係のなかで生きる社会をつくることによって、個人が自己完結的に生きる社会を克服しようとする模索が、いまではいろいろなところで進んでいる。

それはフロムがみいだせなかったものであり、また60年ほど前の思想家たちが発見できなかったものでもある。

日高六郎訳、東京創元社、1985年（91版）による

04

科学的な歴史学の成立

『歴史とは何ぞや』

エルンスト・ベルンハイム 著

この本の著者、ベルンハイムは1850年に生まれ、1942年に亡くなっている。本書が刊行されたのは1905年のことであった。時代的にいえばヨーロッパが世界に君臨していた時期でもあり、近代の発想が有効なものとして信じられていた時代でもあった。そういう時代背景のなかで、歴史学の方法を論じたのが本書である。

私がこの本をはじめて読んだのは、刊行されてから80年ほどがたった頃だった。すでに自然や環境の問題が大きな課題になっていて、自由や民主主義に対してもさまざまな疑問が提示されている時代であった。もちろん資本主義的な市場経済の問題もふくめて、近代の形成物やその底にある思想の妥当性が問われはじめていた時代である。それは学問の世界では、アカデミズムというかたちで成立した方法に対する批判が広がりはじめていた時代でもあった。この歴史時間の違いのせいだろうか、この本を読んだときに私はずいぶんと違和感を覚えたものだった。まずは本書の内容を紹介しておこう。

科学としての歴史学の成立

ベルンハイムによれば、歴史についての記述は三段階で発展してきたのだという。はじめに物語風の歴史が現れた。それは国王伝説や神話に基づく歴史記述で、次の段階になると教訓的、実用的な歴史書が書かれるようになった。過去から教訓になるものを取りだしてそれを記述していくような歴史書である。そして第三段階では発展的、発生的な歴史書が生まれるようになる。現在はどのようにして生まれてきたのか、というような歴史である。ここにおいて今日につながる歴史学が生まれたといってもよい。実際ベルンハイムもこの段階に入って歴史学は一つの科学になったと書いている。

この歴史学にとって次に課題になるのは、どうやって正しい歴史の発展史を書くかである。そのためには、思い込みや主観を排除して、客観的に歴史の発展を記述しなければならなくなる。ここで歴史学が用いる方法は古文書の読解である。歴史を考察する研究としては、遺跡や出土品から過去の社会を類推していくのが考古学、民俗伝承や古くからの人々の慣習、継承された文化、生活様式、ときに神話などを拾い集めながら歴史を考察していくのが民俗学や人類学、古文書に基づいて研究するのが歴史学である。だから歴史学のことを文献史学と呼んだりもする。

ベルンハイムの歴史学方法論は、つづいて古文書を正確に読むための技術論へと向かう。古文書のなかには、創作や偽りも混入していたりする。それらを見抜き、歴史の事実だけを抜きだすためには、主観を交えずに正確に読むだけでなく、いくつもの古文書を比較し、それらに共通する記録を抜きだし、何が歴史の事実で何が創作や偽りに属するものなのかを確定していかなければならない。そのうえでみつけられた事実がどういう関連をもっているのかを考察していく。そのことによって歴史がどのように発展してきたのかが次第に明らかになっていく。彼にとって歴史学とは、みつけだされた事実の関連の探求なのである。

科学的な歴史観をめぐるふたつの立場

さてこのように紹介していくと、ベルンハイムの方法論はきわめて中庸なオーソドックスな見解だということができる。実際この本は歴史学の基本文献の一つであった。ところがベルンハイムには当時から一定の批判もおこなわれている。

古文書に依存するかぎり、私たちは記録されたものしか知ることができないことになる。ところが歴史を遡れば遡るほど、記録されたものは限定されてくる。為政者や教会、日本では大きな寺社などの記録がほとんどになって、民衆の姿は記録に残らない。とすると社会を実際に展開させている人々の様子は、古文書からはとらえられないことになる。日本では江戸時代になると民衆の書き残したものも数多く残されるようになるが、それでも残されているものは民衆にとって記録しておく必要があるものに限られる。たとえば藩や幕府に対する申し立てであったり、年貢にかかわるものや戸籍に関するものなどがほとんどである。どんな気持ちで働き、どんな思いをもって暮らしていたのかなどは文書としてはさほど残っていない。

ベルンハイムは歴史の事実を明らかにするのが歴史学の課題だと述べたが、古文書からみえてくるのは、為政者の歴史や権力と結んだ宗教勢力の歴史だったりするのである。歴史学が文献史学である以上それは避けられない陥穽でもあるのだが、そしてだからこそ民俗学的な歴史研究の方法や、20世紀中葉に入ると歴史社会学の方法も登場するのだけれど、この穴は歴史学によっては埋められないのであろうか。

20世紀終盤に近づくまでのこのことに対する解答は、この穴を「歴史観」や「世界観」によって埋めようとするものであった。その役割を主として担ったのは、マルクス主義的な歴史観であった。歴史は階級闘争の歴史である。生産力と生産諸関係との矛盾が新しい歴史を形成させる。エンゲルスによって定式化された「唯物史観」によれば、古代奴隷制から封建的な共同体時代へ、さらに資本主義の時代からその矛盾を止揚した社会主義の時代を経て、最終的な到達地点である共産主義社会へと向かうのが歴史の法則であるとされた。この歴史観、世界観をもつことによって、文献に現れてこない民衆を歴史の一方の主人公として描き込んでいく。それが「マルクス主義歴史学」である。

ここに近代の学問の構図がみえてくる。一方には主観を排除して事実だけを書こうとする学問がある。ベルンハイムはこの立場をとる。そしてもう一方には歴史に通底する法則をとらえようとする学問があった。20世紀終盤までのその主要な担い手はマルクス主義であり、科学的な歴史観であるとしてそれもまた自己を正当化した。歴史を貫いている法則をとらえ、それを活かしてこれからの歴史をつくる。そこに理論と実践が一体化した科学的かつ客観的なものがあるのだというのが、この分野を担った人々の主張だった。

ベルンハイムの歴史学もマルクス主義歴史学も、どちらもが自分たちのあり方を科学的で客観的なものとして正当化したのである。とすると、なぜこのようなかたちで自己を正当化しなければならなかったのか。

歴史学と近代的教養

学問の歴史をみると、古代ローマ、ギリシャの時代には、すべての学問は哲学として語られていた。哲学とは特定の分野を指す言葉ではなく、学問の意味に近かった。ところが中世の後期になると、自然哲学から自然科学が独立するようになる。かつては天文学も数学も医学もすべてが哲学のなかにあったが、自然科学が独自の展開をするようになったのである。この自然科学は、同じ対象を同じ方法で考察、分析すれば同じ結論に達することが前提にされている。たとえば鳥の卵に一定の温度を加えていけば誰が実験しても何日か後には雛がかえるように、あるいは水素と酸素を化合させれば誰がやっても水になるように、同じ結果が得られる。だからそれは客観的な事実だと位置づけられた。

こうして生まれてきたのが科学という手法である。それは事実を客観的につかむ方法であり、逆に述べれば、科学的に、客観的に考察をすすめれば事実を発見できるという信念を人々に与えることになった。この方法を社会分析に応用したのが社会科学だった。社会のさまざまな側面を客観的、科学的に考察、分析することによって真実を発見する。社会科学が目指したのはこのことだったといってもよい。

アカデミズムというかたちで成立していく近代の学問の基盤もここにあった。そこにあったのは、真実を発見する喜びである。とともに近代の学問にはもう一つ、近代的教養とでもいうべきものが付与されている。それはリベラルアーツと呼ばれたものであり、よりよき社会をつくりだしていくための教養である。自由を求め、民主主義を高め、迷信や扇動にとらわれることなく真実に基づいて判断する人間の能力を確立していくための教養、それがリベラルアーツである。だからそれは、真実を発見する方法としての科学と密接な関係をもっていた。近代の学問はこうして、科学とリベラルアーツの合体のなかに生まれることになる。ただしリベラルアーツが求める進歩には、いわゆるリベラリズムに属するものから社会主義的なものまでがあったが、根底にあったのは、真実を発見する喜びと歴史の発展に寄与する喜びであった。

ベルンハイムは客観的、科学的に歴史の事実を追い求めようとした歴史学者であった。しかしそれでは古文書に残されなかった歴史がとらえられない。それを補おうとして歴史観や世界観を、これも歴史の科学として提起する。この歴史観を支えているものは、いま述べた表現をとればリベラルアーツであり、あるいはその変形である。なぜなら発展する歴史の発見とそれに参画する喜びが、いわゆるリベラルな歴史観であれ、社会主義的な歴史観であれ、この心情を支えていたからである。

人間中心主義と現代文明

私が『歴史とは何ぞや』を読んだのはすでに20世紀も終盤に入っていた頃であり、近代的学問の手法への懐疑が、とりわけ哲学の分野では、かなり広がっている時代であった。事実とは認識された事実にすぎないのであって、膨大な認識されない世界に包まれて私たちは生きている。かつて語られていた歴史観や世界観も、それが唯一の真理だと思った瞬間に虚妄になるし、科学が真理を発見するという考え方も、その背後に無辺の認識できない真理の世界があることを忘れたとき、虚構の学問になってしまう。そういう思いが哲学にはあり、その心情は限界のある人間がどう生きるかを問う学問を必要とさせていた。真実を発見する喜びや、歴史の発展に参画する喜びという近代的学問の根底に流れていた思想は、すでに過去のものになっていただけでなく、この思想が人間中心主義の時代をつくりだしたのだとも映っていた。人間に絶対的な力があると宣言した近代の思想と、この思想と結んだ人間主義が今日の文明の暴走をもたらしたことを認めざるを得なくなった時代、それが20世紀終盤でもあった。

この本を読んだときに抱いた違和感は、ゆえに近代に対する私の違和感であったといってもよい。科学という手法を用いて真理を発見し、真理に基づいて歴史を発展させる。それが人間の使命だという発想が根底にあり、それを実現できる能力を人間はもっていると信じることによって人間をこの世界の「神様」にした時代、それが近代・現代という時代である。

だがこの人間中心主義は、環境だけでなく人間の生きる世界をも破壊していった。いまとなっては近代とは、私にはそのように映る。そういう時代をつくりだしていったさまざまな人間たちの「善意」とともに、この本もまた成立している。

坂口　昂・小野鉄二訳、岩波文庫、1966年による

05

ヨーロッパ近代の世界観を超えて

『遠近の回想』

レヴィ＝ストロース／ディディエ・エリボン 著

上野村にいると、ときどき村人から「いま世界はどうなっているのか」というような質問を受けることがある。今日の村は、村だけで自己完結しているわけではない。１９６４年に木材の関税がなくなり輸出入が完全に自由化された結果、村の林業は大きな打撃を受けた。ＴＰＰをはじめとして、国際的な取り決めや世界の動向が村にも多大な影響を与える時代である。

こういう質問を受けると、私はできるだけ丁寧に現在の世界の情勢や経済の現実を説明する。しかし村人にとってその答えは、あまりピンとくる話ではないようだ。何となくつかみにくい話なのである。その理由は村人に知識や情報が不足しているからではない。「世界」といったときの「世界」のイメージが違うのである。

「世界」のとらえ方についての村人とのズレ

私たちは「世界」という言葉をきくと、地図上の世界を思い浮かべる。それはアジアやヨーロッパ、アフリカやアメリカがある世界だ。そしてこの地図上の世界のなかに政治や経済などの構造が埋め込まれている。それは客観的に考察したり説明したりすることができる世界である。

ところが村人が諒解してきたのはそういう「世界」ではない。それは自分たちが生きてきた世界である。自然があり、村人のコミュニティがあり、村の歴史や文化があって人々の営みのある世界、それが村人たちが生きてきた「世界」である。もちろん村人も地図上の世界があることを知っている。混乱するEUや矛盾をはらみながら経済成長する中国のことも知っている。だがそれは知識としての世界である。理解してきた世界だといってもよい。それに対して村人がつかんできた自分たちの生きる世界は、知性だけではなく身体性や生命性をもふくめてつかみとってきた世界であり、諒解してきた世界、納得してきた世界なのである。この自分たちが生きてきた世界と地図上に展開する客観的に考察される世界との間に発生するズレ、それが村人を戸惑わせ、客観的に考察される世界をピンとこない世界におしやるのである。

「所在地の不在」なユダヤ人として

『遠近の回想』は1988年、レヴィ＝ストロースが80歳のときの刊行である。それはエリボンがインタビューするかたちでできあがっている本で、1990年に補足的対談がおこなわれ、それを付け加えた増補版が1996年に刊行されている。この刊行年度をみれば古典とはいいがたいのだけれど、本書はレヴィ＝ストロースの集大成的性格をもっていて、現代思想の古典として読んでも問題のない本になっている。亡くなったのは2009年のことで、レヴィ＝ストロースが100歳のときであった。

レヴィ＝ストロースは両親が一時的に滞在していたベルギーで1908年に生まれているが、フランスのユダヤ人家庭の子どもであった。フランスで哲学の教授の資格を取り、ブラジルのサンパウロ大学に赴任した頃から民族学の研究を深めていく。帰国後ナチスの台頭でアメリカに亡命し、戦後はフランスで人類学、社会人類学の中心的人物になっていく。一般に彼の人類学は構造人類学として理解されているが、現代思想の巨人であったといってもかまわない。著作は広く世界で読まれ、日本でもその大半が翻訳されている。

ユダヤ人といっても、レヴィ＝ストロースは無神論者であった。日本の思想や文化にも深い関心を示している。思想や芸術の世界で活躍するユダヤ人は枚挙にいとまがないが、彼らの多くに流れている共通の感覚は、所在地の不在である。レヴィ＝ストロースは生涯のほとんどをフランスで暮らし、子どもの頃からフランスの思想、芸術、文学などに馴染んでいた。しかし、にもかかわらずフランス人ではなくユダヤ人なのである。たとえ国籍がどこにあり、フランスで高い地位を確立していたとしても。ところが彼はユダヤ人として生きたわけでもない。無神論者であってユダヤ教徒ではなかった。それでもナチズムの迫害の手は伸びてくる。いわば暮らす場所はあっても、所在地はないのである。レヴィ＝ストロースが本物の所在地をもって暮らしているアマゾンの先住民などに関心を寄せたのは、そのことと無関係ではないだろう。

生きる世界の統合と先住民の世界観

さて、少し本書の内容を紹介しておくことにしよう。すでに述べたように『遠近の回想』はインタビュー集であり、レヴィ＝ストロースの生涯の仕事を回想する内容になっている。その生涯の仕事の一つは、「未開」「野蛮」な先住民たちの世界観をとらえながら、その優れた構造を明らかにしていくことにあった。伝統的なヨーロッパの思想では、「未開」の社会が成長して「野蛮」な時代をつくりだし、さらにその発展から文明が生まれるというものであった。ここにあるのは歴史を発展段階としてとらえていく思考であり、そのことによってヨーロッパの優位性を確認していく思考であった。

もっとも18世紀から、ヨーロッパよりもたとえばアメリカ先住民の方が優れた文化をもっているのではないかというような少数者の問題提起は生まれている。しかしこの提起を全面的に展開するには、ヨーロッパが歩んできた、とりわけ近代史に対する悲しい視線が必要になる。つまり近代史を成功した歴史としてとらえるのではなく、何かを失っていく歴史としてとらえることが必要なのである。

この課題に正面から答えたのがレヴィ＝ストロースだった。彼が若い頃にみいだした先住民たちの世界観、それは自分たちの生きる世界を統一的に、総合的にとらえていく世界観であり、すべてが感覚的世界のなかで統合されていく世界観であった。それに対して近代以降の、というよりデカルト以降の思考は、自分たちの生きる世界をさまざまなパーツに分け、その一つ一つを分析して最後にパーツから全体を組み立てようとする。私がはじめに地図上の世界と述べたのはこのような世界である。政治、経済、社会システムなどのパーツが分析され、それらを組み立てて「世界」が認識される。しかしそれらは人間たちの生と結んだ世界、生から離れることのない世界ではなく、外在化され、客観化された世界にすぎない。その結果、たとえ世界の現実が認識されたとしても、それは自分が生きている世界とはズレていて、生命の通わない世界になってしまう。

たとえば日本について考察してみよう。私たちは日本についてさまざまなパーツから考察することはできる。日本の経済システムはどうなっているのか。政治システムは、社会システムは、日本の文化は……。それらはさまざまな知識を私たちにもたらす。しかしそのことによって、自分の生きている世界が諒解できるわけではない。自分の外側にある客観的世界が理解できるだけであって、自分の生の諒解とともに展開する世界ではないのである。だからこの客観的世界には、自分の居場所がない。

上野村の村人たちがつかんできた「世界」は、レヴィ＝ストロースがみた先住民たちの「世界」に近いものであった。それは自分たちの生とともに展開する世界であり、自分の感覚の世界に統合されながら、身体や生命とも一体的に展開する世界であった。

現代の人間たちが失ったのは、このような「世界」なのである。もっともレヴィ＝ストロース自身は、このような「世界」は近代以降激しく攻撃にさらされ、分析的思考によって破壊されたようにみえながらも、人間たちが生に基づく認識や判断をするときにはいまなおその基盤でありつづけている、と考えているのだが。

『遠近の回想』はレヴィ＝ストロースの集大成的な対談集である。ゆえに、多岐にわたるテーマが語られている。だがその核心的な問題意識の一つは、生の営みと分離することなく世界をつかむことができなくなった人間の問題であり、その結果として自分の存在がつかめなくなった人間の現実である。そしてこの本を取り上げた理由もここにある。

自然や死者をふくむ他者と結ばれた世界

東日本大震災以降の私たちに課せられた課題は、これからわれわれはどんな世界をつくっていったらよいのかという問いだった。この問いに対して、人々はさまざまな答えを用意している。それはひたすら経済成長を追い求めるような「世界」ではないだろう。原発の上に成り立つ社会でもないだろう。自然をふくむ他者と結ばれた社会、ともに生きる社会でなければならないだろう。とともに、これからの社会の基盤が、どのような「世界」なのかも問いなおされなければならないだろう。私たちの思考とともにある世界、それは近代の思考が生みだしたような客観的世界なのか。それとも私たちの生きる世界なのか。

レヴィ＝ストロースも述べているように、近代の思考は、人々の生とともにある世界を認識された世界の彼方に追いやった。その結果、人々が求めているものは生の諒解であり、生の充足であるにもかかわらず、それがみいだせないままに経済や政治、社会システムに振り回される時代をつくりだしてしまった。その結果戦後の経済成長の恩恵を一番受けているはずの定年退職者たちが、生の孤独感や所在なさに悩まされ、それなりに経済成長をとげた農村でも、何かが空洞化してきたという感覚が広がってしまった。

私たちはもう一度、生とともにある「世界」を取り戻さなければならないのである。それを基盤にして世界を再構成しなければならない。私はそれは、さまざまな関係のなかで生きる生の再創造なのだと思う。自然との関係や人々との関係、生の世界から離れることのない文化や日本では死者との関係をふくめて、このような関係のなかに私たちの存在があり、生があるのだという「世界」を、これからの社会の基盤にしなければならないだろう。そして実際、東日本大震災の復興過程で問われているものも、このような「世界」の再創造なのである。

最後に『遠近の回想』から引用しておくことにしよう。

「我々は自分の存在が無であること、あるいはたいしたものではないことを知っているのに、この我々の知が本当の知であるのかどうかは、もはや知ることができない」

「無」とは、何もないということではなく、とらえることができない、とらえるべき根拠がないということである。レヴィ＝ストロースはこの「無」という概念を、仏教から学んでいる。この文章は、人間の本質がとらえられない無根拠性とともにあり、自然＝宇宙の広大な時間の前では人間はそういう存在である、ということと、そのことを生とともにある「世界」のなかでつかみとることができなくなった私たちにとっては、そう理解させている知がはたして信用できるものであるのかどうかもわからなくなったということである。だから次のようにも述べる。

「人間を世界の他のものから切り離したことで、西洋の人間主義はそれを保護すべき緩衝地帯を奪ってしまったのです。自分の力の限界を認識しなくなったときから、人間は自分自身を破壊するようになったのです。強制収容所をご覧なさい。また別の平面では環境汚染があります」

竹内信夫訳、みすず書房、2008年、増補新版による

06

実践＝行為のなかから新しい思想が生まれる

「フォイエルバハについてのマルクス」

カール・マルクス著

『ドイツ・イデオロギー』（１８４５～46年頃）に収録された「フォイエルバハについてのマルクス」という短い文章を取り上げてみようと思う。『ドイツ・イデオロギー』は社会主義者に転じていく若い頃のマルクスの著作である。

はじめにフォイエルバハについて少し解説しておくことにしよう。マルクスがまだ学生であった時代のドイツは、哲学の世界ではヘーゲルの哲学がその中心にあった。ヘーゲル学派がドイツを支配していたといってもよく、マルクスもまたこの状況下で哲学を学びはじめている。ところがマルクスの学生時代は、ヘーゲル学派のなかからヘーゲルを批判する若い哲学徒が生まれてきた時代でもあった。その人たちは青年ヘーゲル派とかヘーゲル左派とか言われたが、マルクスもフォイエルバハもこの系統の人である。

フォイエルバハの代表作に『キリスト教の本質』、『宗教の本質』がある。彼は宗教は人間が生みだしたものだと述べた。人間のなかにある「愛」がその基盤であると。その「愛」が神を生みだした。ところが神が生まれると、人間は神に跪《ひざまず》き、神に支配されるようになった。しかも神は宗教となり、宗教に人間が支配されるようになったのである。こうして人間がつくりだしたにもかかわらず、自分たちがつくりだしたものに人間が支配される関係がつくられた。フォイエルバハはそれを疎外という概念で問題にした。自分たちがつくりだしたものが自分たちから「外化」し、疎遠な権力として自分たちを支配する。ここに宗教による疎外が発生した。

この疎外という概念は、もともとはヘーゲルがつくりだしたものだったが、フォイエルバハはそれを現実のキリスト教社会のあり方として使用したのである。マルクスもまた同じ視点をもっていた。その頃やはり若い哲学徒として活動していたモーゼス・ヘスは、貨幣を人間がつくりだしたものであるにもかかわらず人間を支配する権力としてとらえ、そこに疎外の問題をとらえていた。このヘスの思想に影響を受けながら、マルクスは『ドイツ・イデオロギー』の前年に書かれた『経済学・哲学草稿』のなかで、資本主義社会を疎外された社会として分析しようとしていた。労働者がつくりだした生産物が労働者のものにはならず、資本家のものとなって逆に労働者を支配する、管理する権力として生みだされていく。このような構造のなかに、マルクスは資本主義をとらえようとしていた。

青年ヘーゲル派の多くは、現実社会の構造を解く哲学を指向していたのである。その動きは次第に観念論から唯物論への転換と言われるようになった。ヘーゲル流の観念の自己展開過程として世界をとらえるのではなく、現実社会のあり方が観念的世界をもつくりだしているのだ。このような哲学の転換が、若い哲学徒たちによってすすめられていた。私自身はこの観念論、唯物論という二分法的とらえ方は妥当なものではないと思っているのだが、いまはそのことには触れず、マルクスの視点について書いていくことにする。

環境の改革と自己変革

「フォイエルバハについてのマルクス」は11の項目からなる箇条書き的な小稿である。その一は次のように書き出されている。なお引用文の旧漢字は新漢字になおした。

「いままでのすべての唯物論（フォイエルバハのもふくめて）のおもな欠陥は、対象、現実、感性がただ客体または直観の形式のもとにのみとらえられて、感性的な人間的活動、実践としてとらえられず、主体的にとらえられないことである。したがって活動的な側面は、唯物論とは反対に抽象的に観念論……によって展開された……」

これまでの唯物論は、現実社会の構造がさまざまなものをつくりだしたというだけで、その構造のなかで生きている人間たちの活動的なあり方を視野に入れていない、だから人間たちの活動的なあり方は、むしろ観念論によって論じられてきたのだ。マルクスが述べているのはそういうことである。

つづいて第二の項では次のように書いている。

「人間的思考に……真理が到来するかどうかという問題は……理論の問題ではなく、実践的な問題である」

人間たちが真理を獲得できるかどうかは、実践的な課題だというのである。それは単なる理論の問題ではない。現実のなかでどう活動していくのか、どういう生き方をしていくのかが、真理をみつけださせる。

第三の項を引用してみよう。

「環境の変更と教育とについての唯物論学説は、環境が人間によって変更されなければならず、教育者みずからが教育されなければならないことを、わすれている。……環境の変更と人間的活動あるいは自己変更との合致は、ただ革命的実践としてのみとらえられ、そして合理的に理解されることができる」

環境が人間をつくるといっているだけではだめなのだ。人間は環境を変革することができる。その実践のなかで、人間の自己変革と環境の改革は同時に実現される。「革命的実践」こそがこのような合理性を生みだすのだ。マルクスが述べているのはこういうことである。

最後に、第十項と十一項から引用しておこう。

「ふるい唯物論の立場は市民社会であり、あたらしいそれの立場は人間的社会あるいは社会的人類である」

「哲学者たちは世界をいろいろに解釈してきたにすぎない。たいせつなのはそれを変更することである」

マルクスはこの頃から社会主義者としての道を歩みはじめる。ここでは社会主義社会のことを「人間的社会」、「社会的人類」と表現しているが。そして哲学の課題は世界を解釈することではないと語る。「革命的実践」が環境の改革と自己変革を同時にもたらし、そのことをとおして人間は真理を知ることができるという彼の立場からすれば、それは当然の結論であった。

自己変革を伴う理論

最近ではマルクスが復活気味である。書店に行くと、新訳の書籍が出ていたり、超訳本や新しい解説本が結構出ている。今日とは、資本主義の横暴と黄昏が感じとられる時代である。それがマルクスへの関心を高めているのであろう。ただし昔のようにマルクス主義者になるためではなく、マルクスが資本主義に対してどう言っていたのかを知ってみたい、そんな好奇心からである。

1970年代前半くらいまでは、マルクスは少しは読んでいないと若者の会話に加われない、そんな人物であった。だから本棚には誰でも何冊かのマルクスの本があった。もちろんどこまで読み込んでいたかはわからない。たとえば『資本論』ともなれば、読んでみたいという思いをもちながらも、第1巻のほんの数十ページで挫折してしまうのが普通だった。

そんな状況のなかで人気のあった文献の一つが、この「フォイエルバハについて」であった。哲学の課題はいろいろなものを解釈することではない。変革こそが哲学の課題である。なぜなら人間をつくりだしている社会を変革することによって、人間には自己変革がもたらされ、この社会変革と自己変革の一体化をとおして、人間は真理を発見していくのだという徹底した実践主義が、かつての青年たちの心をとらえていたのである。

といってもこの視点をマルクスが生涯もちつづけていたのかといえば、私はそうではなかったと思う。パリコミューンの革命に遭遇したときには、マルクスはこの革命を解釈していたにすぎないし（この革命をルポルタージュしたマルクスの文献に『フランスの内乱』がある）、マルクス後期の『資本論』に向かう研究は、資本主義の自己展開原理を理論的に追究しているのであり、「革命的実践」をとおして見えてくる真理を探究するものではなかった。もちろんその理論構造からは学ぶべきこともたくさんあるのだが。

私は「フォイエルバハについてのマルクス」は、もう一度読まれるようになってもいい気がする。たとえば東日本大震災からの復興とは何か。それは単に理論的に考察される課題ではないだろう。復興をめざす被災者や支援者たちの「革命的実践」が、復興とは何かをつかませるのである。コミュニティを再建しようとする実践、コミュニティをつくりだすために地域に仕事を生みだそうとする実践、そういう実践が復興とは何かをつかみとらせる。それにかかわっている者たちの自己変革を伴いながらである。

理論を学んで実践をするのではない。実践が介在するからこそみえてくる理論もある。

たとえば今日の資本主義について。それを解釈していただけでは何も変わらない。たとえ市場原理主義を批判し、経済成長主義は人間を幸せにしないと語ったところで、社会も、自分自身も変わらないのである。この壁を打ち破るものも、ともに生きる経済をつくろうとする「革命的実践」である。この実践をとおして経済とはどうあらねばならないのかがわかってくる。その試行錯誤がそれにかかわる人間たちを変革させ、少しずつ経済のかたちを変えながら、経済とはどうあるべきなのかという真理を発見させるのである。

ところで最後に述べておけば、「フォイエルバハについてのマルクス」におけるマルクスの視点は、マルクス一人によってつくられたものではなかった。たとえば同時代の人であったヘスは「一にして全てなる自由」という論考のなかで、「思考と行動、精神的自由と社会的自由の間には、他方を欠いては一方も十分現実性をもちえないほど、密接的な関係がある……」と述べ、「哲学は現実にかかわり、行為にならねばならない」と書いている（『初期社会主義論集』モーゼス・ヘス著、山中隆次・畑　孝一訳、未来社）。人間の思考と行動は相互性のなかに成立するということである。だから哲学は「行為」とともに展開しなければならない。

単なる理論はものごとを解釈することに終わる。そこからは新しい思想は生まれない。実践＝行為のなかから新しい思想は生まれるのだ。「フォイエルバハについてのマルクス」はそういうことが議論されていた土壌から生まれた。

『ドイツ・イデオロギー』収録、古在由重訳、岩波文庫、1956年による

07

マルクス主義と実存

『過渡期の意識』

梅本克己 著

私がマルクスの書いた本を最初に読んだのは中学生の頃で、エンゲルスとの共著である『共産党宣言』がはじめてだったように記憶している。ただし、ただ読んだというだけで何も理解することはできなかった。冒頭に〈いままでのすべての歴史は階級闘争の歴史だった〉と書いてあるのだけれど、〈階級闘争〉という言葉の意味が理解できなかったのだから、どうにもならない。その後何冊かの本を読み、すべて理解できず、当時合同出版から出ていた『マルクス・レーニン主義教程』という本を読んで少しわかったような気がしたものだった。ところがこれは当時のソ連の「哲学教科書」のような本で、ソ連流の解釈だから内容的にはかなり問題があった。そのことに気がついていくのは高校生になってからであった。

マルクス主義をめぐる読書遍歴

当時の私は東京の世田谷区で暮らしていて、ここは中産階級というより「中流」の多い地域であった。高度成長の時代とも重なって、上昇志向、出世志向の強い地域で、私はその雰囲気が嫌いだった。そのことが「社会主義」とは何かを知りたいという思いを生みだし、しかし当時の私にはソ連が社会主義社会だという気がしなかった。そんなこともあって毛沢東の本も読んでみたのだけれど、これもまたマルクス主義を理解しているとはいえないレベルの低いものにみえた。1960年代中盤は新しい社会主義思想としてイタリアの構造改革主義が注目されていた時代でもあったので、この系統のものも読んでみたのだが、最初に読んだのがトリアッティの本だったこともあって、これも私には魅力のないものだった。トリアッティはグラムシの考えを底においているということになっている、当時のイタリア共産党の指導者なのだが、グラムシの考え方を都合よく改ざんしていたことに気づくのは、後のことである。はじめにグラムシを読んでいれば評価は変わったかもしれないが、当時はトリアッティが編纂したグラムシしか翻訳されていなかったのだからいたしかたない。

そんなこともあって、高校に入った頃の私は、本物の社会主義思想、本物のマルクス主義を知りたいという思いをいだいていた。現実にある社会主義社会や社会主義的運動は社会主義から逸脱したものにみえたのである。私にはマルクスそのものの本を理解できるまで読まなければという思いがあり、中学生時代に理解できなかったマルクスの本をもう一度読むことになった。最大の難関は『ドイツ・イデオロギー』という本だった。これはマルクスの若い頃の本で、15回ほど読んだら少しはわかるようになってきた。ところがもっとよく理解するにはヘーゲル、フォイエルバハの本を読んでおく必要性を感じ、ヘーゲルを読むとカント、フィヒテ、シェリングといったドイツ哲学を知らないと理解できないことを知り、しかもドイツ哲学の基礎にはギリシャ哲学があることを知り……、という感じで、時代を遡るかたちでさまざまな哲学書を読まなければならなくなっていった。

おかげでマルクスについても少しは理解できるようになったのだけれど、それ以上に哲学がおもしろくなってしまった。さらに『ドイツ・イデオロギー』でマルクスに批判されているマックス・シュティルナーに共感する部分があったり、『共産党宣言』で批判されている非マルクス系の社会主義者たちの文献がおもしろかったりで、マルクスの忠実な使徒とはいえない自己を感じるようになっていった。

マルクス主義における人間の問題

さて前文が長くなってしまったが、そんな高校生時代に日本の哲学者では一番の愛読書だったのが、本書の著者、梅本克己である。梅本は田辺元の系統にいた京都大学の哲学の流れの人である。戦前の京大の哲学は日本的な思想と西洋哲学の調和をはかろうとする傾向が強く、昭和に入ると実存哲学の影響を受ける若い人たちも出てくる。そのような土壌で研究をしていた梅本は、戦後にマルクス主義者に「転向」する。そのとき自己の課題にしたのが、「マルクス主義における人間の問題」であった。

当時の支配的なマルクス主義の考え方では——それを公式マルクス主義といっておく——資本主義が打倒され社会主義社会が生まれるのは歴史の法則であり、歴史の必然だとされていた。少し乱暴にいえば、そのことに気づくことだけが人間には重要なのであり、ここには人間が歴史をつくるという視点はない。いわば人間の欠如した歴史理論なのである。

梅本はこの公式マルクス主義の欠陥がマルクスに由来するものではなく、スターリン以降のマルクス解釈からくるものであり、むしろマルクスに戻ることによって人間主義的なマルクス主義を再確立しようとした人である。彼にとってはマルクス主義はヒューマニズムでなければならず、いわば人間の存在と実存の問題を内在化させたマルクス主義の展開を自己の課題にしていた。ある意味では京大学派の問題意識を引きずったマルクス主義でもあり、実存哲学の影響を受けたマルクス主義でもあった。

私の持っている『過渡期の意識』は１９６８年の新装版だから、高校3年のときに刊行されたものである。この本の大半は１９４０年代後半から50年代前半に書かれた論文から構成されており、表題と同じ「過渡期の意識」という論文だけが、最初の刊行本である１９５９年版を出したときの書き下ろしであった。梅本の本としては『人間論—マルクス主義における人間の問題』

（三一書房、増補版１９６４年）、『マルクス主義における思想と科学』（三一書房、１９６４年）などの方が、私にとっては先に読んでいた本になる。

過渡期の人間として生きる

少し『過渡期の意識』について紹介することにしよう。

〈人間は過渡期を生きている〉。人は変遷する自己として生きているのである。それは梅本にとっては〈観念論〉から〈唯物論〉に変化していく過渡期であった。この過渡期の自覚が、〈唯物論〉に転じるとき、〈観念論〉が課題にしていた人間の問題を唯物論者として引き受けるという問題意識を生みだすことになる。

解説を加えておけば、当時の哲学としては〈観念論〉と〈唯物論〉を対立的にとらえていくのが普通だった。たとえばマルクスは、大学ではヘーゲル哲学のもとで学んでいる。ヘーゲルは世界を精神の展開過程としてとらえるという意味では〈観念論〉の立場をとっていた。そこから出発したマルクスは、当時青年ヘーゲル派とかヘーゲル左派といわれたヘーゲル哲学のなかから生まれてくる若い急進的なヘーゲル批判派の人たちと交わりながら、次第に世界を現実の構造、物質的世界からとらえる方法へと転じていく。〈唯物論〉の立場を確立していったのである。これが当時の一般的なマルクスの解釈の仕方だった。しかしいまとなっては〈観念論〉と〈唯物論〉を二項対立的にとらえる発想は古すぎる。確かにヘーゲルは世界を精神の展開過程としてとらえたが、その基礎に現実的世界があることを知っていたし、優れた〈唯物論〉は精神的世界が現実的世界に影響を与えることをみていた。〈観念論〉と〈唯物論〉は対立的なものではなく、むしろ相互補完的なものなのである。

ところで人間はつねに〈過渡期〉を生きているとするなら、人間の考えに絶対的正義はないということになる。だが人は自分が正しいと感じることに基づいて判断をし、行動をする。過渡期の人間がとらえた正義でしかないのに、それを正義だと感じるのである。そのことが、自分が過渡期を生きていることをたえず自覚する必要性を人間に迫る。梅本は次のように書いている。「過渡期に固有な混乱と矛盾はそれ自身が過渡期であるということについての反省を欠いているところから生まれる」。自己の過渡性をみつめることと、自己の思想を提示することとの間にある、ある種の絶対矛盾を知りつつ問題を提起する、そこに主体的人間の道があるということである。

とすると主体的人間を確立するためには何が必要なのか。梅本はここで、「必然性の洞察」を提示する。偶然のなかでものを考えていく人間が、自分の思惟のうちに歴史の必然をみいだす、ということである。自分の存在、あるいは自分の判断や行動のなかに歴史の必然をみいだす、と言い換えてもかまわない。だがそうやってみいだされた〈必然〉が正しいという保証もまたない。認識や洞察には、過渡期を生きる人間の限界が、つねにつきまとうからである。この限界を人はどう超えたらよいのか。ここで梅本が提示したのは〈実践〉だった。人間の実践のなかでのみ、

〈必然〉の正統性が確証できる。

自己の実存のありかを求めて

すでに述べたように、梅本が課題にしていたのは、マルクス主義は人間の問題、人間の主体をどう取り扱ったらよいのかだった。それは人間の限界を知りながらそれを突破しようとする論理をどこに求めるのかということでもあった。この問いへの回答を、社会理論としての〈科学〉と人間の実存がどこで触れ合うのかという問題意識から提示しようとしたのである。

「人間解放の物質的条件を洞察する科学的真理と、そこから解放される人間の実存的支柱とは、解放の過程にあってもたえず触れ合っていなければならない」

マルクス主義に〈科学的真理〉をみいだすという発想も私にとっては古すぎるのだが、1960年代の私はこの梅本的思惟にずいぶん支えられていた。学生運動も盛んだった時代である。なぜ自分は歴史と対峙しながら生きようとしているのか。この主体の根拠、実存的根拠をどこにみいだすのか。そういうことが学生たちに問われていた時代でもあった。

最後に次のことだけを述べておくことにしよう。私自身は梅本の哲学に影響を受けながらも、どこかでこの論理の不十分さを感じていたことも確かだった。いまあらためてこの本を取りだしてみると、各ページにはかなり辛辣な批判的コメントも書き込まれていることに気づいた。しかしその不十分さがどこにあるのかは、当時の私にはわからなかった。私自身もまた自己という個の主体の根拠を探していたのである。

それから何年かが経過し、私の〈主体〉のとらえ方が変わっていった。〈自己〉という個のなかに主体をみいだす立場から、関係のなかに主体をみいだす方法に転じていったのである。それは梅本もたびたび言及していたキェルケゴールの実存哲学の限界がどこにあるのか、サルトル的実存主義の限界はどこから生まれたのかといったことを考察しながらみいだしていったものでもあるけれど、群馬県上野村という山村的関係の世界に身をおいたことも大きかった。いわばそういう〈実践〉が自己の実存の場所を関係のなかにみいだす発想を生みだしていったのである。とするとそれは梅本が言うように、〈実践〉こそが自己のありかに確証を与えていったのかもしれない。

現代思潮社、1959年による

08

反抗のなかにこそ自由がある

『革命か反抗か』

カミュ＝サルトル論争

日本では『異邦人』がよく知られているカミュが『反抗的人間』を発表したのは、1951年のことだった。『異邦人』は殺人を犯した主人公が裁判でその動機を聞かれ、〈太陽がまぶしかったから〉と答える小説である。『反抗的人間』が発表されると、フランスでは批判と賛同の意見がいろいろな場面で戦わされた。

ここで取り上げるこの『革命か反抗か』はサルトルと、サルトルの思想的同伴者であったジャンソンのカミュ批判、ならびにカミュからの反論によって構成されている。このカミュ＝サルトル論争は当時から日本でもよく知られており、学生などがどちらの立場を支持するかをめぐって、しばしば議論していたテーマでもあった。私がこの論争を読んだのは1960年代半ばのことであったが（ここで用いた新潮文庫版が出たのは1969年）、その頃でも思想、文学好きの学生たちがサークル室や喫茶店などでこの問題をめぐって議論する雰囲気は残っていた。

サルトルは実存主義哲学の旗手として知られていた。日本では１９５０年代に一度サルトルブームが起こり、60年代にも再びブームになっている。カミュとサルトルは思想的立場が近い人と思われていた。二人とも政治的な問題によく発言をしていてその主張には共通するものがあった。カミュは社会に対する「反抗」のなかに人間的生き方をみていたし、サルトルは現実の社会と向き合いながら自覚的な自己を形成していくことのなかに、実存的人間をみいだしていた。ところがこの論争をきっかけにして、サルトルはカミュと絶交してしまう。

ところでこの論争の意味を考えるためには、１９５０年当時の思想的な課題について述べておいた方がいいだろう。その背景のもとで、この論争もおこなわれていたからである。『反抗的人間』が発表された１９５１年は、第２次大戦から数年がたち、戦後世界のかたちができあがっていく頃である。一方ではアメリカを軸にした資本主義の側の世界体制が生まれ、他方ではソ連を軸にした社会主義陣営が形成されていく、そんな時代だった。カミュもサルトルも資本主義に対してだけでなくソ連に対しても批判的な態度をとっていたが、当時はまだソ連が「労働者の祖国」ともいわれていた時代で、そのソ連はスターリン体制下のソ連だった。

スターリン主義的歴史観のどこが問題か

レーニンの死後スターリンがソ連の権力を掌握していく過程では、多くの指導者の粛清もおこなわれた。その粛正された人の一人に１９１７年のロシア革命を指導したトロツキーもいた。トロッキーは亡命先のメキシコで、スターリンの放った刺客によって暗殺されてしまうが、亡命先でスターリン主義に対抗する世界組織として第4インターナショナルをつくっている。フランスにも、日本にも、第4インターナショナルの支部がつくられていた。一応述べておけば、第4インターナショナルフランス支部は今日でも活動をつづけている。日本の支部は1950年代に分裂しいくつかの組織に分かれていったが、この水脈と関係をもちながら、1960年の安保闘争や70年の新左翼運動、全共闘運動などもつくられていく。「反スターリン主義」を掲げる社会主義の潮流も、一定の社会主義勢力として形成されていた。とともに思想の世界では、この動きとも直接的、間接的な関係をもちながら、マルクスの文献の読みなおしと、マルクス主義を支持する立場からのスターリン主義批判が推進されていく。この動きは多岐にわたっていたが、たとえばスターリンの歴史理論では、世界の歴史は古代奴隷制から封建主義の時代へ、その後に資本主義の時代が現れさらに社会主義、共産主義の時代に向かう。これは歴史の鉄の法則であり、人間のかかわりに関係なく歴史はこのような鉄の法則をもっているとされていた。ところがマルクスなどの文献を読んでみると、マルクスとともに社会主義思想をつくったエンゲルスには歴史の図式化がみられるものの、マルクス自身にはそのような記述は見当たらない。マルクスが述べていたのは生産力が発展してくるとそれまでの生産諸関係と調和しなくなり、そのことを土台として社会変革が起こるということだけである。たとえば「封建主義」の社会で、商人や手工業者が台頭し生産力が発展してくると、それまでの生産諸関係をかたちづくっていた身分制度や徒弟制度などと調和できなくなり、そのことを基盤にしながら社会変革が起こるということである。それは資本主義に対してもいえて、生産力の発展は資本家と労働者の関係と適合できなくなって、平等な社会に向かう基盤をつくる、ゆえにその後の社会は社会主義になる、ということである。

もう一つ、スターリン主義的な歴史観には次のような問題もある。もしも歴史が鉄の法則をもっているのなら、歴史における人間の役割は、せいぜい歴史の法則を早く実現するということくらいになってしまい、歴史の主体としての人間が消え失せてしまう。つまり人間の主体が意味をもたなくなるのである。ところが人間は、たとえ歴史がそのような法則をもっていたとしても、その法則を自覚しながら生きることもできるかもしれないが、その法則を知っていてもそんなことは無視して生きることも、そもそもそんなことに関心をもたずに生きることもできる。スターリン主義的にいえばそれらは、反動的な人、無知な人ということになってしまうのだが、この論法では次のことが忘れられている。それは、歴史がどのように形成されているのかということと、歴史をどのように主体化していくのかということは、異なった課題だということである。

実際社会運動では、本当に「困っている」人ではなく、「困っていない」人が運動の軸になるということはよくある。マルクスの時代をみても、マルクス自身が裕福なユダヤ人家庭の出身だし、盟友だったエンゲルスは工場経営者である。フランスの革命運動の中心人物の一人だったサン・シモンは貴族だし、イギリスのロバート・オウエンは成功した資本家でもあった。自分の利害だけを考えれば、いまのままの社会がつづいた方が有利なはずの人々が、しばしば社会変革の運動を活動面、思想面から支えてきたのである。このようなことはなぜ起こるのか。歴史への向き合い方は、客観的なものとしてではなく、主体的なものとして形成されるのである。

スターリン主義への批判は、歴史における人間の役割や人間の主体とは何かを問う必要性をも生みだしていたのである。そういう水脈をもちながら「新左翼」と呼ばれた潮流も生まれてくるから、この思想は人間主義的であり、人間の主体を重視する思想であった。

反抗的人間として生きるということ

さて『革命か反抗か』に戻ることにしよう。カミュは『反抗的人間』で何を主張していたのか。それは社会に対する反抗が新しい社会を生みだし、その生みだされた社会によって人間が不自由になっていくという歴史がもっている不条理であった。たとえばロシア革命も、自由と平等を実現しようとする反抗から生まれている。ところがその結果社会主義ソ連ができてしまうと、この新しい体制が人間たちを管理し、支配するようになる。このかたちは1789年のフランス革命にもあったもので、自由、平等、友愛を掲げた反抗が王制を打倒し近代社会を生みだしたが、その結果は資本主義や近代国家が生みだす新しい支配でしかなかった。人間と歴史のあいだにはこのような不条理が横たわっているというのがカミュの主張である。だからカミュは、永続的な反抗のなかにしか人間が人間的に生きる場をみいださなかった。たえざる反抗だけが自由を成立させるのである。ただしその反抗は、それが社会変革として成功すれば新しい管理を生みだすだけだから、歴史に対する目的性をもたない、その意味で無意味な反抗としてつづけるしかない。カミュにとって人間が生きる意味は、「反抗的人間」でありつづけるところにしかないのである。

それに対してサルトルやジャンソンは批判をしていった。サルトルたちは歴史に対する人間の自覚を重要視した。資本主義の問題点に対してどう向き合うのか。ここには搾取され、困窮のなかに落とされただけでなく、そのような境遇によって人間性までが破壊されていく人々もいる。植民地や旧植民地の人々をみれば、それは重大な課題ではないか。歴史をどのようにつくりだしていくのかは人間の課題だ、それを自覚して生きる実存的人間が、歴史に対する人間の態度として重要なのだ。カミュの意見は、歴史に対する人間の役割を無視し、結果として社会の不正に手を貸すものになっている。このようなかたちでかなり厳しい批判を加えることになった。

この本をはじめて読んだとき、私はサルトルらの「不正」を感じたものだった。『反抗的人間』では、マルクス、ヘーゲル、カントなどが批判的に取り上げられている。率直に述べれば、それらの思想家たちに対するカミュの批判はあまり正確なものではなく、誤読に基づいているものも多い。サルトルの批判はそこをつくかたちで展開されているが、私はこのような批判の仕方をよいとは思わなかった。確かにカミュの哲学の取り上げ方は正確ではなかったが、そこをつくことは、「哲学をよく知っている者」が知の高みにつくという、嫌悪すべき知性主義になってしまう。知の高みから批判することは、知のヒエラルキーを前提とし、知性によらない問題提起を下にみる知性主義を成立させてしまう。哲学知識による論争なら小説家のカミュよりサルトルたちの方が勝っているのは当たり前のことで、このような批判の仕方は誤りだと私は感じたものだった。批判をするなら、カミュの提起そのものに対する批判でなければならない。

カミュが主張していたのは、歴史そのものの論理ではなく、歴史に向き合う人間の論理なのである。ラジカルな政治的発言をしばしばくり返してきたように、カミュは歴史そのものに対しても無関心な人ではない。しかし「歴史と向き合う」というときのカミュ的な意味は、歴史はいかに形成されるべきかではなく、「反抗」のなかにしか自由をみいだせない、そのようなかたちでしか歴史と向き合えない、そんな人間の論理なのである。それが、人間はいかにして社会と対決する自己をつくりだすのかということの意味でもある。それに対してサルトルが言っているのは、歴史そのものを変革していく自己の形成であり、そのような意味で自覚された実存的人間の確立である。だから、カミュの主張とサルトルたちの主張はかみ合わない。

自己暴露してしまえば、私は心情的にはカミュ的な人間である。私たちは目的意識をもつことによって、その目的意識に縛られてしまい、そのドグマから抜け出そうとするという不条理をもちながら生きている。そのことを無視すると、自己の社会変革の理論を絶対視するというこれまでの社会理論の誤りをくり返すことになるだろう。

佐藤　朔訳、新潮文庫、1969年による

09

『科学と近代世界』

科学を生みだしたヨーロッパの精神世界

A・N・ホワイトヘッド 著

ダーウィンの『種の起源』が刊行されたのは1859年のことであった。生存のための適応が種の進化をもたらすという、いわゆる自然選択説の登場である。ダーウィンが生物に関する研究をはじめた頃には、まだ生物種というとらえ方も確立してはおらず、その生物種が進化をとげながら今日の生物世界をつくっていったという考え方は革命的な理論であったといってもよい。人間もまた動物の一つの種であるというとらえ方も、ここから定着していくといってもよかった。

ダーウィン進化論への疑問

といっても生物学の世界でダーウィン説が「一般理論」になったのは20世紀前半のことで、むしろそれまでは資本主義を肯定する根拠として生物学の外でもてはやされたといった方がいい。資本主義という競争社会に対して、そこに適応していく進化が歴史の進歩を生むというふうに使われたのである。ダーウィン自身は生物が進化していくことは説いても、それが進歩だとは言っていなかった。変化していくだけだということである。しかし一般にダーウィニズムといわれたものは、進化を進歩として評価し、歴史の進歩理論として用いられるのが一般的だった。いままでも生物学の世界では、ダーウィン説を若干修正した修正ダーウィン理論が中心になっている。

私自身はこのダーウィン説に対して、かねてから否定的な感情をもっていた。もちろん私は生物学については何も研究をしていないから、生物学的にダーウィンを否定する能力はもちあわせていない。にもかかわらずこのようなことを述べるのは、ダーウィンの時代が、歴史という時間軸に進化という考え方を介入させた時代だったからである。ダーウィンはマルサスの『人口論』を読んで進化論の発想を得たと述べている。『人口論』が執筆されたのは1798年のことで、1803年に改訂された第2版が出版されている。

『人口論』自体は、文明の発展は人口の増大をもたらし、しかし農業生産はこの人口の増大に追いつかないから、文明の発展は食糧危機を招き、悲惨な結果をもたらすということが書いてあるだけなのだけれど、それを社会は生存競争であり、この競争に打ち勝ったものしか生き残れないというように読んだのが、当時のイギリスの風潮であった。つまり社会のなかでは生存のための競争がおこなわれ、そこで進化した個体が生き残っていくというとらえ方である。ここには進化の主体を個体におくという発想と、競争をとおして歴史は進化していくという発想がある。そしてそれを受け入れていたのが、資本主義の時代を迎えたイギリスの風潮でもあった。

このようなイデオロギーが広がっている時代に、ダーウィンは進化論を提起している。つまり、生物を観察しているうちに進化論にいきついたというより、このイデオロギーが前提にあって生物世界を観察していると、生物の変化が生存のための個体的進化の歴史としてみえた、ということなのではないかと私は思っている。前提に、近代イデオロギーが存在しているのである。だからそういうイデオロギーの持ち主には、そういうふうにとらえられたということである。だから私はダーウィンの進化論は、信用するに値しないものだと思ってきた。

共生という思想

ダーウィン理論に対しては、『キリンの首』(フランシス・ヒッチング著、樋口広芳・渡辺政隆訳、平凡社)というおもしろい本がある。もしもダーウィン説が正しいとするなら、生存のために進化していく過程のキリンの化石がでてこないとおかしい、というところからこの本の書名が生まれる。つまり首が伸びていく過程のキリンの化石があってもいいはずで、たとえば首の長さが1メートルのキリンの化石と2メートルの化石がでてきて、年代測定から2メートルの化石の方が新しいということになれば、キリンは生存のために独特の進化をとげてきたということになる。ところが実際には、キリンの化石は数多く産出しているが、でてくるものはすべていまと同じキリンであって、中間形態のものがみつからない。それは他の生物にもいえて、猿が人間になったという中間形態の動物の化石もみつからないし、それればかりか、たとえばネアンデルタール人のような類人猿からクロマニヨン人以降の現人類への移行途上の動物の化石もみつからない。中間形態の化石といわれているものは始祖鳥くらいのものであって、これは鳥の一種とか爬虫類の一種と考えてもいいはずで、それを中間形態だと位置づけるのは、これしか「証拠」がでてこないがゆえのかなり強引な解釈である。

ヒッチングは生物界はその時代の環境のなかで共生する関係にあるととらえている。つまり共存可能な生態系がつねにつくられているということである。だから恐竜時代には、この時代の環境に適した生態系がつくられていた。そしてその生態系が維持できなくなったときには、あらゆる生物が変化し、そこから新しい生態系が生まれていった。つまり生物変化は個体性でとらえるものではなく、生態系の変化として考察しなければならないということである。だからこの過程には、進化も進歩もない。変化があっただけである。とするとそのような変化がなぜ起きたのか。彼は巨大隕石の接近、もしくは衝突ではないかと推測しているのだが、私にはこの説の方が納得がいく。

ただし次のことには触れておかなければならない。それは『キリンの首』の原本が刊行されたのは1982年のことであり、この時代には共生という考え方が社会理論としても広がりはじめていた時代だということである。つまり時代の精神がダーウィンの時代とは変わっていた。とするとこの理論もまた純粋な科学ではなく、その時代のイデオロギーが生みだした理論であるのかもしれない。

科学とヨーロッパのローカル精神

さて前置きが長くなってしまったが、ホワイトヘッドの著作について述べていくことにしよう。ヨーロッパでは主として中世後期に科学という考え方が登場してくる。もっともその源流を遡っていけば古代ギリシャのアリストテレスに到達する。すべてのものごとの原因を合理的に解明していこうという姿勢は、古代においてはアリストテレスとその弟子たちによって定着した。ただしそれは中世後期から近代にかけて展開していく科学と同じではない。科学はものごとが生まれていく生成のプロセスだけではなく、それを生みだす根源の分析をもふくんでいる。その双方を観察と分析、実験によって証明していくのが科学である。

ところで科学ではなく技術という言葉を使えば、優れた技術は世界のさまざまな地で古代からつくられていた。たとえば日本の古代の木造建築技術は今日の宮大工たちをも感嘆させるものがある。かつては中国でさまざまな技術が開発されていたし、エジプトなどのピラミッドの建造技術はいまでもどうやってつくったのか明確にはわからないほどである。

ところがそれらの技術は科学とは無縁だった。技術は進歩しても、科学は生まれなかったのである。科学を生みだしたのは中世後期からのヨーロッパだけであり、もちろんいまではそれが世界中に広がって各地で科学的研究はおこなわれているが、科学という方法はヨーロッパ世界から誕生したといってもよい。

とするとなぜヨーロッパからのみ、科学という方法は誕生したのであろうか。

ここで取り上げた『科学と近代世界』の第一章「近代科学の起源」では、中世後期のキリスト教上の議論が取り上げられている。時代的にはプロテスタントが登場してくる時代だと思えばよい。この時代の議論をとおして、ヨーロッパ社会では、この世界は神がつくりだした合理性によって成立しているという、「疑う余地のない」精神的態度が定着していった。すべては神がつくりだした合理的秩序のなかにあるという世界観である。さらに、そのようなものとしてこの世界は普遍的なものとしてつくられているという感情が、これもまた疑う余地のないものとして定着した。

この世界は偶然の積み重なりによって生まれたものではない。一見すると偶然にみえる事象でも、その奥には神の必然がある。その必然に普遍的真理があり、この世界は神がつくりだした秩序として形成されている。この考え方が、疑う余地のないものとして、ホワイトヘッドの言葉を使えば「本能的確信」として定着したのである。

ところで自然科学とは、自然がどのような秩序によってつくられているのかを考察する学問である。ダーウィンの進化論は、生物進化の秩序を明らかにしようとしたものだといってもよいし、物質の構造を素粒子から解いていく方法も、物質を成立させている秩序の解明である。そしてそれは自然がつくりだしている秩序の解明だといってもよい。

ホワイトヘッドは次のように書いている。

「広く人びとの間に、事物の秩序、特に自然の秩序の存在に対する本能的確信がなければ、生きた科学はありえない」

科学とは、この精神的土壌から誕生してきた、ものごとを考察する方法なのである。

「近代世界において一つの精神的態度が力強く働いていること、それが広く一般にゆきわたっていること、それが他のいろいろな精神文化に影響を与えていること」が、確信をもってそのような方法を用いて分析する人々を生みだしていくのである。ホワイトヘッドは次のようにも述べる。

「（科学を含む近代ヨーロッパが生みだした学問は）〈神〉の合理性を、中世の人びとがあくまで強調したことに由来する……。いかなる些事も神が照覧し秩序づけている。自然探求の行きつくところ、合理性に対する信仰の弁護にほかならない」

科学もまた、一つのローカル精神のなかから生みだされたものなのである。すなわちこの世界には、真の意味で普遍があるわけではない。科学もまた、このような精神世界が発見した真理にすぎない。

ホワイトヘッドの思想は、私にこのことを整理させてくれたのであった。

『ホワイトヘッド著作集　第6巻』収録、上田泰治・村上至孝訳、松籟社、1981年による

10

政治的な解放、人間の解放

『ユダヤ人問題によせて』

カール・マルクス 著

ブルーノ・バウアーの論考「ユダヤ人問題」が発表されたのは、1842年のことであった。バウアーは青年ヘーゲル派に属する、ドイツの若き哲学徒である。ヘーゲル哲学の土壌から生まれてきたヘーゲル批判派の若者たちは、当時ヘーゲル左派とか青年ヘーゲル派と呼ばれている。マルクスもまたその一員であった。

『ユダヤ人問題によせて』は、バウアーの論考に対する書評のかたちで書かれている。発表されたのは1844年のことだった。ところで、マルクスとエンゲルスによる『共産党宣言』が出されたのは1848年のことで、それ以前のマルクスの論考は、初期マルクスのものと位置づけられる。青年ヘーゲル派の他の論客たちと同じように、急進的な体制批判はおこなっていたが、社会主義者として登場していたのではないし、資本主義の認識も十分には、こなされていなかった。だから初期マルクスのものは読む必要がないと言う「マルクス研究者」までいたのだけれど、日本では、初期の問題意識をとおして中期、後期のマルクスを読むという方法が定着していた。本書に収められている『ヘーゲル法哲学批判』や『経済学・哲学草稿』、『ドイツ・イデオロギー』といった初期マルクスの文献は、１９６０年の安保闘争やその後の全共闘運動などを担った若者たちのあいだでは、必読文献のような役割を果たしている。『ユダヤ人問題によせて』もその一つだった。ここではこのような背景にあったものもふくめて、この本を読んでみようと思う。

お金を軸とした生活への転換

バウアーの〈ユダヤ人問題〉に関するいくつかの論考は、１９７４年に『資料ドイツ初期社会主義』（平凡社）が刊行されるまでは、まとまったかたちで読むことはできなかった。そんなこともあってマルクスの書いたことが鵜呑みにされていたのだが、マルクスの「書評」はバウアーの主張をかなりねじ曲げたものだった。〈バウアーはこう言っているが、それは誤りで、本当はこう考えるべきである〉とマルクスは書いているときでも、実はバウアーはそんなことは言っておらず、マルクスが〈本当はこう考えるべきである〉と書いている部分がバウアーの主張だったりする。相手の主張をねじ曲げて、相手の主張を自分の主張のように書いているのだから、これではまともには相手にされなくなる。マルクスはそういう一面をもっている人で、性格はよくなかった。事実、マルクスは青年ヘーゲル派のなかでも嫌われ者になっていった。

だがそういう問題はあったにせよ、この論考は若い頃のマルクスの問題意識がどこにあったのかを、教えてくれるものであったことに変わりはない。

当時のドイツでは、ユダヤ人たちの政治的権利は十分には与えられていなかった。迫害された民という一面ももっていたのである。ちなみにドイツにおけるユダヤ人差別の根は深く、かなり古くまで遡る。ヨーロッパのユダヤ人たちは農村や都市の共同体の生業の世界からは退けられていた。そんなこともあって彼らは、ユダヤ人のネットワークを活かしながら、商業の世界で生きるようになっていた。それは、お金を用いて商売をするということである。シェークスピアの『ベニスの商人』のシャイロックのように、金貸しをする人たちも多かった。中世前半くらいまでのヨーロッパでは、お金は不浄なものだと思われていたから、お金で商売をするユダヤ人たちは蔑まれた存在でもある。もちろん当時のドイツ人がまったくお金を使わないわけではないのだけれど、暮らしの軸になるのは自給度の高い農村共同体での営みであり、強く結ばれた商人や職人の共同体である。そういう世界を維持しながら部分的にお金を使うのはかまわないが、お金を軸にして商売をするのは蔑まれる行為だった。

ところが中世後期に入ってくると、ドイツでも都市を中心にしてお金の役割が増大してくる。気がつくと、都市市民もまたお金を軸にした生活、お金のための仕事をするようになっていた。すなわち、ユダヤ人と同じになっていたのである。

絶対的な差異がある間は、蔑まれることはあっても、極端な差別は生まれない。あの人たちは違う人たちだということですむからである。ところが両者の差異が小さくなってくると、我慢できないほどに気に入らない人たちが発生してくる。お金のために働くようになれば、古代からそのようなことをしていたユダヤ人の方が、手段も知恵ももっている。現実をみれば、ユダヤ人の方が資産家なのである。蔑んでいた相手の方が、力をもっていた。そのことがユダヤ人差別を新しい段階に引き上げた。

バウアーやマルクスの時代でも、ドイツのユダヤ人たちはドイツ人と同じ政治的権利をもっていない。この問題に対するバウアーやマルクスの見解は、ユダヤ人にドイツ人と同じ政治的権利を認めるべきだというものだった。だが、とどちらもがつづけた。政治的権利の獲得によって人間の根本的な自由が確立されるわけではない。根本的な自由を確立するためには人間の解放が必要であり、それはユダヤ教徒とかキリスト教徒といったすべての人たちにとって必要な課題なのだ、と。

人間の解放における歴史段階論

抑圧されている現実に対しては、政治的な解放も必要だ。だがそれは根本的な解決ではなく、最終的には人間の解放が必要だというのが、マルクスやバウアーの見解だったのである。

この考え方は、当時のドイツの急進的体制批判派の人たちにとっては、ある程度共通したものだった。たとえばマックス・シュティルナーの代表作『唯一者とその所有』を読むと、近代が生みだした自由は、体制が認めた自由を自由だと思い込む自由しかないと述べている。自由という権利の内容は政治権力が決定している。それを無視した自由な活動は認められていない。結局、政治権力が認めた自由を承認する権利しか、私たちには与えられていないのだ、と。

バウアーやシュティルナーはアナキスト系の思想家でもあった。根本的な自由を実現するためには、人間を縛っているあらゆる権力を否定するというのがアナキストの立場であるが、とすれば近代的な枠組みもまた人間を縛る権力にすぎないということになる。

ゆえに彼らは、根本的な人間の解放とは何かを問題にした。だがそのことは、政治的な自由から疎外されている人たちの権利を無視することではない。それもまた認められなければいけない。ただしそれは根本的な解放ではない。それがバウアーやマルクスの考え方である。

後に社会主義者となったマルクスは、この問題を次のように整理している。人間の根本的な解放は、共産主義社会によって実現する。この社会では生産力は飛躍的に拡大していて、誰もが必要に応じて受け、能力に応じて働くことができる。国家は必要ではなくなり、国家の死滅が実現し、外部の権力に依存することなく自分たちの社会を自分たちでつくっていく時代が到来する。ただしそれはすぐに実現できるものではなく、遠い未来の姿である。

この共産主義社会に向かう過程では「過渡期の社会」が必要になる。その第一段階は資本主義を倒した直後の、文字どおり「過渡期社会」で、ここでは社会主義的な改革がすすめられるものの人々の意識はまだ資本主義時代につくりだしたものをもっているし、制度も資本主義時代につくられたものを改革している過程にすぎない。この時代の問題点を克服して生まれる第二段階の過渡期社会が社会主義社会である。それは社会主義的な諸制度によって生まれた社会であり、人間の解放はかなり進んでいるがまだ完全ではない。完全な解放は共産主義社会によって実現する。それが社会主義者になったマルクスの考え方だった。

マルクスは人間の解放に「歴史段階論」を導入したのである。だからその第一段階としては近代的な政治的権利の実現もふくまれる。

小市民的自由からの脱出

だが『ユダヤ人問題によせて』を書いていた頃のマルクスは、社会主義者としてのマルクスではなく、急進的体制批判派の一員である。そして、当時の急進批判派に共通するものとして、近代的な「自由な社会」を不完全なものとして批判する、さらにはシュティルナーのように、近代的な自由のもとに人間を縛りつけることによって逆に人間を抑圧していく社会として批判する思想も生まれていた。最終的な課題は人間の解放である。

この視点は1960年代の学生運動の担い手たちの気持ちともつながっていた。制度だけをみれば、60年代はかつてないほどの「自由な社会」が実現されていた。高度成長下の完全雇用状態がつづき、賃金も年々増加した。自由という権利も、完全ではなかったとしても、かなり認められていた。だがこの時代を生きた若者たちにとっては、それは自由な社会ではなかった。

戦後社会が提示した市民像に従って生きるのなら、不自由のない社会が生まれていた。学校を出て就職をする。企業の業績を上げるために頑張る。結婚して団地に暮らす。電気製品をそろえ、自家用車を手に入れる。住宅を買い、長期ローンを組む。定年になり、旅行などのささやかな楽しみに生きがいをみいだす。それが戦後の日本が提示した市民像である。それに従うかぎりでの「自由な社会」が日本にはあった。まさにシュティルナーが言ったように、それを自由だと思い込む自由しか存在していない。当時は「小市民」という言葉がよく使われていたけれど、それは、もともとはブルジョアでもないし労働者でもない自営業者などを指す言葉だった。この言葉が社会の定めた生き方から逸脱せず、子羊のように従順に社会のあり方に従って、ささやかな幸せに生きる人たちという意味で使われていた。小市民になる自由しかない、というようなかたちで。

そういう状況からの脱出を求めるとき、『ユダヤ人問題によせて』で書かれていた「人間の解放」が共感を生んだのである。人間の解放がめざされなければならない。そのためには、人間たちを縛るあらゆるものと闘わなければならない。

1960年代という一つの時代が、この本に生命力を吹き込んだといってもよかった。自由な社会のなかにつくりだされている不自由な人間存在。それを感じとった人々と初期マルクスの文献が、この時代に共鳴したのである。

『ユダヤ人問題によせて／ヘーゲル法哲学批判序説』収録、城塚　登訳、岩波文庫、1974年による

11

労働者の思いに寄り添った革命論

『革命論集』

オーギュスト・ブランキ 著

日本でこの本がでた１９６０年代後半は、学生運動などが盛んな時期でもあった。この時代の運動を大きく転換させたものとしては、１９６７年の10月8日におこなわれた羽田闘争がある。当時の佐藤栄作首相がベトナムを訪問し、ベトナム戦争に深くかかわっていこうとするのを阻止しようとした闘争である。このとき学生たちは、ヘルメットをかぶり、角材をもって力で羽田空港を占拠しようとした。それが、いわゆる実力闘争の時代を切り開くことになった。この日、当時京大生であった山崎博昭さんが、機動隊との激突のなかで死亡している。

もちろん羽田闘争はある日、突然発生したわけではなかった。60年の安保闘争の敗北をめぐる議論があり、60年代半ばのベトナム反戦運動や日韓条約阻止闘争などを経ながら、学生運動も、それとともに歩んだ新左翼系の労働運動も継続していた。そういう状況のなかで使われていた言葉のなかに、「ブランキスト」があった。

ブランキストは直訳すればブランキ主義者となるが、当時の使われ方は思想も理論もなく、行動だけを考える人という負のレッテルとして用いられていた。「あいつらはブランキストだ」というような感じで、それは、あいつらは思想も理論もない、単に破壊したり騒乱状態を起こすことを自己目的化している連中だ、というような意味合いだった。ブランキストといわれることは、名誉なことではなかったのである。

ブランキ思想への関心

ところがブランキストという言葉は、当時の学生運動のなかでは広く使われていたのに、誰もブランキの書いたものを読んだことがない。そうである以上、この言葉の使われ方が正しいのかどうかもわからないのである。にもかかわらず、誰も読んでいないのに批判の対象としてあげられる人たちが当時は結構いた。そしてその多くはマルクスとエンゲルスによって書かれた『共産党宣言』が基盤になっていた。

『共産党宣言』ではマルクス・エンゲルスの路線と相容れない社会主義者たちが、さまざまなレッテルを貼られて批判されている。「封建的社会主義」、「小市民的社会主義」、「『真正』社会主義」、「ブルジョア社会主義」、「空想的社会主義」……。マルクスやエンゲルスと食い違う社会主義思想の持ち主は、皆、いかれた社会主義か反動的社会主義だという論法である。

この批判された人たちのなかで当時読むことができるものといえば、プルードンとロバート・

オウエンくらいのものであった。『共産党宣言』のなかではプルードンは「ブルジョア社会主義」に、オウエンは「空想的社会主義」に分類されている。ところが本を読んでみるとプルードンはアナキスト系の社会主義者である。彼は革命後の「革命政権」の樹立を認めようとしなかった。社会革命の永続的な展開が社会主義社会をつくるのであって、たとえ善意のものであったとしても、政治権力の樹立はこの変革の道筋に対して反動的な役割を果たすという主張である。このプルードンの主張に賛同するかどうかはともかくとして、この急進的な考え方がなぜ「ブルジョア社会主義」とされるのかは理解できない。

オウエンは企業の経営者であったが、自分の経営する企業を労働者の共同体に切り替えようとした人である。いまでもイギリスのラナーク州に行けばオウエン主義は生命力をもっているが、労働の共同体を建設していくことをとおして社会主義社会をつくるという建設的な道筋がオウエンの考え方であった。とすると、少なくとも「空想的社会主義」などに分類されるのは不当である。

そんなこともあって、私自身はマルクスの他者批判を信用してはいなかった。ところがブランキについてはマルクスは決定的な批判を手控えているようにみえた。1871年にパリで革命が起こり、労働者たちはコミューンを設立した。パリ・コミューンである。この「革命政権」は3ヶ月ほどで、ドイツ（プロシア）の支援を受けた政府軍の前に敗北したが、このときのコミューン議会の多数派はブランキ派であった。ちなみに少数派はプルードン派である。パリ・コミューンの経過を描いたマルクスの『フランスの内乱』（木下半治訳、岩波文庫）では、ブランキストたちは「革命的・プロレタリア的本能による社会主義者」だったと書かれている。かなりの上から目線ではあるが、マルクスにしては控えめなのである。とするとブランキとはどんな考えの持ち主だったのだろうか。「ブランキスト」という言葉が飛び交う1960年代の状況のなかで、私はそのことに関心をもっていた。

資本主義への耐えがたさという感覚

そんなこともあって『革命論集』がでたとき、私はすぐに購入して読んだものだった。そしてすっかりブランキが好きになった。1830年から1871年まで断続的につづいたパリでの労働者蜂起。この過程でなぜブランキが、労働者たちからもっとも支持された革命家だったのかがわかるような気がした。

ブランキは労働者蜂起のやり方について結構詳しく言及している。「この要綱は純粋に軍事的なものである」と断って書かれている「武装蜂起教範」では、労働者の「戦闘部隊」をどのように編成したらよいのかとか、革命が起きたらただちにどのような「委員会」をつくる必要があるのか、さらにはパリにおけるバリケードのつくり方などが詳細に書かれている。この原稿を読むかぎりでは、確かに戦術の人であり、闘い方の指導者である。未来の社会主義社会のあり方について語ってはいないし、他の文献を読んでも、資本主義批判もそれほど理論的なものではない。

だがブランキにとってはそれでよいのである。そこにマルクスとの決定的な思想の違いがある。マルクスは社会主義社会をつくるためには、正しい理論が必要であると考えていた。正しい理論で武装された人たちが、正しい未来をつくる。いかなる方法で資本主義を批判し、その批判の上に資本主義を克服した社会のあり方を打ち立てるか。それがマルクスの考え方であった。

ところがブランキはそれとは異なる歴史観をもっていた。資本主義の形成、近代社会の成立に耐えがたいものを感じている人々がいる。その感覚こそが資本主義批判であり、この感覚が資本主義を倒すエネルギーなのである。理論が革命を起こすわけではない。資本主義に耐えがたいものを感じる、この感覚こそが革命を起こすのである。マルクスが理論に依拠した人間であるとすれば、ブランキは労働者たちの耐えがたい感覚に寄り添った革命家であった。労働者たちの思いこそが、資本主義分析なのである。

だからブランキはマルクスのように、自分と違う意見をもつ社会主義者たちを批判しようとはしなかった。資本主義に耐えがたさを感じるその思いは、人々によってさまざまである。そういうさまざまな思いが結集して、変革の大きなうねりをつくりだしていくのが革命である。ブランキの革命観はそういうものだから、大事なものは排除ではなく結集なのである。

社会主義社会観もマルクスとは違っていた。マルクスにとっては社会主義社会は正しい理論によってつくられるものである。だがブランキにとっては、つねに労働者自身によって変革されていく社会なのである。社会主義社会というモデルがあるわけではない。労働者たちが共同社会をつくり、自由と平等をめざして、たえざる変革をつづけていく。この過程に社会主義社会があるのであって、理論から導き出されるようなものではない。

そしてブランキは、労働者や彼らと共同行動をとる人々を心から信頼していた。資本主義に対する耐えがたい思いが醸成していることに対しても、そうである以上、彼らは必ずこの社会を変革するために起ちあがるであろうことにも、打ち立てられた労働者社会のなかで、人々は自由と平等をめざしてたえざる変革をつづけていくだろうことに対しても、である。彼らは歴史の主人公になる能力をもっている。理論ではなく、彼らの感性がそれを可能にするのである。

だからブランキは、革命の起こし方や、革命の勝利の仕方を考えつづけた。課題はここにあるということである。この課題を乗り越えることができれば、人々は自分たちの社会を変革しつづけるだろう。それこそが社会主義革命である。

正しい指導部という幻想を超えて

ブランキは幾度となく投獄され、1871年のパリ・コミューンのときには死刑判決も受けている。その後終身刑となり、ブランキ釈放運動が巻き起こる。79年に釈放されたが、80年に生涯を終えた。パリでの葬儀には、10万人の労働者が参列した。人々の力を信頼しつづけたブランキは、ブランキを信頼しつづけた多くの人たちによって見送られた。

1960年代の学生運動は、前記したように60年の安保闘争からの流れのなかにあり、60年の安保闘争は、50年代後半の日本共産党指導部に対する共産党学生細胞の反乱からはじまっている。こうして生まれていったいわゆる新左翼系の運動は、やはりその母体にマルクスを正しいとする思想を内蔵していた。正しい理論、正しい指導者、正しい革命、正しい社会主義社会という思想である。その内容は共産党のものとは大きく違っていたが、この方法論は変わることはなかった。

そのことに対する疑問があったこともあるのかもしれないが、私にとってブランキは新鮮だった。理論が未来をつくるわけではない。もちろんブランキも有効な理論は道具として手に入れるといっているのだけれど、それは道具でしかないのである。変革の力は、この社会を耐えがたいものと感じている人々の感覚のなかにある。だからブランキは、労働者が結集する「クラブ」は数多くつくったけれど、正しい指導部などはつくろうとしなかった。彼は指導者ではなく、未来をつくっていくであろう人々に寄り添う人だったのである。

加藤晴康訳、上下巻、現代思潮社、1967・1968年による。彩流社より、1991年に改訂増補版が刊行されている

12

語ることのできない本質に従う

『老子』

つい最近のことだけれど、秋田県の男鹿市に滞在していたとき、この地に徐福伝説があることを知って少し驚いた。伝承によれば秦の始皇帝は徐福に不老不死の薬を探させた。そのとき徐福は数千人の少年少女を率いて三神山に出かけたとされる。秦の始皇帝は紀元前3世紀の中国の皇帝である。ところが、なぜか、このとき徐福は日本に渡ってきたという伝説が日本で生まれ、徐福がきた場所とされているところでは和歌山県の新宮のあたりが一番よく知られている。他にも何ヶ所かあるのだが、男鹿にも伝説が存在するとは知らなかった。

中国で生まれた神仙思想は、不老不死や健康を願う思想である。それは民間思想が集まって形成されたものであったが、今日の日本でも結構受け継がれている。代表的なものは漢方薬＝仙薬で、もともとは自然の力を入れることによって不老不死を実現しようとするものであった。中国の皇帝たちのなかには、錆びず劣化しない水銀に不老不死の薬効があると信じて飲むものが多かった。これでは水銀中毒になって、かえって寿命を縮めてしまうのだが。いまの日本でも神仙思想とともに伝わってきた呼吸法や方位、漢方薬などを、健康維持の方法として用いる人は少なからずいる。おそらくは中国からの渡来人がふえた3世紀くらいに、民間による伝播のかたちで日本に伝えられ、そんなことをとおしながら日本の徐福伝説も生まれていったのだろう。

ところでこの神仙思想は日本には道教として入ってきた。老子や荘子によって成文化された道教と神仙思想は、もともとは異なるものだったが、中国で道教が広まっていくうちに一体化し、この習合道教から派生した陰陽道や呪術なども伴いながら日本に伝えられてきた。それは民間伝播のかたちで伝えられ、公式に渡来したものではなかった。道士が日本に来て教えを広めたということでもないし、教団の形成や寺院のようなものがつくられたわけでもない。だから、信者のような人がいるわけでもないのだが、生活のなかには深く入ってきている。習俗としては桃の節句や端午の節句も道教からくるものだし、還暦を祝うというような習慣もその一つである。

道＝本質は語ることができない

道教はさまざまな民間思想が習合し、また時代のなかで変容もしているから明確化しにくいものなのだが、ここでは道教思想として伝えられている『老子』を取り上げてみる。これは老子が書いた唯一の本とされているが、そのこともまた明確ではない。一時期には老子もまた架空の人物という説もあったし、少なくとも老子の書いたものが書き写されていくうちに後世の道士によって修正された部分もあったようである。ゆえに一字一句を吟味すれば疑問もある文献なのだが、この本の訳注者である小川環樹は司馬遷が書いた『史記』の『老子伝』から、老子が生まれたのは紀元前424年あたり、と推測している。

さて、本文を読んでいってみよう。老子が述べていることの第一はこの世界の道理である。世界はどうできているのかということだといってもよい。老子によれば世界の大本にあるのは「道」であり、道から天と地が生まれたとされている。道は姿もかたちもない。何も主張せず、道理もない。そういう本質をあえて言葉にすれば「道」となるということである。ゆえに『老子』の第1章は次のような内容になっている。

〈道は語ることのできないものであり、語られた道は不変の本質ではない。道は本当は、名前をつけることもできないものである。天と地は名前をつけることもできないものから生まれた。欲望から完全に解放されている者はこの本質を知ることができる。欲望をもつ者は欲望を媒介にしてものをみてしまうから、本質の形骸しかとらえられない……〉（小川環樹の訳文等を参考にしながら、わかりやすく意訳した。以下同）

仏教的表現を使えば、本質は無なのである。とらえることができないということだ。だが私たちはいろいろなものをとらえながら生きている。

第2章では次のように書かれている。

〈美という観念が生まれたことによって、醜という観念が発生する。善という観念がつくられることによって、悪という観念が生まれる……世の中はこのような調和によって成り立っているのだが、本質は語ることのできないもののなかにある。だから本質を知るものは、語ろうともせず、何かをしようともしない。そうやって語ることのできない教えを伝える……〉

「無為」こそが大事なのである。

ところで老子と荘子の考え方ではこの「無為」については同じでも、王のとらえ方はかなり異なっている。道から生まれた天によって命ぜられたのが、老子にとっての王である。だから王は天命に従わなければいけないし、天をつくりだしたものは語ることのできない道なのだから、道に従わなければいけないのである。そういう意味ではあるが、老子は王の存在を不可欠のものとしてとらえている。前記した表現を応用すれば、語ることのできない本質から善や悪が生まれ、その調和がこの世界をつくっているのと同じように、道が天と地をつくり、その天の命を受けて王が存在してこそこの世界の調和もまた生みだされるということである。だが荘子は王の必要性についてほとんど言及しない。ひたすら「無為自然（じねん）」を説く。「おのずから」のままに生きるということである。

そういうこともあって、第3章ではしばしば議論になる文章が書かれている。

〈本質を知っている王による統治は、……人民を知識も欲望も志もない状態にし、人民の腹を満たしてやる……それがよき秩序をつくる〉

そのまま読めば、まったくの愚民政策である。実際当時の中国には、愚民政策こそが国家を安定させるという考え方も存在していた。小川環樹はこの文章を愚民政策を説いたものとしてではなく、道に従って国を治める王は、自分の考えで国をつくろうなどとはせず、人民に干渉しないことが大事だと述べているのではないかと解釈しているが、本質を知るものは何も語らず、何もなさないという老子の考えを、国王の存在を不可欠とする現実理論にもちこむと、やっかいな混乱が発生することは確かなような気がする。

第5章には次のような文がある。

〈天と地には仁がない……同じように王にも仁はなくてよい……万物は藁でつくった狗のようなものであり、人民も藁でつくった狗なのだ……〉

「仁」は儒教では徳の一番大事なものであり、「いつくしみ」であり慈愛を意味する。儒教だと天命を受けた王が統治するのが国であり、その王は天命に従って統治しなければならない。つまり、慈しむように統治しなければならないのである。それをしなくなったとき、王には天命が降りなくなる。天が認めた王ではないということである。そのときは誰かが王を倒してもかまわない。ただし天命を回復し慈しみによる統治を再生するために、である。この王の変更を儒教では革命、正確には易姓革命という。革命という言葉は、もともとは孟子によってつくられた儒教用語である。

さて第5章の内容であるが、すべての基にある本質＝道は語ることができず、そこから生まれた天と地は現実の秩序のためには必要でも本質ではない。つまり現実的なかたちにすぎないのである。だから天には「仁」はない。とすれば天から天命を受けている王にも「仁」はないことになる。人民に対する慈しみは存在しないばかりでなく、慈しみをなそうとすること自体が無為に反する。万物も人民もその本質的な存在は道にあり、現れてきているものは藁でつくった狗のようなものだと考えてもよい。ただしそのように考えるのなら、国王もまた藁でつくった狗なのだが。

日本の社会に馴染んだわけ

このようにみていくと、老子は単純な愚民政策を提起していたのではないことがわかる。儒教だと天に理（朱熹の言葉）＝本質があるから、王は天が求める仁、義、礼、智といった徳に従わなければならない。天が求める政治理論に従うのである。ところが老子だと、天に本質はない。本質は、仏教的にいえば無であり空である。にもかかわらず徳のある統治などをすすめれば、現実や現象にとらわれて本質がみえなくなる。だから無為の統治こそが正しいということになる。ただし本質を語る思想と現実を語る思想を混同すると、前記したようにやっかいな混乱が発生してしまうのだが。現実には善悪をみている世界で暮らし、しかし善悪といった概念もまた虚無であることを知っているという立体構造のなかにいるのが私たちである。

〈道が廃れ、仁や義が発生し、優れた知識などというものがつくられて偽りの世界が生まれた。……国家は混乱し、忠臣はそういう時代の産物だ〉

〈学ぼうなどということを捨てれば、憂いもない〉

〈本当に徳のある人は、道だけに従っている（徳について語る者は偽物である）〉

老子の思想は神秘主義的であり、虚無的なのである。ただし現実の秩序の調和を手放さないから、そこでは理想の君主を求めるという混乱が発生する。

ところで本質はとらえられないものであり、しかし感得できるものとしてとらえる発想は、密教との共通性があるといってもよいだろう。実際、老子に密教の影響をみる解釈も存在するのだが、中国密教が成立するのは老子よりもずっと後世である。ただしインド古代社会における密教的な考え方の発生は、仏教の成立よりもはるかに古いから、そういう原始密教的な考え方が中国に伝播されていた可能性はないともいえない。

ただし私自身は、古い時代に成立した思想にはどこで生まれた思想であれ、そういうものがふくまれていたのではないかと考えている。たとえば日本の自然信仰でも、自然は語りえないものであった。語れないところに本質があり、語れるのはそこから発生した現象的世界だというとらえ方は、もともとは多くの人たちが感じていたことだったのではないだろうか。

そしてだからこそ道教は、神仙思想と一体化しながら、日本の社会に浸透した。正確なかたちでは伝えられていないはずなのに、日本列島に暮らした人たちの考え方と馴染んだのである。

小川環樹訳注、中公文庫、1997年による。他に、岩波文庫、講談社学術文庫など

13

『風土』

自然と人間の関係からみた基層的精神

和辻哲郎 著

最近では日本各地で自然災害が多くなってきた。私たちは地震や津波、噴火だけではなく、日常的に豪雨や洪水にも注意を払わなければならなくなっている。さらに最近の暑さは農業のあり方にも影響をおよぼしているようだ。北海道が稲作地帯になり、かつては寒い地域でも稲が育つような品種づくりが各地の農業試験場の仕事であったのに、いまでは高温でも育つ品種づくりがすすめられている。日本有数の酷暑地帯である熊谷などをかかえる埼玉県でも、高温に強い「彩のきずな」が開発され、埼玉はこの米の普及をはかるようになった。果物でもマンゴーだけではなく、国産のライチ、パパイア、バナナなども登場しはじめた。

とすると災害や気候変動は、日本の人々の考え方や社会のとらえ方に影響を与えていくのだろうか。和辻哲郎の『風土』を取り上げながら、そのことを考えていこうと思う。

和辻が『風土』を刊行したのは1935（昭和10）年のことであり、ドイツ留学から帰国してまだそれほど時間がたっていない頃のことだった。ドイツでは主にハイデッガーの哲学を学んで帰ってきた。はじめにそのことについて触れておけば、伝統的なヨーロッパの哲学では、神と人間しか存在しなかったといってもよい。キリスト教神学では、そもそも人間は神が創造したものであり、死後もまた神によって裁かれる。もちろん自然の生き物たちも存在するが、それらは人間が神に従属するように、人間や上位の生き物に奉仕する存在として位置づけられていた。つまり自然は人間に支配される存在であり、人間にとって問題になるのは神との関係でしかない。

ところが19世紀以降になるとヨーロッパの思想家たちも東洋思想の影響を受けはじめる。ドイツでは19世紀に入った頃から仏教研究がすすめられていくが、仏教思想は人間の存在を因と縁によってつくられているものとして、つまり関係によって成立しているものとしてとらえる。神が人間を創造したのではなく、人間の生き方が原因となっていまの自分がある、というとらえ方である。この視点に立つのなら、関係が存在をつくるということになる。

ハイデッガーの存在論は、人間がこの世界とさまざまに関係しながら存在しているというところにあった。彼はそれを「世界‐内‐存在」として位置づけたが、それをいわば「風土‐内‐存在」として描きなおしたのが和辻であった。人間は風土との関係のなかで自己をつくりだしているということである。とともにその風土は自然と人間の関係をとおして生みだされ、いかなる自然が存在するのかによって自然と人間の関係も変わってくる。自然の違いが風土の相違をつくりだしたといってもよいし、自然が違うからこそ自然と人間の関係も異なり、そのことによってさまざまな風土がつくりだされたといってもよい。

和辻哲郎と三澤勝衛の風土論の違い

和辻は留学によってヨーロッパ的自然をみてきた。それは日本のようなアジアモンスーン地帯の自然と比べれば脆弱な自然であり、合理的にとらえることができるような自然であった。いわば合理的にとらえられるような自然と人間の関係がヨーロッパ的風土をつくりだしていたのである。ところが日本のような地域には、恵みも多いが禍も大きい強烈な自然がある。自然とは何かと問われても答えようがないような強い自然が存在しているのである。だからこういう地域で暮らした人たちは、自然を合理的にとらえて自然と人間の関係をつくるという精神を生みだすことはなかった。その結果、自然を合理的にとらえて人間が支配するという精神ではなく、とらえられない自然と折り合いをつけながら生きていく精神を生みだすことになった。風土の違いが人間の基層的精神の相違をつくりだしたのであって、合理的な精神をもつヨーロッパがアジアよりもすすんだ精神をもっているわけではない。和辻の『風土』はそのことを明らかにしている。

ところで、歴史が第2次世界戦争へと向かっていくと、ハイデッガーと和辻は似たような方向をたどることになった。ハイデッガーはナチスを支持し、和辻は「大東亜戦争」を支持したのである。そのことによって二人とも戦後は批判をあびることになる。ハイデッガーは「世界-内-

存在」としての自己をとらえることができない大衆に絶望し、超越的な力によってしかこの社会は変えられないという気持ちを抱くようになり、それがナチスの支持へと向かわせたのだが、和辻は別の回路をたどって戦争支持へと向かった。

昭和初期には何人もの人が〈日本風土論〉を書いている。明治、大正という欧化主義の時代を経て、日本をみつめなおそうという空気が広がったのがこの時代だった。この時代の「風土論」では三澤勝衛の著作（『三澤勝衛著作集』農文協）が一番優れている。三澤が一つの風土としてとらえていたエリアはかなり狭いものだった。彼は旧制諏訪中の地理学の先生だったが、三澤が一つの風土としてとらえていたのは最大でも諏訪盆地くらいの広さである。しかもより深く風土を考察していけば、諏訪盆地のなかには風土が異なるさまざまな地域があり、突き詰めてとらえれば畑1枚ごとに異なる風土があるとさえ彼は考えていた。風土をローカルなものとしてとらえたのが三澤である。それに対して和辻がとらえていたのは東アジアモンスーン地帯に共通する風土があるというものであった。いわば「大東亜共栄圏」は一つの風土なのである。そこに欧米とは異なる一つの文化圏をみいだし、その独自性をつかみとろうとしたのが和辻であった。このとらえ方が彼を戦争支持へと向かわせることになった。

風土を多層的にとらえる

さてこのようにとらえるなら、世界はこれからアジア的な精神を高めていくことになるだろう。

なぜなら世界的にみても、自然を合理的にとらえることのできない時代が展開しはじめたからである。猛暑や極端な寒さ、暴風雨などが世界各地で発生し、とらえられない自然が広がりはじめた。自然は合理的にとらえられる、といっていられるような時代ではなくなってきたのである。荒々しい自然と折り合いをつけながら暮らす、という精神の方がいまの時代には適している。

だが、その自然の荒々しさは地域ごとに異なっている。たとえば豪雨災害をみても、局地的に大きな災害がもたらされているのである。最近では広島や岡山で豪雨災害が起きているが、中国山地は風化花崗岩土壌である。花崗岩は火山性の岩なのだが、風化すると砂質になる。水をとおしやすく崩れやすい。だからこの土壌の山の麓に家を建てるのは好ましくないが、そういうところに分譲地がつくられ、豪雨時には被害を受けることがよくある。今年の倉敷の水害でもそうだったが、豪雨時には遊水池になるようなところに町をつくり、そこが災害に遭うこともよくある。

自然はきわめてローカルなものなのである。だから昔の人々はそういう自然の性格をよく知っていた。そのうえで自然との折り合いをはかっていたのである。ところが、とりわけ戦後になってコンクリートミキサー車が登場し、コンクリートが安く利用できるようになると、コンクリートに依存した治水対策が広がっていく。それはコンクリート護岸があるから大丈夫だという「信仰」を生んだだけではなく、ダムによる治水対策を一般化させた。本当ならローカルな自然の性格に合わせて堤防のつくり方を変えたり、場所によっては河畔林を整備し遊水池になるところを確保するといった対策をするべきなのに、全国一律的にダムによる治水対策がすすめられたのである。ところがダムによる治水には限界があり、想定以上の雨が降れば逆にダムの放水によって洪水が起こるといったこともしばしばである。

私たちはよく日本の自然というような言い方をするけれど、正確に述べればそれは正しくない。人間たちが暮らす世界にとって重要な自然は、もっとローカルなものなのである。たとえば風化花崗岩土壌によってつくられている中国山地の風土がある。ところがこの地域においても、山や森のつくられ方がさまざまだし、そこを流れる川の性格も違う。内陸部と海岸地域も異なるし、瀬戸内海側と日本海側も違う。深くとらえていけば、三澤勝衛が述べたように、自然のあり方も、自然と人間の関係のつくり方も狭い地域ごとにさまざまなのである。

自分たちの暮らす風土を深く掘り下げ、その風土にふさわしい暮らし方、地域のつくり方、自然と人間の関係のあり方を再確立していかないと、これからも私たちは災害のニュースをみつづけることになるだろう。

三澤勝衛は風土を多層的にとらえていた。前記したように、たとえば諏訪地域をみれば、大きくは諏訪盆地という風土がある。ところがより深く考察していけば江戸時代の村くらいの広さで異なった風土があり、さらに深くみていけば集落ごとに、さらには畑の場所ごとに異なった風土がある。それが彼の風土のとらえ方だった。ときに大きな恵みをもたらし、ときに大きな災害をもたらす強い自然と折り合いをつけながら生きていくためには、このような自然、風土、自然と人間の関係のとらえ方が必要なはずである。

とすると明治以降の日本の誤りは、日本という画一的な世界が存在すると考えたことにあるといってもよいだろう。そこに一つの文明世界があるという幻想をつくりだすことによって、明治以降の日本は成立した。さらに述べれば東アジア地域に「大東亜共栄圏」をつくりうる共通の文化圏、欧米とは異なる文化圏があるとしたところに、昭和における日本の大敗北が潜んでいた。和辻の風土論はそれに手を貸してしまったのである。

和辻哲郎の『風土』を読んだとき、その地域で暮らす人間たちの基層的な精神が、風土との関係で形成されているという彼の提起に私は納得した。自然と人間の関係こそが、その地域の人々のものの考え方をつくりだしていったのである。ところがその和辻は戦争を支持している。それはいったいなぜだったのか。

三澤勝衛の著作を読んでいたとき、その理由がわかった気がした。風土はローカルであり、多層的なのである。そのことを直視していないとき、風土論は幻想の共同体である国家に吸収される。そしてそれは今日の日本の問題点でもある。国家を単位としてものごとを考えるかぎり、私たちの社会は自然とともに生きる基盤を失う。だからここからは、たえず自然災害が発生してくる。

岩波文庫、1979年による

14

病気の原因と人が生きる関係

『古い医術について』

ヒポクラテス 著

ヒポクラテスは医学の祖としても知られる古代ギリシャの哲学者である。といってもヒポクラテスは人間を哲学的に考察することには批判的で、今日的にいえば科学的考察を重視した人であった。ソクラテスが述べているところによれば、ヒポクラテスが生まれたのは紀元前460年頃のことで、死んだときは90歳であったとも、104歳であったともいわれている。それが事実とすれば、彼はかなり長寿の医者であった。

アリストテレスの『形而上学』によれば、哲学は、すべてのものはどこから生まれ、どこに行こうとしているのかを知りたくて生まれたとされている。もちろんこの系統とは異なる哲学の流れもギリシャには存在したが、そこにギリシャ哲学の軸になる発想の一つがあったことは確かである。ある人はすべてのものは土と水と火からできていると述べ、またある人はそれに空気＝大気を加えた。後に原子論が生まれ、原子の結合がすべてのものを生みだしていくという説もつくられている。さらに古代ギリシャはギリシャ神話に示されているように、神々が存在する世界でもあった。そうである以上、神々がこの過程に介入すると考える人たちがいても不思議ではない。神々といってもそのなかには悪魔や暴力的な神も存在する。

ヒポクラテスが医者として活躍したのは、このような社会風土がある時代である。だから、人間はなぜ病気になるのかという理由を、土や水や火の変化から考えようとする医者たちも出てくるし、ある種の病気については神々の仕業、悪魔の仕業だと考えることも普通に成立していた。さらに医者たちを悩ませたことの一つに、病気が治る過程が一律にならないという問題であった。たとえば吐き気を伴う高熱の患者がいたとしても、ある人は一日、二日寝ていれば治ってしまうし、別の人はますます悪化して亡くなってしまう。薬を処方しても同じことであって、ある人は治るし、別の人は治らない。すなわち、共通の原因が、共通の病気を生みだすともいえないのである。流行する病気、今日でいえばウイルス感染で起こる病気なら同じような症状が出やすいが、それでも発病する人もしない人も、すぐに治る人も悪化する人もでる。この違いはなぜ生じるのか。結局わからないことは、遺伝的なものか神々が関与しているとしてかたづけるしかなかった。さらに悪魔などが関与しているとすれば、治療法としては呪術を用いての悪魔払いが重視されるだろう。しかも、それで治る人もでてくるし、治らない人もいる。

ヒポクラテスの時代の医学は、このような混沌のなかにあったといってもよい。医者たちはそれまでの経験の積み上げによって病気を判断し、治療した。とともに当時のギリシャでは、医者の地位は職人とみなされ、市民階級よりも下の人間とされていた。仕事は奴隷がする行為であり、市民は仕事などはしない。それが古代ギリシャの都市国家であり、ただし医術は奴隷の仕事ではなく、下層市民がする専門職だった。

病気の考察は生きる世界の考察から

このような状況のなかで、ヒポクラテスは、すべての病気は現実的な原因があるのだと考えた。悪魔の仕業などは存在しない。人間は現実的な原因から病気になる。とすれば原因はどこにあるのかを突き止めなければならない。このような方法を確立したことによって、後にヒポクラテスは医学の祖と呼ばれるようになった。

確かに現代医学もヒポクラテスの路線上にあるといってもよい。医学者たちは、その病気がなぜ起こったのかを現実的に突き止めようとする。その結果原因がウイルス感染にあるということになれば抗生物質を投与してウイルスを殺そうとするし、血液の流れが弱っていることが原因だと考えれば、その流れを回復する治療を施すことになる。このやり方は、具体的な内容は異なっていても、ヒポクラテスの方法の延長線上にあるといってもよい。

だがそのことだけでヒポクラテスをとらえてしまうと、それもまた不十分だといわなければならない。

当時のギリシャは、西洋的世界と東洋的世界との結節点にあった。もっともギリシャ、ローマから西洋的発想が生まれていったといってもよいのだが、古代ギリシャは、東は東洋的世界と接している。たとえばヒポクラテスの時代は、インドで釈迦が仏教を開いたのとほぼ同時期だといってもよいのだけれど、そのインドとギリシャは街道で結ばれ、活発な交易がおこなわれていた。後にはギリシャの勢力がインドに国家を建設したこともあったし、そもそもトルコ、イランあたりにいたと思われるアーリア人が紀元前13世紀にインドに入り、バラモン的世界をつくりだした。そのアーリア人は西にも向かい、ナチスの頃にはドイツ人はアーリア人であるという宣伝が盛んにおこなわれた。もちろんそれが事実かどうかは不明なことが多いのだが、古い時代から東洋と西洋はつながりをもち、その結節点の一つにギリシャがあったということはできる。

だから初期のギリシャ哲学には、東洋的な発想もまた反映していたのである。それはヒポクラテスの医学にも投影されている。前記したように、すべての出来事には原因があり、その原因をみつけだすことができれば対応方法も発見できると考え、あらゆる事象を客観的にとらえようとする点では、彼の視点は西洋的発想の源になっている。それは後の自然科学や社会科学の方法とつながっていくものであり、ヒポクラテスは客観的に分析することが可能なものとして病気をとらえていた。ところが原因を考察する方法では、彼の視点は人間の個体性にとどまっていなかった。人間が生きるということはさまざまな要素の集積から成立していて、その要素の大きな部分として自然とのつながりがあることを彼はみていた。『古い医術について』には「空気、水、場所について」という論考が収録されているが、その冒頭は次のような文章ではじまる。

「正しい仕方で医学にたずさわろうと欲する人は、次のようにしなければならない。まず、一年の諸々の季節がそれぞれどんな影響をおよぼす力があるかを考察しなければならない。なぜならば、諸々の季節はたがいに類似してはいず、季節同士および季節の変わり目にひじょうな相違があるからである。次に考慮しなければならないのは、暖および寒の風、とくにあらゆる場所にいる人々に共通な風と、それぞれの地域に特有な風である。それからまた、いろいろな水の性質をも考慮しなければならない。水は味と重さに相違があるように、それぞれの性質にも非常に相違があるからである。したがって、医者は未知の町に着いたならば、その町の位置が風の点と太陽の昇りの点からいってどうであるかをよく吟味しなければならない」

人間は自然に包まれて生きている。そうして、そういう世界のなかで病気になる。だから、太陽がどのように昇り、風がどのように吹き、どんな水を用いて暮らしているのかをまず医者は知らなければいけない。なぜならそういう自然がたえず身体を突き抜けていくなかで人は生き、病気になるからである。ヒポクラテスは他の箇所では大地の違いについても言及しているし、さらにはどんなふうに食事をしているのかとか、酒の飲み方、身体を使う労働をしているのか、いないのかというようなことにも医者は注意を払わなければいけないと述べている。

ヒポクラテスは人間とは何かを考察する哲学を嫌ったが、それは彼にとって大事なことが「人間とは何か」ではなく、「人間が生きるとは何か」だったからである。生きることはさまざまな要素の集積の上に成り立っていて、家族のあり方や地域のあり方もその要素の一つだし、生活や労働のあり方、さらにはその人を包む自然のあり方などが、その人の生きる世界をつくっている。そしてその世界のなかで人は病気になる。つまり、ヒポクラテスにとっては、病気の原因の考察は、患者の生きる世界の考察からはじめなければいけないものだった。人は、一人の人間という個体性のなかで生きているのではなく、自然をふくむ多様なものとの関係性のなかで生きているのである。

一人一人違う関係のあり方に目を向ける

古代インドのバラモン教や仏教は、人間の存在を「縁」や「業」がつくりだしたものとしてとらえた。「縁」が「因」となって「果」を生みだす。さらには自分の生き方が「業」となり、「業」が「因」となって後世の生まれ変わり先が決まる。そういうつながりのなかで人間は生きているという発想である。

ヒポクラテスの生命のとらえ方には、それと似たものがあるといってもよい。自然や家族、地域などとの「縁」のなかで人間は生きているといってもよい視点を彼はもっているし、働き方や食事の取り方などが「業」となって「果」をもたらすというように彼の考え方を言い換えることも不可能ではない。つまり、このような点では、ヒポクラテスには東洋的な発想と共通するものが存在していたといってもよい。

ところでいま病気になって病院に行ったとすると、医者はこれまでのデータに基づいて治療することになるだろう。手術をしたときの治癒率や生存率が何パーセントあるとか、手術と別の両方を組み合わせたときは何パーセントになるとか。そういうデータに基づいてもっともよい治療法を提案してくれるだろう。だが私は、医学的なデータなど存在しないと思っている。

　仮に私がある病気になったとしよう。その場合、私にはいくつかの選択肢が生まれる。選択肢の一つは一切治療せず、自然治癒力に任せる道であり、第二は東洋医学をふくめたさまざまな「市井」の療法を試みる方法であり、第三は医者のすすめる方法を取り入れることだったとしよう。この場合どれが一番効果的であったのか。そのデータはとれないのである。なぜなら一つの方法を用いれば、他の方法はおこなえないからである。

　つまり、医学上のデータは、人間は皆同じものなのだという前提の上に成り立っているのである。だから他の人の治療例が、自分にもあてはまるという思い込みなしには、このデータは活用できない。ところが人間は一人一人違う。なぜ一人一人違うのか。その人の生きている関係のあり方が、一人一人異なっているからである。この一人一人の相違をみようとしたのが、ヒポクラテスの医術でもあった。

『古い医術について　他八篇』収録、小川政恭訳、岩波文庫、1963年

15

資本主義批判と疎外論

『経済学・哲学草稿』

カール・マルクス 著

この本は1960年代の学生運動などの世界では、バイブルのような本の一つだった。はじめに日本における戦後の社会主義運動の歴史を振り返っておくと、敗戦直後から日本ではふたつの社会主義を標榜する潮流が生まれた。一つは戦前の「労農派」の流れをくむ人たちが生みだしたもので（戦前に機関紙『労農』などがあったことからこう呼ばれた）、この動きは社会党へと結集していく。もう一つは戦前の「講座派」の流れからくるもので（戦前につくられた『日本資本主義発達史講座』の考え方を受け継いだ人たちを「講座派」と呼んだ）、ここからは日本共産党がつくられていく。

ところがそれだけではなく、日本には社会党や共産党の理論を批判的にとらえる社会主義者たちがいた。それらの人たちは共産党の理論を、マルクス主義やレーニン主義から逸脱したスターリン主義にすぎず、資本主義とともにスターリン主義もまた打倒されなければならないのだと考えていた。この動きの先駆をなしたのは、スターリンによって暗殺されたロシア（ソ連）の革命家、トロツキーの意志を受けついた人たちだったが、1950年代後半に入ると、日本共産党のなかにいた学生や一部の労働者たちが、共産党指導部と対立し、集団脱党するという出来事が発生するようになった。それらの人たちはトロツキー派の人々とも連携しながら、学生組織としては社会主義学生同盟やマルクス主義学生同盟などを結成していった。とともにこの学生たちが、その頃学生運動の軸になっていた全学連（全日本学生自治会総連合）の主導権を握り、1960年の学生運動としての安保闘争を主導していく。さらに60年代にはベトナム反戦運動や全共闘運動などを創出していった。

この反共産党系の社会主義者たちは、「新左翼」とか「過激派」と呼ばれたりもしたが、この動きのなかでは、社会主義思想の再構築もすすめられていた。その一つに、資本主義の問題点をどうとらえるのかという課題があった。

スターリンが実権を握っている時代にソ連で定式化され、各国の共産党に拡散された理論に、「窮乏化論」というものがあった。それはマルクス自身が『資本論』のなかで書いていることでもあったのだが、資本主義が発達すればするほど労働者は貧しくなり、窮乏化するがゆえに、資本主義は労働者大衆にとって耐えがたいものになるという理論である。実際には資本主義の発達は、その国の労働者の収入をむしろ増加させたのだが、世界的にみれば資本主義の発達は窮乏化した大衆を増加させているのだとか、窮乏化には絶対的窮乏化（生活が困難になるほど困窮化する）だけではなく、相対的窮乏化（たとえば多くの人たちが大学に進学する時代に、金銭的限界から大学に進学できないというのも新しい窮乏化だという理論）もあるのだというような理論的補強がなされていくが、この窮乏化論が資本主義批判の論拠になっていた。

「新左翼」系の運動に加わった人たちやこの動きに同調した一部の学者、研究者たちは、この窮乏化論に批判的だった。資本主義の問題点は労働者大衆の困窮化にあるのではなく、たとえ収入的には豊かになっても、この経済システムには耐えがたい問題点があるというかたちで、資本主義の問題を解明しようとしていたのである。その軸になった文献が、『経済学・哲学草稿』だった。

窮乏化論か、疎外論か

マルクスは大学院を卒業すると、はじめはドイツの新聞社に記者として勤めた。当時のドイツは、哲学思想の分野ではヘーゲル哲学が大きな力をもっていた。その一方で若い哲学徒たちから、ヘーゲルの哲学を土台におきながらもヘーゲルを批判する動きが生まれていた。その担い手にはアーノルド・ルーゲとかフォイエルバハ、マックス・シュティルナーなどいろいろな人がいたが、この人たちは「ヘーゲル左派」とか「青年ヘーゲル派」と呼ばれていた。マルクスもそのなかの一人である。「青年ヘーゲル派」の多くの人たちは、急進的な社会批判思想を繰り広げていた。

1843年にマルクスはドイツからフランス・パリに居所を移す。こうしてライン川の西の世界を知ることになった。そこにはドイツにはまだ成立していない資本主義的な経済社会が展開していた。ここではじめて資本主義と向き合うことになったのである。こうして生まれた『経済学・哲学草稿』はマルクスの最初の資本主義批判の書だといってもよい。

一応述べておけば、マルクスはその後も資本主義分析に力を入れ、ロンドンに移ってからは大英図書館で経済学の本を読みあさったりもしている。こうして最終的に生まれたマルクスの資本主義分析の本が『資本論』であったが（マルクス自身によって完成させたのはその第1巻だけであり、2巻、3巻は死後にエンゲルスによってノートをもとにつくられた）、この過程は青年ヘーゲル派の一員であったマルクスが、経済学を摂取したマルクスへと変化していく過程でもあった。

ゆえに前記した窮乏化論に依拠した人たちは、『経済学・哲学草稿』を書いた頃のマルクスはまだ未成熟な時代で、その主張は資本主義を正しく理解していない時代の急進的社会批判にすぎないとしていた。それに対して「新左翼」系の人たちは、若い頃のマルクスの問題意識をふまえて晩年の『資本論』なども読んでいかないと、マルクスの思想を正しく理解することはできないと主張していた。初期マルクス（若い頃のマルクスをこう呼んだ）があってこその後期マルクスであり、むしろマルクス思想の根幹は初期のものによく現れているのだ、と。

すなわち、社会運動上の対立と思想上の対立が旧来の社会主義者と「新左翼」系社会主義者の間で発生するという渦中のなかで、この本を重要視する人たちが現れ、１９６０年代の新左翼系学生運動などのなかでは、バイブルのような役割を果たすことになったのである。

「労働の疎外」から「人間の疎外」へ

さて、ではこの本はどのような方法で資本主義をとらえようとしていたのだろうか。その軸になったのが疎外論だった。

疎外という概念はヘーゲルによって打ち立てられたものだといってもよい。それはいろいろな意味合いをもっている概念で、その一つに外化、対象化という意味がある。たとえば私が農民だったとしよう。農民として農作業をする。農作業は行為であり、労働である。この労働は作物に外化され、対象化される。労働は行為だからそれ自体は働きにすぎないけれど、その行為が作物に対象化されて現れるということである。

ここまでなら何の問題もない。ところが仮に私が工場で働いていたとしよう。ここでも労働をおこない、その労働は製品に外化、対象化される。その製品は貨幣に代えられ、企業に利益をもたらす。自分のつくったものなのに自分のものにはならず、自分にとっては失われていってしまうのである。しかもその利益の一部を使って、企業は最新鋭の製造ラインをつくったりする。その結果私は、製造ラインの歯車としてそのラインの下で働き、労働を支配、管理されるようになる。つまり、自分の労働が外化、対象化されて終わったわけではなく、その対象化されたものに支配されるようになるということである。

マルクスが『経済学・哲学草稿』のなかでとらえた資本主義とは、このようなものだった。労働者のつくったものが労働者のものにならず、自分自身が自分のつくったものに支配されていく。このような疎外された関係を生みだしているシステムが資本主義だという視点である。

実はこの視点はマルクスの独創的なものではなく、同時代の人であったモーゼス・ヘスの『貨幣体論』がすでに述べていたものでもある。労働が何かに対象化され、その対象化されたものが貨幣に代えられ、最終的には貨幣に支配されていく構造のなかに近代的な経済社会がある。ヘスの視点はそういうものだった。マルクスは、このヘスの理論を借りたといってもいい。

疎外論は、人間にとっての喪失の過程として資本主義をとらえたのである。資本主義はつねに何かを失っていく過程だ。労働の結果であった生産物も自分のものにはならず、自分からは失われていく。そればかりか自分たちのつくったものが自分たちを支配、管理するようになって、「本物の労働」も失われていく。こうして命令されるままに作業をくり返すだけの労働が広がり、その労働のなかに身をおいていると、働いているのに働いている現実感が剥離されていくという喪失も起こる。本物の現実感が失われていくということである。現実に働いているのに、働いているという現実感が遠のいていくという労働の喪失が起こり、それは人間性自体の喪失へとすすんでいく。それをマルクスは労働疎外、人間疎外としてとらえた。さらにこういう状況下では個と類の疎外、自然と人間の関係の疎外も発生すると述べているが、個と類の疎外はフォイエルバハが『キリスト教の本質』などで打ち立てていた視点で、人間は類的な存在（人間全体の一員という意味で類的であり、自然をもふくめた類の一員でもあるという意味）なのに、個と類が分裂し、その一体性が失われ、対立していくという疎外が発生する。そういう意味である。『経済学・哲学草稿』は労働が疎外され、人間が疎外されていくシステムとして資本主義をとらえようとした。後にパッペンハイムは『近代人の疎外』のなかで、自分がなにものでもなくなっていくという喪失感として疎外をとらえたが、この問題意識をふまえてこそ、後期のマルクスの仕事も正しく理解できるのだと主張したのが、1960年代の新左翼系の人たちだった。

窮乏化論のように、労働者大衆が困窮化していくから資本主義はいかん、というのなら、窮乏化しなければ資本主義でもいいということになってしまう。それに対して新左翼系の人々は、たとえ経済的に豊かな社会がつくられたとしても、資本主義はいかんのだという立場をとり、その論拠の一つに『経済学・哲学草稿』をおいた。

ゆえにこの本は、1960年代の社会運動のなかで、その存在基盤をもつくったものだった。もちろん純粋に哲学書として読んでも、その内容はいろいろな示唆を与える。だがそれで終えてしまえば、かつて日本でこの本が読まれた理由はわからない。学生運動や若い労働者たちの運動が広がり、その運動が旧来の運動とぶつかりながら、新しい思想を模索する。そういう時代のなかでこの本は価値をもっていた。

城塚　登・田中吉六訳、岩波文庫、1964年による

Ⅱ　政治・経済・社会

16

国家の富と経済学

『政治算術』

ウィリアム・ペティ 著

資本主義の精神という言葉を使うと、多くの人はマックス・ヴェーバーの『プロテスタンティズムの倫理と資本主義の精神』を思い浮かべるだろう。勤勉に働き、清貧に生きることを理想としたプロテスタントの倫理観が初期的な資本の蓄積を推進させ、資本主義の形成を促すことになったということを書いた有名な本である。

だが私には、それ以上に思い出す本がある。それがイギリス人ペティの『政治算術』である。もちろんヴェーバーとペティとでは時代も立場も違う。『プロテスタンティズムの倫理と資本主義の精神』が発表されたのは1904年のドイツだし、『政治算術』が執筆されていたのは1676年頃だと思われている。まだ産業革命もはじまっていない重商主義の時代である。さらにヴェーバーは社会学者であり、研究者として宗教社会学的視点から資本主義を考察したが、ペティはイギリスが世界の中心に座るべく努力をしていた実業家であった。ペティはイギリスの国力の増大をめざしてこの本を書いた。

さらに次のようなことも頭に入れておいた方がいい。ペティが活躍した時代は、世界貿易の中心にオランダがあり、フランスも急速に力をつけていた。スペインは1500年代終盤のイングランドとの海戦で甚大な被害に遭い力を落としていたが、オランダ、イギリス、フランスが覇権を争っていた時代だった。そういう状況の下で、イギリスがフランス、オランダ以上の国力をもちうることを実証的に明らかにしようとしたのが本書だった。

国富を客観的にとらえる

さて、このような本にもかかわらず、なぜ『政治算術』に私は「資本主義の精神」をみいだすのだろうか。

ペティがめざしたことの一つは、国力の客観的な把握だった。豪華な宮殿や教会、国王のきらびやかな生活といったものがその国の国力のように思われていた時代に、本物の国力を計算する方法を考えたのである。そのときペティが用いた方法は、自然科学の方法を社会分析に利用することだった。その意味でペティは社会科学の創始者だったのである。おそらくそれは、彼が若い頃に自然科学、とりわけ解剖学に熱中していたことと関係していたのだろう。社会を解剖し、自然科学のように客観的に国力を明らかにする、それが彼のめざしたものだった。

国力の基盤としてはふたつのものがあると彼は考えていた。一つは自然的要因、もう一つは人為的要因である。自然的要因としてはその国の位置や地形などが重要であるとペティは考えていた。オランダが土地面積的には小国でありながら世界最大の強国になりえた理由の一つは、オランダの位置や船舶の航行に適した地形にあった。低地であるから港がつくりやすく、ライン川などの大河川の河口にもあたる。平らな地形でたえず風が吹き、それが風車を利用しやすい肥沃な土地をつくりだしている。そういうものがオランダの基礎的な力をつくりだしているということである。

人為的な力としては、ペティは産業力をみていた。その国にどれだけの国内生産力があるのかである。国家社会の大黒柱としては、農夫、海員、兵士、工匠、商人があるが、その基盤には生産力があるというのが彼のとらえ方だった。そしてこの発想に従って、ペティは国力を数量的に計算しようとした。もちろんまだ正確な統計などない時代なのだから、その計算式には多くの粗雑さや推測がふくまれている。だが彼が、国力を数量で客観的に表そうとした最初の経済学者であったことに変わりはない。この方法は今日のＧＤＰの計算にまで受け継がれ、統計的手法を用いて国力を計算する方法の入り口になった。そしてだからこそこの本は、『政治算術』なのである。

社会科学が社会の状態を客観的に明らかにすると人々が思うようになっていく時代をつくりだしたという意味でも、国力は数量で客観的に明らかにできるという精神の習慣が生まれていくという意味でも、ペティはその先駆者であった。そしてこのような発想と表裏一体になりながら、後に資本主義の時代も展開していく。

ペティにとっては、産業に従事する生産人口と、消費だけをおこなっている聖職者などの非生産人口の比率も問題だった。生産人口の割合が多くなければいけないのである。さらにいえば、生産人口も富を多く生みだす職業の比率が高くなっていかなければいけない。彼の計算では農業はさほど多くの富を生みださないから、製造業の割合が大きくなっていかなければいけないし、製造業が生産する富を増大するためには、技術や労働者の質が課題なのである。つまりペティは貨幣を生みだす生産効率を問題にしていたといってもよかった。貨幣を生みだす効率をいかに高めるかである。それが国力を高めることになる。そしてこの発想もまた資本主義の時代の基盤になっていった。

労働価値説の創始者

重商主義の時代には、富は交易によって生まれるという考え方が支配的だった。確かに1400年代終盤にバスコ・ダ・ガマが世界一周に乗り出してからは、交易や略奪貿易がその国の富をつくりだしているようにみえた。A地点からB地点に運ぶだけで、その商品の価値は2倍にも3倍にもなったのである。だがペティの発想はそうではなかった。労働こそが新しい価値を生んでいるのである。農民の労働が作物という新しい価値を生み、「工匠」たちが手工業生産物という新しい価値を生む。とすると交易が価値を生んでいるのではなく、交易にたずさわる労働が新しい価値を生むということになる。

ペティは労働価値説の創始者でもあったのである。この労働価値説は後に産業革命時代のアダム・スミスの経済学にも受け継がれ、古典経済学の基本的な考え方になっていく。労働価値説の継承者としては後にマルクスも出てくるが、マルクス流にいえばすべての生産物は労働によってその価値をつくりだしているのに、労働者はそれにふさわしい対価を受け取れず搾取されているということになるし、資本主義の考え方としては、労働効率を高めていくことが生産される価値量を増大させるということになる。前者は資本主義批判の道を開き、後者ではたえざるイノベーションが資本主義を発展させ、国力を高めるということになる。

もちろんペティは後者の立場である。とすると、このような面でも、ペティは資本主義の精神の入り口をつくりだしていたことになる。

さらに次のようなこともあった。労働価値説は価値を生みだす主体として労働を設定する。そしてその労働は、個々人がおこなう労働なのである。つまり主体は共同体ではなく、個人だということである。ペティはアイルランドに広い農地をもつ地主階級でもあり、新しい産業を興した実業家でもあった。そのアイルランドの農村では、昔からの共同体が広がっていた。そこには自然とともに生きる暮らしがあり、労働は共同体的生活のなかに埋め込まれていた。共同体とともに生きる世界のなかに、分離できないかたちで労働が埋め込まれていたのである。共同体的生活と労働の世界は分離されずに一体化していた。

ところが、農業よりも製造業の方が生産される価値量は多くなる、というような視点でとらえられる労働は、このような共同体と結びついた労働ではない。それは個人がおこなう労働である。だから個人がおこなう労働がどれだけの富を生みだすのかを比較すれば、農業よりも製造業の方が多いという計算も出てくる。

消費のなかに楽しみを見出す個人

ペティは経済の主体を個人においた経済学者でもあったのである。この点でも彼は、近代的な理論の方向性をつくりだしていた。そしてだからこそペティはアイルランドの農民を批判していた。ちょっと引用しておこう。

「アイァランドは人民不足であって、土地も、また家畜も非常に安価であるし、いたるところに魚類や鳥類がおびただしい。大地からはみごとな根菜がとれ、しかもアイァランド人は、各自が自分の手でつくれるような馬具や家具を用いて、その農耕をおこなうことができ、ほとんどだれでもが建てられるような家に住み、どの家婦もみな羊毛や毛糸のつむぎ手、染め手なのであって……彼らは金・銀貨幣を使用することなしに生活し、また生存してゆくことができ、1日当たり2時間とは労働せず……」（旧漢字は新漢字に改めた）

アイルランドには、自給自足的な共同体の暮らしがあったのである。この暮らしで十分だったから、人々は1日に2時間も働けばよかった。だがペティの目には、このような人たちが国富の増加を妨げているようにみえた。彼らは貧しいのに、自分たちが貧しいということも知らないと彼は嘆く。もっと労働をし、もっと豊かになろうともしないのである。この人たちをどうやって変えていったらよいのか。そのためにはまず貨幣を用いる生活の楽しさを教えなければいけない。つまり、お金があればいろいろなものが買えるという楽しさを、である。そしてそのことをとおして、お金を儲ける楽しさを教える必要がある。その楽しさを知るようになれば、人々はより多く働き、より多くの富を生産する分野に移っていくだろう。そうすれば国家の富もふえ、国力が増大するはずである。

ここでとらえられている人間は、個人としての人間である。個人の欲望を実現するために働き、消費の拡大のなかに楽しみをみいだす個人である。それは、近代的個人だといってもよい。

こんなふうに読んでいくと、『政治算術』は資本主義の精神を描き出している本だということに気がつく。消費のために労働をする精神という意味でも、その主体が個人であるという意味でも、である。さらにはその背景に労働価値説があり、その価値を統計的手法を使って数量化するという人間たちの営みの「客観化」がある。その基盤には自然科学の方法の社会分析への応用としての社会科学という土台がある。ヴェーバーはプロテスタントの倫理観に資本主義形成期の基礎をみいだそうとしたが、それよりももっと広い視野で資本主義の精神を語っていたのがペティだったのである。

大内兵衛・松川七郎訳、岩波文庫、1955年による

17

民主的制度下の強権社会

『アメリカの民主政治』

アレクシ・ド・トクヴィル 著

トクヴィルは19世紀の著名な思想家、たとえばマルクスやリカードゥ、ショウペンハウエルやキェルケゴールたちと比べれば、それほど知られていない思想家だといってもよい。それにはいくつかの理由があって、その一つは彼が近代的な市民社会や民主主義のなかにある「危険な部分」を、たえずみていたところにあった。

マルクスのように近代という時代を、一歩前進だが新しい矛盾が生まれている、というようにとらえるのなら人々の理解も得やすかっただろうが、トクヴィルは近代という時代を手放しで一歩前進だととらえようとはしなかった。しかも貴族主義的なところがあったから、民主主義に反対する復古主義者という誤解に満ちたレッテルを貼られた時代もあった。実際彼はナポレオン3世の帝政下で外務大臣も務めている。それが「反動思想家」という評価を「高めて」しまったことも確かだった。

誤解に満ちたレッテル

さらにまずかったのはトクヴィルの再評価が、ワイマール体制に疑問を抱くドイツで、すなわちナチズムが台頭してくるドイツで最初に進んだことにあった。

私がトクヴィルの名前を最初に知ったのは、アンドレ・ジードの小説「贋金づくり」のなかで、ファシズムに共感する若者が「君はもうトクヴィルを読んだ?」と友達に聞いている場面だった。私もしばらくはトクヴィルをファシズム系の思想家だと思っていた。

だが今日ではトクヴィルの評価は年々高まってきている。近代という時代への疑問がそれを促進させたという面もあるが、彼が提起したさまざまなことがこれからの時代を考えるうえで重要視されはじめたのである。トクヴィルは現在では政治学者として、またときには社会学の始祖として、確固たる評価を得ている。私は政治社会学の始祖として位置づけている。

トクヴィルは1831年から32年にかけてフランスからアメリカに渡り、アメリカ社会の研究をおこなっている。その報告ともいうべき本が本書で、第1巻と2巻は1835年に、第3巻は40年に刊行された。

ところで当時のアメリカは独立して間がない新興国であり、世界でもっとも民主的な国と思われていた。もちろん奴隷制などは残っていたが、政治や社会のシステムが、世界のどの国よりも民主的な制度として確立されていたことは確かだった。だがトクヴィルはアメリカに理想の社会をみいだすことはなかった。むしろ強権的で危険な社会を、今日的な言葉を使えばファシズム的、全体主義的な社会をアメリカに感じとった。

アメリカ社会を支配する「精神の習慣」

トクヴィルは一つの社会を分析するとき独特の方法を用いている。普通は社会分析は、その社会がどんな経済構造や社会構造、政治構造などをもっているのかを分析し、こういう構造の社会だから、この社会はこういう社会だと結論づけていくのが一般的である。ところがトクヴィルはそのような方法を用いていない。彼が考察の軸におくのは人々がもっている「精神の習慣」である。つまり、こういう「精神の習慣」を人々がもっているから、この社会はこういう社会だ、と考察していくのが彼の方法である。たとえば戦後の日本にこの方法を適用するなら、高度成長下の日本は、誰もが経済の発展によって豊かな社会を手に入れようという「精神の習慣」をもっていた時代である。つまりそういう「精神の習慣」をもっていた社会として、高度成長下の日本をみることができる。あのような「精神の習慣」を人々がもっていたから、あのような社会がつくられていたのだと。

トクヴィルにとっての社会の基礎は、人々の「精神の習慣」なのである。彼はこの視点をもとにして、健全な社会とは何かを考察する。そのときアメリカはどのような社会として彼の目に映ったのだろうか。それは「精神の習慣」が一元化されている社会だった。

アメリカを支配していたのは開拓民の「精神の習慣」だった。それは自分の労働だけを頼りにして、財産と地位を獲得していくのが人間の使命だと考える「精神の習慣」であった。この精神が当時のアメリカを支配していたのである。

ところが「精神の習慣」が一元化されてしまうと、誰もが同じことを考え、誰もが同じことを目指す社会がつくられてしまう。その結果、その「精神の習慣」が真理であり、正義であるという社会がつくられ、誰もそのことに疑問を感じなくなる。自分の考えと他人の考えがつねに一致してしまうのだから、それが疑う余地もないものになってしまうのである。

こうなると社会は強権的、全体主義的になるというのがトクヴィルの考察であった。たとえ制度がどれほど民主的であっても、自分たちの考えを否定するものを許さない強権的な社会ができあがってしまう。自分たちの考えを否定する者は正義を否定する者たちだと映ってしまうのである。それがトクヴィルのみたアメリカだった。

小さな集団が支える「精神の習慣」の多様性

トクヴィルにとって社会の基盤は制度や構造ではないのである。人間たちの精神のありようこそが、その社会の性格をかたちづくる。

ところで、だとするなら、健全な社会とはどのような社会なのであろうか。彼はそれを、多様な精神の習慣が併存する社会だととらえた。一つの社会のなかに、さまざまな精神の習慣が併存している。そのとき一つの「精神の習慣」だけが支配しない健全な社会ができると彼は考えた。だとするなら、多様な「精神の習慣」が存在する社会はどのようにしたらできるのか。トクヴィルは、それは小さな集団が多様に展開する社会だととらえた。

人間の「精神の習慣」は、その人が属している小さな集団のなかで形成されると彼は考えた。たとえば企業という小さな集団のなかにいると、次第に企業人としての「精神の習慣」を身につけるようになる。毎週教会に行く人たちは、教会に集う小さな集団をとおしてクリスチャンとしての「精神の習慣」を身につけていく。人間の精神は個体が内発的につくりだすものではなく、所属する小さな集団をとおして形成されていくとトクヴィルは考えたのである。だから多様な小さな集団が形成されているとき、その社会にはさまざまな「精神の習慣」が展開する、と。

たとえば彼は述べている。仏教などというものはまったく信用するに値しないものだと考えていると。だが、とつづける。私は仏教徒の活動を弾圧してはならない。なぜなら仏教徒たちのつくる小さな集団も、その集団特有の「精神の習慣」をつくりだし、それもまた社会を健全化する一要素になると。あるいは、こうも語る。私は労働組合などというものはけっしてよいものだとは思わないと。だが労働組合の活動も同じ理由で弾圧してはならない。

彼が理想としたのは、一人の人間がいくつかの小さな集団に属して暮らす社会の形成だった。たとえばある人が企業という小さな集団に属していたとしよう。そのことをとおして彼は企業人としての「精神の習慣」を身につける。ところが家に帰ってくると地域で活動する小さな集団にも属していたとしよう。そうすると、ここでもその集団特有の「精神の習慣」を身につける。さらに休日にはボランティア組織や研究グループなどに加わって活動していたとしよう。そうなると、そこでもまた別の「精神の習慣」を身につける。こうなってくると、一人の人間が複数の「精神の習慣」を身につけるようになり、しかも企業人としての「精神の習慣」と別の小さな集団から形成された「精神の習慣」が矛盾してしまうこともありうる。

トクヴィルが理想としたのは、このような人間のあり方である。それは人間一人一人が矛盾のなかに存在しているということを無意識のうちに自覚する、ということでもあるのだけれど、こうなれば他者を支配するような絶対的な真理はなくなる。一人一人が矛盾した「精神の習慣」を内在させて生きているのだから、一つの真理だけが暴走する社会を生まないのである。それがトクヴィルにとっての健全な社会であった。

健全な社会のかたち

このようにみていくと、トクヴィルは現代のコミュニティ論の創始者だという見方も可能な気がする。彼が「小さな集団」と呼んだもの、それは今日私たちが考えているコミュニティに近い。活動し、関係し合うことによって生まれる「小さな集団」こそがコミュニティの基盤であり、いま私たちはその存在に健全な社会の基盤をみいだしているのだから。そのあり方を社会機能とか社会構造という視点からではなく、人間の「精神の習慣」の多様さと社会の健全さとの関係から説いたのが、トクヴィルの政治社会学であった。

そして彼の方法からとらえるなら、今日の日本の社会は、健全な社会を形成しはじめたともいえるのである。バブル崩壊（１９９３年）から20年がすぎ、人々の「精神の習慣」も多様化しはじめた。企業人としての「精神の習慣」が正義として振る舞う時代も終わりつつある。都市の人たちのなかにも特定の自然や村、農民たちと小さな集団を形成して、それぞれの「精神の習慣」を身につけながら暮らす人々が生まれてきた。若い人たちは高度成長期の世代とはまったく違う「精神の習慣」を形成しつつある。その意味では戦後の日本を支配した一元的な「精神の習慣」による支配は、終焉を迎えはじめた。

トクヴィルの『アメリカの民主政治』は他にもさまざまな参考になることが書き込まれている、実におもしろい本である。最近のドイツではトクヴィルを参考にしながら官僚制について考察する研究などもおこなわれているが、もう少し一般的に読まれてよい本であることは確かである。私もトクヴィルからは実に多くのことを学んでいる。

井伊玄太郎訳、上下巻、講談社学術文庫、１９８７年による。岩波文庫からは『アメリカのデモクラシー』のタイトルで出ている（2巻4分冊）

18

国家の暴力的性格

『戦争論』

K・V・クラウゼヴィッツ 著

最近（２０１０年）日本の仙谷由人官房長官が、「自衛隊は暴力装置である」という発言をして非難され、謝るという出来事があった。わざわざ国会でこんなことを言う必要があったのかどうかは別だが、変な話である。なぜなら自衛隊などの軍隊や警察が「暴力装置」であることは当たり前のことで、世界の常識だといってもよい。謝るような話ではない。議論があるのはその先の話で、暴力装置だから不要だと考える人もいる。それに対して多数派は、必要だが何のための「暴力装置」なのかは明確にしなければいけないと考える。ここから、国を守るためには軍隊という暴力装置も必要だとか、平和の維持には必要だという議論が出てくる。警察も同じことで、国民の安全を守るためとか、治安の維持のためとか、さまざまな必要論が生まれてくる。

「自衛隊は暴力装置」発言の顛末

ただし暴力装置である以上は、暴力の暴走はあってはならない。昭和初期の日本のように、関東軍が勝手に中国戦線を拡大していったのでは困るし、警察の暴走があれば被害も大きくなってしまう。こういうことが起きないように、憲法や法によって歯止めをかけ、さらに文民統制＝シビリアンコントロールを徹底する、また可能なかぎり情報を公開し市民の目が届くようにするというような措置を各国はとってきた。そういうことが必要になるのは、何の目的のためのものであれ、軍や警察は暴力装置だからである。

つまり、何のための軍隊なのかとか、軍をどのような管理下におくのか、情報公開は適切なのかというような議論はありうるけれど、自衛隊が暴力装置だという発言が非難されるのは変なのである。

ところでこの「事件」が起きたとき自民党の谷垣禎一総裁が記者会見をおこない「仙谷官房長官は昔学生運動をしていて、そのころ学生運動をしていた人たちは『自衛隊は暴力装置』だとか言っていたのですなあ」などとうれしそうに話していたが、これもまた知性のなさをさらけ出した発言であった。当時の学生運動をしていた人たちは「自衛隊は暴力装置」などという発言はしていない。なぜならそんなことは当たり前すぎてわざわざ言うようなことではなかったからである。当時の学生たちが言っていたのは、「自衛隊」ではなく「国家は暴力装置」である。つまり国家自体が暴力装置だと言ったのである。

「国家は暴力装置」という考え方

この考え方を定式化したのは1917年のロシア革命のときの指導者であり、社会主義者であったレーニンである。学生運動が盛んだった当時は、レーニンの『国家と革命』（岩波文庫、大月書店・国民文庫などがある）がよく読まれていた。この本のなかでレーニンはエンゲルスの文章を引用しながら、国家は支配階級が被支配階級を管理、抑圧するためにつくられたもので、暴力装置という本質をもっていると述べた。だから社会主義、共産主義の世界がつくられれば、階級対立はなくなるから、国家も死滅していくとも述べている。ただし念のために言っておけば、このレーニン流の考え方に対しては、当時の学生運動のなかから批判も生まれていた。レーニンは国家の手段と本質を混同しているのではないかという批判である。国家は確かに暴力装置という手段をもっているが、それは本質ではない。本質は「幻想の共同体」の方にあるのではないかという批判である。

ところで、この「国家は暴力装置」という考え方は、けっして社会主義者だけのものではなかった。よく知られた社会学者のマックス・ヴェーバーも次のように書いている。

「『すべての国家は暴力の上に基礎づけられている』。トロツキーは例のブレスト-リトウスクでこう喝破したが、この言葉は実際正しい。もしも手段としての暴力行使とまったく縁のない社会組織しか存在しないとしたら、それこそ『国家』の概念は消滅し、このような特殊な意味で『無政府状態』と呼んでいいような事態が出現していたに違いない。……国家とは……正当な物理的暴力行使の独占を（実効的に）要求する人間共同体である」（『職業としての政治』脇　圭平訳、岩波文庫、9ページ）

トロツキーはロシア革命の指導者で、後にスターリンによって暗殺された人物である。この『職業としての政治』は将来官僚になることを希望する学生たちに語った本で、暴力装置をもつ権力のなかに入っていくときの倫理とは何かを述べたものである。マックス・ヴェーバーは両大戦間のドイツの民主主義のなかで活躍した人間でもあった。その彼からみても、国家は暴力装置という一面をもっていたのである。

私もそのとおりだと思う。国家は政府の決定で戦争に突入することもできる。その結果はまさに暴力的である。戦争まで至らなくても、一片の法律改正によって、ときには政令の変更などによっても簡単に制度を変える手段をもっている。そしてそのことによって追い詰められていく人々が生みだされる。実際最近の日本をみても、派遣労働を広く解禁したことによって安定した仕事につけない若者が大量に生みだされたし、社会保障・社会保険制度の改革はしばしば人々を苦境に立たせる。その意味でも国家は暴力という手段をもっているのである。

自民党の谷垣総裁は、政治を志すものなら誰でも読んでいるといってもいいほどに世界的に有名なこの本を読んでいなかったことを、さらけ出してしまった。

戦争とは政治的目的の実現をめざすもの

ところで国家と暴力の関係が極限にまで上り詰めたものとして戦争があることは、いまさら確認するまでもないであろう。とすると、その戦争はなぜ起こるのか。この問いに対する古典的な本の一つに『戦争論』がある。

著者のクラウゼヴィッツ（1780〜1831）はドイツ、プロシアの将軍であった。ドイツの近代化がはじまる前の軍人である。ところがこの本はいまでも読み継がれている。それはこの本が、戦争と政治の関係を的確にとらえていたからである。クラウゼヴィッツはまず戦争を次のように定義する。

「戦争とは、敵を強制してわれわれの意志を遂行させるために用いられる暴力行為である」（18ページ）

そして次のように述べる。

「戦争の本来的動機である政治上の目的が、戦争のきわめて本質的な要因となる」（29ページ）

戦争とは単なる国家防衛というような意志から起こるのではなく、政治的な目的を実現するために実行されるのである。ところがこのようにして戦争がはじまると、国民は戦時に特有な精神状態を現すようになる。

「そこで人は想像力を働かせ、むしろ偶然と僥倖の世界にとどまることに喜びを感じるようになる。これは峻厳な必然性の世界ではなく、豊富な可能性の世界である」（40ページ）こうして戦争は「奇妙な三位一体」をつくりだす。「第一に、そこには、その本来的性格である暴力性、盲目的な自然的衝動とみなすべきである憎悪及び敵愾心がある。第二に、蓋然と偶然の働きがある。それは、戦争を一つの自由な精神活動たらしめる。第三に、戦争は、政治の道具としての従属的性質をもっている」（46ページ）「戦争は一つの政治的行為」（41ページ）であるにもかかわらず、それがおこなわれていく過程ではそこに自由な精神活動があるかのごとき状況が生まれ、そのことによって本来の政治的目的がさらにしっかりと実現されていくのである。

戦争は内政の延長

残念ながらクラウゼヴィッツが述べた現実は今日もなお継続している。戦争は政治の延長として起こり、その政治はたえず内政問題へと還元される。たとえば日本にとって中国問題はとりあえず外交問題であるが、日本の政治にとっては、この外交問題をうまくやらなければ国内が不安定化するという現実をもっている。たとえばそれが対中国の経済問題であったとしても、外交に失敗すれば経済的権益を失い国内の安定が崩れるばかりでなく、国内の政治的安定も弱体化することになるだろう。政治的、軍事的外交となれば、なおさらそれはストレートに出てくる。こうしてすべての政治問題は内政問題へと還元されながら、展開することになるのである。

とすれば、戦争は内政の延長であるといってしまってもかまわない。実際には国内をまとめるために外に敵をつくり、戦争によって国民の団結を実現しようとする策動もたえずおこなわれてきた。この意味でも戦争は内政の延長なのである。

しかも国民が戦争を支持しているかぎり、戦争という暴力行為は正義のための戦争として国内では認知されつづける。そこに、正義を実現する過程であるかのごとき雰囲気が現れる。こうしてクラウゼヴィッツが述べたように、戦争のなかに喜びや自由を感じていく、戦時特有の精神世界が形成されていく。

尖閣列島問題でもそうだろう。中国にとって尖閣列島は簡単には譲歩できない内政問題であり、その事情は日本も変わらない。どちらもが政権の危機に直結しかねない問題であるがゆえに、解決ができない。もしもここで砲火の応酬があれば、そのことのなかに自由や正義の実現過程を感じる人々もまた、どちらの国にも現れてくることになるだろう。

国家とはこのような意味でも暴力装置なのである。戦争という暴力に訴えることもできるし、戦争は回避しても、人々の精神を暴力的に導いていくことができる。それが国家の本質なのか、機能やもっている手段なのかは別にして、国家にこのような性格が付与されていることはみておいてもよい。

とすると大事なことは、私たちはこのような性格をもった国家と付き合い、付き合うだけではなく、その内部で暮らしている、という現実をたえず直視しておくことであろう。もしも戦後の日本の人々が「平和ぼけ」であるとするなら、それは平和に慣れ親しんだからではなく、国家のこのような一面をみないようになったことの方にあるといってもよい。

現実に振り回されることなく、原則の視点から現実をとらえなおしてみる。そんなときに役に立つのが古典である。

淡　徳三郎訳、徳間書店、1965年による。他に、岩波文庫（全3巻）、中公文庫（上下巻）

19

経済学のなかに自然の役割を位置づける

『経済表』

フランソワ・ケネー 著

2011年の福島第一原子力発電所の事故は、人間たちが人工的につくりだしたものが社会を破壊する要因として働くという現実を、あからさまなかたちで私たちに示した。もちろん過去にも、スリーマイル島やチェルノブイリの経験を除いても、人間たちがつくりだした軍事兵器が社会を破壊するという歴史を私たちは経験している。しかし原発事故と軍事兵器は性格が少し違う。軍事兵器には、その使用を人間が制御しうるという諒解があった。実際には制御する人間の理性には信用できないものがあり、しばしば軍事的暴走が発生していたのだけれど、それでもなお所有と使用は違うのだということが一つの諒解だったことに変わりはない。ところが原発は所有すること自体がときに暴走を生み、社会を破壊してしまうことがわかったのである。

私たちはこれから無事な社会をつくりなおしていかなければいけないことが明らかになった。そのためには何をどう変えたらよいのか。そう考えるとき一つのヒントを与えてくれるのが、ケネーの『経済表』である。

経済学の歴史を簡単に振り返るとそこには共通するものがあったことに気がつく。それは人間たちの活動が経済をつくりだしているという考え方であり、その意味で経済を人工的なものとしてとらえていく視点である。古典経済学を確立したのは『国富論』を書いたアダム・スミスだったが、彼の経済学も人間の経済活動をどうとらえ、どう調和させるかという視点から書かれている。この視点は今日まで変わることはない。ところが現在私たちの前に現れていることは、この人間がつくりだした経済の暴走なのである。もともとは人間たちがよりよく暮らすための道具であったはずの経済が神のように振る舞い、経済的利益を追い求める活動が、いまでは社会の破壊要因にまでなっている。ここでも人工的につくりだしたものが社会を破壊する要素になってしまったのである。このように考えていくと、私たちの社会のなかには、人工的につくりだしたものの暴走がさまざまなところではじまっていることがわかる。経済とは何かもまた、無事な社会をつくりだすためには再検証されなければならない課題になっているのである。

「生産的労働」と「不生産的労働」

フランソワ・ケネーは18世紀フランスの経済学者である。アダム・スミスとほぼ同時期に活動していた。ただしスミスが暮らしたイギリスではすでに産業革命がはじまっていたが、ケネーのフランスで産業革命がはじまるのはまだ半世紀ほど後のことである。ケネーは産業革命前の経済学者であった。彼は貧しい小作人の子どもとして生まれ、苦学の末に医者になった。医者としての腕はよかったらしく、50歳の頃に国王の御殿医となりベルサイユ宮殿のなかにあったサロンに加わるようになる。そこで当時の経済学に疑問を抱き、独自の経済学を提起するようになる。その評価は急速に高まり、当時のフランスの支配的な経済学になった。ただしフランスでも産業革命がはじまるとケネーの理論は過去の経済学として忘れ去られていくようになった。

ところが今日ではケネーに関心を抱く人たちがふえてきた。ケネーの復権がすすんできているのである。その理由は、経済学のなかでは唯一ケネーが、経済活動における自然の役割を重視していたからである。彼にとって経済活動は、自然と人間の活動であった。あるいは自然の法則に従った経済活動の重要性を説いた経済学であった。つまり経済活動を人間の活動だけではとらえない、すなわち人工的なものとしてはとらえない、唯一といってもよい経済学だったのである。この視点に魅力を感じる人々が、今日ではケネーを復権させるようになった。

ケネー経済学は日本では重農主義の経済学として一般的には紹介されてきた。確かにケネーは農業を重視する。ただし重農主義という言葉は正確ではない。ケネーの学説を示すフィジオクラシーという言葉は、自然の秩序に則った政治、という意味であり、自然の秩序こそが社会の基盤であり、このことを前提とした経済社会をつくるためにどのような政治が必要かをケネーは考えたのである。

彼によれば経済活動には「生産的労働」と「不生産的労働」とがある。「生産的労働」とは社会の富を増大させていく労働のことであり、「不生産的労働」は社会の富を増大させない労働のことであった。ケネーは商業や工業は「不生産的労働」だと考えている。なぜなら生産によって生まれる新しい富の量と同じだけ、それまでの富が消費されていると考えたからである。たとえば鉄を生産する過程を考えてみよう。まずは鉄鉱石を掘り出さなければならない。当時の製鉄は燃料としては木炭を使っていたから木炭の生産も必要である。それらを製鉄工場に運ぶ輸送という仕事も必要になる。そしてこれらの過程ではそこで働く人たちの労働力を維持しなければならないから、その維持のためにはたくさんの食料が消費されることになる。さらにこの過程では道具や機械が必要になる。この道具や機械を生産し、必要な場所に運ぶ過程でも労働者たちの食料が消費されている。このように考えていくと、工業活動の過程では、実に多くの「富の消費」がおこなわれていることになる。

彼はこのような消費されていく富の総量を計算し、そこから工業や商業では新しい社会的富が生産されていないという結論を導き出した。生産された分だけ別の社会的富が消費されている。経済活動をこのような循環としてとらえることもケネー経済学の特徴である。つまり、右肩上がりの理論ではないのである。

農業は社会的富＝自然の生産力を増大させる

だがそうすると経済活動は循環をしているだけで、社会の富はふえていかないことになる。しかしそうではないのである。なぜなら社会には「生産的労働」も存在しているからである。その「生産的労働」とは何か。ケネーはそれは農業だと考えていた。彼の経済学に従えば、農業のみが社会的富を増大させるのである。なぜ農業のみがそれを可能にするのか。その理由は農業は人間労働のみでは成り立っていないことにあった。農業は自然と労働の共同行為によって成り立つ。ここには自然の生産分があるのである。この自然の生産分が社会的富を増加していく。

人間は社会的富を増加させることはできず、自然だけがそれを可能にする。ただし人間は自然の生産力を増大させることはできる。たとえば農業によって100万円分の富が生産されたとしよう。人間によって50万円分が生産され、自然によって50万円分が生産された。この自然によって生産された50万円分を人間がすべて消費に回すのではなく、その半分の25万円分を自然の生産力の増大に使う。つまり土壌の改良や水路の強化などに使う。そうすると自然の生産力は増加する。つまり自然の生産力の一部を自然に返すことによって、自然の生産力を増大していくことができるとケネーは考えた。そこから社会的富のさらなる増大が可能になるのだと。

だからケネーは農業を重視したのである。ただし経済がこのような構造をもっているからといって、そのことは農民が豊かになることを意味するわけではない。なぜなら農業をとおして新たにつくられた自然の生みだす富も、生産後は社会のなかに流通していくのであり、この流通の過程で富の偏在が発生してしまうからである。当時のフランスでは生産の現場にいる小作人が貧しく、地主が富み栄えるというようなことも起こるし、さらには資本家や商業者たちのもとに富が集まるということも起こってしまう。ただしそのような現象に目を奪われてはならない。そのことに目を奪われた結果、社会的富がどこで生産されているのかを見失ってはいけないと彼は考えていた。このようなとらえ方があるからこそ、ケネーは政治はこの自然の法則に則ったかたちでおこなわれなければいけないと考えたのである。自然こそが社会的な富を増大させ、その最前線にいるのは農民の労働であることを忘れた政治をしてはならなかったのである。それを忘れた政治は社会を退廃させる。

フィジオクラシーとはそういう政治を説いた政治学のことなのだけれど、それを「重農主義」と訳したのはうまい意訳であった。

ケネー経済学の復権

前記したように、フランスでも産業革命以降ケネー経済学は忘れ去られていった。昔そういう経済学があった、というだけのものになっていった。産業革命は、人間の労働は無限の社会的富を生みだすことができると考える時代をつくりだしていったのである。本当は自然が社会の主導権をとっているという理論は捨て去られ、人工的なものが幾何級数的に富を増大すると人々は考えるようになった。それが今日の経済の暴走を生む出発点になった。

ケネーが少しずつ復権していった過程には環境問題に対する関心の高まりがあったことは確かである。経済活動における自然の役割を位置づけなおそうという問題意識が生まれたとき、自然の役割を評価した唯一の経済学としてケネー経済学は再評価されることになった。そしてそれは人間たちが傲慢になった時代、さらに述べれば傲慢になっていることにさえ気づかずに振る舞っている時代のなかで、一度振り返ってもいい経済学になったのである。

戸田正雄・増井健一訳、岩波文庫、1961年による。同じ岩波文庫から平田清明・井上泰夫訳の改版が2013年に出ている

20

国家の暴力性と政治の倫理

『職業としての政治』

マックス・ヴェーバー 著

『職業としての政治』は、社会学者のマックス・ヴェーバーが1919年1月に「自由学生同盟」のためにおこなった講演の記録である。1918年11月にはドイツの全面降伏によって第一次世界大戦が終了しているから、その2ヶ月後の講演であった。本書は、政治を志す者たちは何を念頭においておかなければいけないのかを語ったもので、今日に至るまで、政治の乱れが意識されるたびによく引用されてきた本でもある。この節では政治への批判の高まりを意識しながら、この本を取り上げてみようと思う。

国家の暴力と責任倫理

ヴェーバーは講演のなかで、まずはじめに、国家は暴力によって基礎づけられていると述べる。「国家とは……正当な物理的暴力行使の独占を要求する人間共同体である」。国家は国会以外のものに対しては、国家の側が許した範囲でしか暴力行使の権利を認めない、と。国家がもつ権力は、暴力の独占によって発生する。

とすると、そこから生まれる政治とは何なのだろうか。「われわれにとって政治とは……要するに権力の分け前にあずかり、権力の配分関係に影響を及ぼそうとする努力である」。「政治をおこなう者は権力を求める」。こうして国家には「暴力行使に支えられた、人間の人間に対する支配関係」が発生し、人々が「支配者の主張する権威に服従することが必要」になる。

このような本質は近代国家になっても変わることはない。ただし近代国家には次のような特徴がある。それはこの国家が官僚制によって運営されるということである、とヴェーバーは述べる。「官僚制国家秩序は……近代国家に特徴的なものである」。この官僚制国家は、国家の所有物とそれを動かす者たちが分離した国家のことだ、と。「どんな官吏も自分の支出する金銭、自分の使用する建物・備品・道具・兵器の私的な持ち主ではなくなる」のである。こうして政治家と官僚による国家支配が確立されたのが、近代国家のかたちであった。しかもその背後には暴力の独占がある。だから「手段としての権力と暴力性とに関係をもった者は悪魔の力と契約を結ぶものである」。

ヴェーバーは政治の世界では、「善からは善のみが、悪からは悪のみが生まれるというのは、人間の行為としてけっして真実ではなく、しばしばその逆が真実であること。……これが見抜けないような人間は、政治のイロハもわきまえない未熟児である」とも述べている。仮に善人が善いことをしようと思って政治をおこなったとしても、それが善政になるとはかぎらない。政治というものは、一般的な倫理観の通用しない世界だということである。その意味で政治は特殊な世界なのだと彼は述べる。なぜなら「正当な暴力行使という特殊な手段が握られているという事実、これが政治に関するすべての倫理問題をまさに特殊なものたらしめた条件なのである」。

ゆえに、と彼は言う。人間の一般的な倫理とは異なる特殊な「責任倫理」が政治には必要なのだと。一般的な倫理、つまり心情的な倫理にのみ頼る者たちは政治には向かない。彼らは「『愚かで卑俗なのは世間であって私ではない。こうなった責任は私にではなく他人にある。私は彼らのために働き、彼らの愚かさ、卑俗さを根絶するであろう』という合い言葉をわがもの顔に振り回す」。こんな人間たちは「自分の負っている責任を本当に感ぜずロマンチックな感動に酔いしれたほら吹きというところだ」。

暴力の独占を背景にしておこなわれる政治の世界では、こんなものは通用しないのである。政治で必要なのは「責任倫理」だ。「結果に対する責任を痛切に感じ、責任倫理に従って行動する、成熟した人間」、それが政治にとって必要なのだということを、政治家や官僚を目指す者たちは自覚しなければいけない。

ただし、とヴェーバーは語る。「心情倫理と責任倫理は絶対的な対立ではなくて、むしろ両面相俟って『政治への天職』をもちうる真の人間をつくり出す」。心情倫理、一般的な倫理を底にもちながらもその地点にとどまるのではなく、その上にもう一つ政治にとって必要な「責任倫理」を自ら打ち立てる、そういう人間こそが政治を天職とする者なのだ、と。

本書は次のような言葉で締めくくられている。「自分が世間に対して捧げようとするものに比べて、現実の世の中が──自分の立場からみて──どんなに愚かであり卑俗であっても、断じてくじけない人間。どんな事態に直面しても『それにもかかわらず！』と言い切る自信のある人間。そういう人間だけが政治への『天職』をもつ」

国家の行動原理は心情倫理とは無縁

暴力の独占によって基礎づけられた権力を動かそうとすることが政治であるなら、政治とはヴェーバーが言うとおり、「権力の分け前にあずかり、権力の配分関係に影響を及ぼそうとする努力」である。だからこの構造からはたえず腐敗や堕落も発生してくる。しかもその腐敗や堕落を批判し、善政を実現しようとするだけでもダメなのである。なぜなら暴力と権力の上に展開する政治のメカニズム自体が、そういう努力をも飲み込んで、国家は自動律のようにその本性に基づいた政治を実現していってしまうからである。

それは今日の日本をみれば、次のように考えればよい。原発事故によって、広範囲に放射性物質が飛散した。政府は、つまり政治家と官僚は安全のための暫定基準値を決定した。それに従って地域や食品の安全性を指し示した。ところがこの暫定基準値が安全の指標になると思っている人々は、ほとんどいない。なぜもっと人間的に考えてくれないのかと多くの人たちは不満を述べる。ところがこの当然すぎる倫理は政治では通用しないのである。なぜなら政治のメカニズムにとって重要なことは、国家の維持だからである。国家は国家の維持を最重要課題として動く。つまりどのレベルを基準にしないと国家がもたないのかが優先する。人々が求める「もっと人間的に」は一般的な倫理、ヴェーバーが言うところの「心情倫理」であり、国家の行動原理はそれとは無関係なところにある。

だから政治家や官僚たちのなかに「もっと人間的に」という心情を吐露する者がいても、それだけでは何の解決にもならない。それは大衆の心情に訴えかけて、大衆を扇動する、「扇動政治家」、つまりデマゴーグにしかならないのである。国家やその下にある政治が別の論理で動く以上、それだけでは大衆を扇動し、自分への支持を集めようとする行為にしかならないのである。ではどうすればよいのか。ヴェーバーは、結果に責任を負いつづける「責任倫理」が必要なのだと述べる。

個人に倫理を託す時代の終焉

だがこのような結論しかないのだろうか。ここから私たちが考えなければならない問題がでてくる。

ヴェーバーは近代国家の本質をよく認識していた社会学者であった。だから、社会主義者でも革命家でもないにもかかわらず、国家が暴力の独占によって基礎づけられていることや、そこから生まれる権力が政治家と官僚の独占物になっていくことを見抜いていた。そしてこのかたちが、たえず問題を起こすこともまた彼は知っていた。しかしヴェーバーの理論は、つねに問題の解決を個人に還元させる。だから本書でも、背後に「心情倫理」をもちながらもそこにとどまらず「責任倫理」をももつ個人、この個人に解決手段を渡している。いわば優れた個人こそが社会を動かし、社会の問題を解決していくという論法が、彼の理論にはたえず現れてくる。そしてその意味ではヴェーバーもまた近代ヨーロッパが生みだした思想家にすぎなかった。

ヨーロッパの思想は、伝統的に人間を個人としてとらえる。それはキリスト教においては、人間は神が生みだした個人だったからで、人間にとって重要なことは神の前に一人で立つ個人でありつづけることだった。一人で立てない人間は堕落した人間であり、群れのなかに埋没する「群衆」にすぎなかった。この伝統的な発想が、近代以降にも継承される。近代以降になると確かに神は社会理論から退けられた。神なき理論が形成されるようになる。しかし消えたのは神だけであった。人間の本質を個人におく心情は、その後も受け継がれるようになる。その結果、個人を基盤にしてものを考える思想的態度は、ほとんどの人において、いまなお継承されている。

ゆえにヴェーバーもまた、当然のように個人に解決の可能性を要求する。そこから生まれてきたのが「責任倫理」をもった個人である。

だがこの論法によって、近代国家や近代以降の政治の問題は解決するのであろうか。おそらくしないだろう。

実際今日の日本で人々が模索しているのは、どのように結び合ったら現代の問題は解決に向かうのかという視点である。課題になっているのは、優れた政治家でもないし、優れた官僚でもない。そうではなく、結び合う社会の創造であり、どのように結べばよいのかの模索である。そして、結び合う社会を基盤とした地域の創造であり、それに基礎づけられた政治のかたちの探求である。ヴェーバーにないのはこのような視点である。

私はそろそろマックス・ヴェーバーの時代は終わったのだろうと思っている。それは優れた個人に託す時代の終焉である。

脇　圭平訳、岩波文庫、1980年による。他に、講談社学術文庫、日経BPクラシックスなど

21

資本主義から社会主義へ

『共産党宣言』

カール・マルクス／フリードリヒ・エンゲルス 著

私がはじめて『共産党宣言』を読んだのは中学に入った頃だった。小学生の後半に三井三池闘争や六十年安保闘争などがあり、少し背伸びして読んでみたのだけれど、何もわからなかったことを覚えている。冒頭には「今日までのあらゆる社会の歴史は、階級闘争の歴史である」と書かれているが、「階級闘争」の意味が理解できないのだからどうしようもない。

党の綱領として

『共産党宣言』は１８４８年にマルクスとエンゲルスによって発表されたもので、英語版のタイトルは『Manifest of Communist Party』、直訳すれば共産主義者党のマニュフェスト、つまり綱領である。一般的には共産主義者同盟の綱領、として読み継がれてきた。日本では１９０４（明治37）年に堺利彦、幸徳秋水訳の第３章を抜いたものが『平民新聞』で発表されたのがはじめてであったが、ただちに販売禁止になっている。その後は地下出版の翻訳本などで読まれることはあったが、公式には戦後にいたるまで刊行は許されていない。1908年から刊行された改造社の『マルクス・エンゲルス全集』では『×××宣言』というタイトルと「ロシア版への序」だけが収録されており、そんなこともあって日本では、『宣言』といえば『共産党宣言』を指すという時代が1970年代前半くらいまでつづいた。

このような経緯からも感じられるように、この本は歴史的経緯とともに展開した本、という性格をたえずもっていたのである。そもそも初期社会主義運動が展開していく19世紀中葉のヨーロッパにおいて、この運動の担い手であったさまざまな初期社会主義者とマルクス・エンゲルスの社会主義理論の違いを明確する目的で書かれたものであり、それが社会主義理論の基本文献として位置づけられるようになったのは、1917年のロシア革命の影響が大きい。マルクス・エンゲルス的社会主義理論の継承者を自認するレーニンがソ連の指導者になったことで、それまであったさまざまな社会主義理論が、マルクス・エンゲルスによって乗り越えられた理論とみなされるようになった。ロシアにおける革命の実現は、全世界の社会主義者たちに希望と可能性に満ちた大いなる感激を与えたのである。世界ではじめて労働者の祖国が生まれたという感動は、このことに関する今日の私たちの想像をはるかに超えたものであった。そしてそのことが社会主義理論といえばマルクス・エンゲルス・レーニンの流れを指すという時代をつくりだした。日本でも戦後の社会主義勢力の台頭とともに、この本は読み継がれている。

生産力の拡大が社会形態の転換をもたらす

ところでさまざまな社会主義理論とマルクス・エンゲルスの社会主義理論は、何が異なっていたのであろうか。それは社会主義理論への「歴史」の導入であった。資本主義の形成は社会に大量の不安定な個人を発生させた。それはマルクスたちがこれからの歴史の主人公と認めた近代的な労働者ばかりではなかった。むしろ資本主義の展開によって基盤を崩されていった過去の経済の担い手たち、たとえば職人やマニュファクチュア＝工場制手工業で働く人たち、さらには地域社会で教養人としての役割を果たしていた人々などが、その基盤を喪失し、不安定な個人として近代社会に投げ出されたといった方がよいのかもしれない。もちろん近代的な労働者たちも、たえず労働市場の変動にさらされる不安定な個人であったことに変わりはないが、もっとも過酷な条件にさらされていたのは、たえず自分たちの生存基盤を脅かされていく「伝統」社会の人々であった。

この現実を前にして、新たな協同社会をつくろうとしたのが19世紀の社会主義運動であったといってもよい。つまり現実が発生させた問題を、協同社会の創造によって克服しようとしていたのである。

マルクスとエンゲルスは、現実と向き合うだけではなく、歴史とも向き合わなければならないことを提起するかたちで、新しい社会主義理論をつくりだしている。それは冒頭の「今日までのあらゆる社会の歴史は、階級闘争の歴史である」という文にも現れているのだが、古代、中世を経て、ついにはブルジョアジー＝資本家階級が支配権を獲得していく歴史が『共産党宣言』ではまず語られる。そのことによって社会はブルジョアとプロレタリアという二大階級が対立する時代を迎えた。ところがブルジョアジーが支配権を獲得したがゆえに、新しい矛盾も発生してくることになった。それは大きくはふたつある。一つは資本主義の展開によって生産力が飛躍的に拡大し、それがくり返される恐慌や不況を生みだすようになったことにある。『共産党宣言』では経済循環のことが正確に書かれているわけではないが、経済は好況期に拡大をつづけ、それゆえに生産力過剰になって経済恐慌をもたらし、この時期と恐慌の後の不況を経て生産力が淘汰、縮小され、いわば需要と供給の均衡がもたらされた後、再び好況を迎えて生産力の拡大がはじまるという循環をくり返すという性格をもっている。20世紀に入ると国家が経済に介入することでやや様相は異なってくるが、……その軸になったのがケインズ経済学であった……、19世紀のヨーロッパではこの経済循環がむき出しのかたちで展開していたのである。

マルクスたちはこの現実を、資本主義が発展することによって、資本主義自体を制御できなくなった姿としてとらえた。つまりみずからの発展がみずからの暴走を生み、それは発達した生産力を有効に使うことのできない時代を成立させているととらえたのである。自分たちのつくりだした生産力が、自分たちのつくりだした社会構造と調和できなくなった時代がここには生まれていると。とすると生産力を有効に使いこなせる社会形態が必要になるだろう。それが社会主義社会であり、資本主義から社会主義への転換は、経済の発展によって必然的にもたらされざるをえない、と考えられることになった。

労働者階級の登場

資本主義が生みだした矛盾のもう一つのものは、近代的な労働者の発生自体にあった。自分の労働力を商品として売ること以外に、生きるすべをもたない人たちの大量発生である。しかも彼らを待ち受けていたのは劣悪な労働環境、監視された労働、機械の道具にされた人間、低賃金、不安定な雇用といった現実であった。この労働者たちは地域や国境をも越えて、共通の利害によって結ばれざるをえない。ここに国境を越えた労働者の結びつきが生まれる。とすると、ここでも資本主義の生みだした近代的な労働者が、資本主義を倒していく力として登場することになる。『共産党宣言』を引用するなら、資本主義の発展は団結する労働者という「かれら自身の墓掘人を生産する」ことになった。そしてその労働者は「祖国をもたない」のである。

生産力の発展が社会を変え、資本主義を生みだした。そしていまでは資本主義の発展によって、資本主義では解決不能な矛盾が生みだされてしまった。労働者たちは社会主義社会を建設しなければ、みずからを解放できない現実に直面している。それが歴史であるというのが、『共産党宣言』の骨子でもある。

歴史の一過程として資本主義をとらえ、ゆえに歴史の未来として社会主義、共産主義の社会を位置づける。そこに歴史の必然をみたのが、マルクス、エンゲルスの社会主義理論であった。

「ブルジョア階級は、支配をにぎるにいたったところでは、封建的な、家父長的な、牧歌的な一切の関係を破壊した。……人間と人間のあいだに、赤裸々な利害以外の、冷たい『現金勘定』以外のどんなきずなをも残さなかった。……人間の品位を交換価値のうちに解消させ、……無数の自由を、ただ一つの、良心をもたない商業の自由に代えてしまった」。その意味において「ブルジョア階級は、歴史において、きわめて革命的な役割を演じた」のである。こうして生まれた資本主義は「生産用具を、従って生産関係を、従って全社会関係を、たえず革命していなくては生存しえない。……生産のたえざる変革、あらゆる社会状態の間断なき動揺、永遠の不安定と運動は……ブルジョア時代の特色である」。だがそれゆえに資本主義を倒す労働者たちの結合も生まれてくるのであり、〈古き良き時代〉へのノスタルジーは歴史の歯車を逆に回そうとするものだというのが彼らの見解でもあった。

だがこのマルクスとエンゲルスの見解は、実際に活動をしていた当時の社会主義者たちから大きな支持を得ることはなかった。そればかりかひどく孤立していたといってもよい。活動家たちにとっては、現実のなかに生起している人間の尊厳の喪失の方が問題だった。そして人間の誇りを取り戻すために、お互いを尊重できる協同社会をつくりだそうとしていた。誇りをもって働ける共同作業場の建設、協同組合の創造、女性の解放、そういったさまざまな実験を重ねながら、1871年にはパリで武装蜂起をし、自分たちの自治社会をつくりだしている。このパリコミューンは2ヶ月後にプロシアに支援された国軍との戦闘に敗れていくが、彼らが求めていたものは「歴史の理論」ではなく、自分たちが生きている社会の改造だったのである。

正しい理論なくして正しい歴史はつくれないというのがマルクスたちの見解だったとするなら、活動家たちは闘いと創造の日々のなかに新しい歴史が生まれると信じていた。

大内兵衛・向坂逸郎訳、岩波文庫、改版1971年による。他に、講談社学術文庫などがある

22

複合経済をとらえる出発点

『西欧中世の自然経済と貨幣経済』

マルク・ブロック 著

1982年に訳されたこの本は、私にとっては貨幣について考える一つのヒントを与えてくれた。著者のマルク・ブロックはアナール学派の旗手として、歴史学、あるいは歴史社会学の世界ではきわめてよく知られた人物である。はじめにそのことから述べておくことにしよう。ヨーロッパの歴史学は、もともとは制度史の研究が中心だった。政治制度史、経済制度史、土地制度史……、いわばその時代がどんな制度によってつくられていたのかを研究することによって、その時代を明らかにしようとしてきたのである。ところがこの方法だとその時代を生きた民衆の姿が、制度に組み込まれた人間としてしかみえてこない。たとえば日本でいえば、封建制度に組み込まれた人間でしかなく、民衆自身が歴史の主人公としてとらえられないのである。

この問題を解決すべく、歴史学の転換をめざしたのがマルク・ブロックであった。1929年にフランスで、リュシアン・フェーブルとともに「社会経済史年報」を創刊し、民衆史、あるいは社会史という視点からの歴史研究の成果を発表するようになる。この「社会経済史年報」の「年報」にあたるフランス語は「Annales」であるが、そこからこの傾向の人々はアナール派、アナール学派と呼ばれるようになった。

今日の歴史学の主流は、アナール派以降の歴史社会学、社会史にあるといってもよい。日本でも網野善彦、阿部謹也をはじめとして、実に多くの人々が社会史研究の成果を発表している。そのことによって、中世、近世期における民衆の姿が明らかになってきた。マルク・ブロック自身は民衆史的な歴史学のはじまりを、マルクスとほぼ同時代の人である19世紀のジュール・ミシュレ（日本でも『フランス革命史』をはじめ多くの訳書がでている）に求めているのだが、20世紀前半から中葉にかけてマルク・ブロックを旗手とする歴史学の転換がすすんでいったことは確かだった。

自然経済から貨幣経済へという発展史観の再検証

さて、『西欧中世の自然経済と貨幣経済』について述べておくことにしよう。この表題にある「自然経済」と「貨幣経済」の関係は、かつては、自給自足と物々交換的な自然経済の時代があり、その後に貨幣経済が広がり歴史の発展がもたらされた、というようにとらえられてきた。それは歴史を「発達史」としてとらえようとする、とりわけドイツ歴史学に色濃い発想の産物でもあったが、ある時期まで貨幣経済は王侯貴族や商人にはあっても、民衆は自給自足的な経済と物々交換によって生きていたとみなされてきたのである。

マルク・ブロックはそのことに異議を唱えている。貨幣経済は古くから存在している。それは民衆的世界をふくめてである。だが、貨幣の使用はその時代の社会構造に規定されているから、すべての交換を貨幣に依存させる必要はなかっただけである。このことを中世期の貨幣の具体的な様子に基づきながら証明したのがこの本である。貨幣の使われ方は社会構造、社会状況とともにあるのであって、貨幣経済の進展が歴史の発展ではないのである。

ヨーロッパにおける貨幣の基本は金貨にあった。そのはじまりは古代にあるが、中世に入るとヨーロッパの国のなかでは、金貨はあまり使われなくなっていく。そればかりか金貨をつくらない国も出てくる。古い言い方をすれば、貨幣経済から自然経済に移行してしまったのである。だからこの時期は、ヨーロッパの退潮期としてとらえられた。貨幣は国家がつくるものであり、国家という権力があってこそ成り立つものである。国家に信用がなくなれば、その国家が発行している貨幣も信用を失う。それは今日の「円」や「ドル」でも同じことであって、ということは、貨幣の発行権さえ失ったということは、中世の国家が信用を喪失していたということにもなる。

ところがそうではなかったとマルク・ブロックは述べる。金貨を使う必要性がなくなってしまったのである。この時代の金貨は対外貿易の決済用に使われた。その貿易はほとんどがイスラム圏とおこなわれていた。中世の時代においてはイスラム圏が「先進国」であり、ヨーロッパはその後塵にあった。そしてこの決済では、金貨によらなくても金自体でおこなわれることがしばしばだったし、金貨を用いるときでもイスラム圏の金貨を「輸入」して、それで決済すれば事足りたのである。日本でも平清盛は大量の「宋銭」を中国から輸入し国内貨幣として流通させようとしているが、対外貿易の決済用なら、相手国の通貨を使えばそれですむ。それはいまでも海外貿易の決算にドルが使われたりするのと同じである。

マルク・ブロックは国内でも「宋銭」と同じようにイスラム金貨が使われていたのであって、発行しなくなったからといって金貨使用がなくなったわけではないとみなしていたが、今日の研究では彼が考えていたほど金貨は国内では使われていなかったというのが定説になっている。ここでもう一つマルク・ブロックが注目したのは、金貨の衰退とともに、国家が銀貨を発行するようになるということであった。銀貨は金貨よりも少額の貨幣である。かつての研究ではこの銀貨も民衆はほとんど用いていなかったということになっていたが、むしろ彼は、銀貨が民衆のなかに浸透していたと主張した。民衆的生活のなかでは金貨のような高額貨幣は必要なく、銀貨で十分だったのだと。

貨幣経済と自然経済の共存

もう一つ次のようなことがあった。それは「計算貨幣」と「実体貨幣」が異なっているということである。中世の国家はしばしば金、銀の使用量を減らし、改鋳をくり返した。いまの貨幣なら単なる紙切れだから関係ないが、金属貨幣はその価値を貨幣にふくまれている金属量が保証している。だから金属量が減れば、同じ単位でも実際の価値は低いことになる。たとえば日本でも江戸時代には金の含有量の低い小判への改鋳がおこなわれているが、そうなると同じ一両でも、その価値は低いことになる。これをおこなうと一般的にはインフレを招くが、価値低下に反比例してインフレが起きないときには、たとえば計算上は一両であっても、実際には二両払わないと価値の保全ができなくなったりするのである。

問題はその国で発行されている通貨の信用度が低い場合だ。このときには通貨で支払われるより、同等の価値をもった「普遍的商品」で支払ってもらった方が確実である。たとえば貨幣での支払いより、金での支払いの方が確実な価値を手に入れられる。ここから貨幣で価値量を計算し、実際には他の「普遍的商品」で取引するというかたちが生まれてくる。中世のヨーロッパで「普遍的商品」として使われたものに布があった。これは布貨幣ともいわれたが、しばしば布で代金を支払ったのである。インドとの交易がおこなわれるようになると、胡椒がその役割を果たすようになった。さらにはその地域特有な「普遍的商品」がその役割を果たすこともあった。

マルク・ブロックは国家がつくる貨幣制度だけをみていたのでは、民衆経済の実態は明らかにできないことを提起していたのである。人々はさまざまな方法を駆使して交換経済を実現させていた。その基礎には、自給自足的な、物々交換的な経済も根付いていた。「自然経済から貨幣経済へ」というそれまで信じられてきた経済発展の法則は成立せず、このふたつの経済は複合的に展開していたのであって、両者を分けること自体が不可能であるというのが彼の研究だった。今日の経済社会学では、カール・ポランニー（1886〜1964）の研究が紹介されたこともあって、私たちの経済は市場経済だけで成り立っているのではなく、経済と意識されない非市場的な慣習に基づく経済活動をふくめて展開されているという考え方が広がっているが、マルク・ブロックが提起したのも、ヨーロッパ中世における民衆経済とは何かであった。

人間同士が結び合う社会へのヒント

このような研究をとおして、彼は、経済の実態は社会構造によって複雑に展開するのであり、貨幣経済が力をもつかどうかも社会構造に規定されることを、すなわち貨幣経済が全面化していくのも社会構造の産物であることを示すことになった。

とするなら、貨幣経済は歴史的必然の産物ではなく、貨幣によってすべてを決済することに依存する社会構造の生みだしたものだということになる。逆に述べれば、貨幣に依存しない民衆レベルの交換を広げることができれば、相対的に貨幣経済の役割は低下していくことになる。貨幣経済、貨幣を用いた市場経済を経済発展の必然ととらえるのは不十分であり、貨幣的市場経済を全面化してしまう社会のあり方を、私たちは問わなければならないことになる。

私がこの本を読んで受けた最大の影響はそのことにあった。貨幣という、便利だがこの社会と人間をむしばんでいく鬱陶しいものの地位を低下させていく可能性がありうることを、私はこの本を読んで感じた。

もっとも貨幣がこれほどまでに鬱陶しい存在になったのは、人間の労働力が貨幣で売買できるようになったからである。労働力の価値が人間の価値であるかのごとく時代が生まれた。この労働力の商品化が貨幣経済を新しい時代に導いたこと、そこに資本主義の時代が形成されることを押さえておかないと、今日の貨幣経済の問題が一般的な交換経済の問題にすりかえられる問題点が生まれる。この本は中世の経済の研究ではあるが、この点では不満足な面ももっている。

貨幣の問題は、貨幣だけを論じていたのでは解決しない。人間たちがどのように結び合い、どのように協力し合いながら生きていく社会をつくるのか、その考察なしには貨幣の問題は解決しないのである。このことへのヒントを与えてくれたのが、私にとっては『西欧中世の自然経済と貨幣経済』だった。社会のありようによっては、経済活動は活発でも貨幣の役割は低い社会がありうるのである。

これからの私たちの課題の一つは、貨幣の役割を少しずつ低下させていけるような社会のあり方をみつけだすことであろう。私はそれをローカル世界の形成としてとらえているのだが、貨幣が国家の権威とともに展開する商品である以上、それは国家の権威を低下させる社会のかたちをみつけだすことでもある。いわば人間たちの結び合いとともに展開する自律的社会の役割を拡大していくこと、そこにこそ今日の経済とは違う経済社会の可能性が存在している。

森本芳樹訳、創文社、1982年による

23

近代社会における共同体の役割

『コミュニティ』

R・M・マッキーヴァー 著

18世紀後半に入って、ヨーロッパに市民社会という新しい社会形態が発生したとき、それをどう評価するかは案外難しい課題であった。確かに1789年のフランス革命は中世的な王権を打倒し、自由、平等、友愛を高らかに宣言したという意味では、それは一つの解放であり、新しい時代の到来であった。ドイツの哲学者、ヘーゲルも次のように書いている。

「人間はここにはじめて、思想が精神的現実界を支配すべきものだということを認識する段階にまでも達したのである。その意味で、これは輝かしい日の出であった。思惟をもつ限りのすべての者は共にこの新世紀を祝った。崇高な感激がこの時代を支配し、精神の熱狂は、恰も神的なものと世界との実際の宥和がここにはじめて成就されたかのように、世界を震撼させたのであった」(『歴史哲学』武市健人訳、岩波書店、下巻、311ページ「ヘーゲル全集」収録)

だがヘーゲルはフランス革命に満足していたわけではなかった。ヘーゲルにとって「世界史は自由の概念の展開過程にほかならない」（同上書、324ページ）のだが、フランス革命はその実現に向けての輝かしい一歩を踏み出したにすぎなかった。最終的にヘーゲルが思い描いていた社会は、個人の自由への意思と社会の自由への意思、神の自由への意思が統一された「人倫態」としての普遍的な社会であった。近代市民社会は一つの通過点だったのである。

この考え方は、ヘーゲル哲学の土壌から登場してくるマルクスにも、かたちを変えて踏襲されている。マルクスにとっても市民社会の登場は、封建制を打倒したという意味で輝かしい成果であった。しかしそれは歴史の通過点にすぎない。彼にとっての次の社会は社会主義社会であり、最終的には社会主義社会をも通過点とした共産主義社会である。彼にとっての共産主義社会とは完全なる自由な社会であり、それもまたヘーゲルの考え方と共通している。ただしヘーゲルは将来つくられるべき「自由の王国」を精神のなかで語り、マルクスは現実的社会の構造として語ったという違いは存在しているのだが。

自由の王国をどこに見出すか

はたして市民社会は目標なのか、それとも通過地点なのか。ただしもしも目標だというのなら、市民社会は人間の叡智の完全なる実現でなければならなくなる。しかし現実にはそんな完全な市民社会は実現していない。だからこの考え方をとる人々は、以降、つねに不完全な市民社会を問題にするようになった。まだ完全なる自由は実現していない、まだ完全なる平等が実現していない、まだ……、そんなふうに不完全な近代社会を批判するようになった。

他方通過点だと考えた人々は、その先の目標を示さなければならなかった。それがヘーゲルにあっては「人倫態」であり、マルクスでは共産主義社会だったのだが、とするとたとえば共産主義社会とはどんな社会なのか。このことについてマルクスが書いている文献に『ゴータ綱領批判』があるが、彼にとって共産主義社会とは生産力がかぎりなく発達し、誰もが労働や経済のなかで支配、管理されることがない、つまり支配や管理を生みだす必要もないほどに生産力が発達した社会であり、そのことによって国家さえ必要ではなくなった完全なる「自由の王国」であった。もちろんその社会でも人間たちは労働をつづける。しかしそれは食べるためにおこなわれるのではない。「各人はその能力に応じて、各人はその必要に応じて」（西雅雄訳、岩波文庫、29ページ）労働をすることができる。自己の能力の発揮や、労働自体を必要とする活動に基づいて人々は働くのである。もっともこの「能力に応じて、必要に応じて」という書き方は、社会主義社会を「能力に応じて働き、必要に応じて受ける」社会として描いたフランスの革命家、ルイ・ブランの表現をもらったものなのだが、マルクスは生産力の発展に社会の基盤をみる生産力主義的性格をももっていた。

ところがそのマルクスもたとえばモルガンの『古代社会』が刊行され、さらに晩年にロシアの農村共同体についての研究が発表されると、ある種の動揺を示したりもした。とりわけロシアに残っていた古い共同体のかたちは、将来の共産主義社会の原型なのかもしれないという思いをいだかせることになった。かつてマルクスと一緒に『独仏年誌』という雑誌を出したモーゼス・ヘスは……彼は疎外論や貨幣論などで優れた研究をおこなっていたのだが……次第に原始共産主義＝もっとも古い共同体への関心を高めていたし、18世紀の後半に書かれた経済学者アダム・スミスの文献にも、〈最近アメリカ先住民の社会は、ヨーロッパよりも優れた文化をもっているという人がいるが、私はそうは思わない〉というような文章がでてくるから、18世紀から「非文明社会」の優れた文化を指摘する研究があったのだろう。モーゼス・ヘスはユダヤ人の原始共同体の建設を志向するようになり、それはいまもイスラエルのキブツのなかに反映している。

この問題は、将来の社会が生産力の発達を土台とするかたちで成立するのか、それとも人々が自由で平等に結ばれた小さな社会のなかにみいだせるのかという違いでもあった。

後者の立場をとるなら、原始共同体はそのままのかたちで共産主義になるわけではないにしても、共産主義社会という自由で平等な社会のヒントを内包していると映ったのである。市民社会の形成期から、共同体の評価にはある種の迷走が存在していた。

多様なアソシエーションがあればこそ

この迷走に新しい知見を提起したのは、20世紀初期に著されたマッキーヴァーの『コミュニティ』であった。この本のなかでマッキーヴァーは「コミュニティ」はいつの時代においても必要なものと位置づけた。ちなみに「共同体」は明治時代につくられた翻訳言語でコミュニティを訳したものと思われる。だからコミュニティ＝共同体としてかまわないのだが、彼にとっては近代市民社会においても必要なものがコミュニティであった。とともにマッキーヴァーのコミュニティ論は、コミュニティとアソシエーションを分けてとらえたことに特徴がある。彼にとってコミュニティとは、人間たちがつくろうとしてもつくれるものではなく、生まれてくるものであった。ここに自分たちの共有された世界があるという感覚が芽生えたときに生まれてくるのがコミュニティであり、それに対して人間たちがつくりだすことのできるのがアソシエーションであった。アソシエーションはある目的を実現するために人間たちがつくりだす結合組織であると位置づけられている。つまり今日私たちが「コミュニティをつくろう」などといっているものは、マッキーヴァーにとってはアソシエーションなのである。

コミュニティの内部には、多様なアソシエーションが存在している。このかたちが彼の描いたコミュニティであった。とともに、アソシエーションが多様に存在することによって、コミュニティが生まれてくるのが早まるというのが彼の考え方でもあった。多様なアソシエーションの展開がコミュニティの成立をうながすのである。

近代的システム批判への視座

マッキーヴァーが語ったのは、どのような社会においてもコミュニティが必要だということなのだけれど、それはコミュニティがなくなっていく時代における問題提起でもあった。近代市民社会は個人の社会だから、コミュニティが崩れていく傾向を促進する。とするとそういう時代のなかでもコミュニティが必要だと主張することは、将来の社会への問題提起だと深読みすることもできる。実際『コミュニティ』が発表されてから半世紀以上が過ぎると、コミュニティ＝共同体に市民社会批判と未来の社会のかたちをみいだそうとする動きが生まれてきた。いまこの動きをコミュニタリアリズムなどと呼ぶこともあるが、結び合うローカルな社会の多様な創造の先に、国民国家、市民社会、資本主義が三位一体となった強大な管理社会＝現代世界を瓦解させる可能性を発見しようとする動きが、次第に形成されていった。それはマッキーヴァーが構想したことではなかったのだが、歴史はこのような傾向をも生みだすことになったのである。

マルクスの時代の原始共産制、古い共同体への関心は、そこに未来の共産主義の原型、ヒントがあるのではないかという問題意識である。だからそれは、共産主義社会をつくりだすときのヒントなのである。それに対して今日のコミュニティへの関心は、どのような社会においてもコミュニティ＝共同体をつくりだそうとするものであり、その点ではマッキーヴァーの主張に沿っている。しかしそうやって生まれていくコミュニティ＝共同体が、未来社会の基盤をつくっていくと考える点では、マルクス時代の共同体に対する関心と異なっているだけでなく、マッキーヴァーの問題意識とも違っている。マッキーヴァーは近代社会においてもコミュニティが必要だと述べただけだが、今日の新しい問題意識は、多様なコミュニティを生みだしながら、近代世界のシステムを瓦解させていこうという問題意識を内蔵させている。

だからこの動きをローカリズムと位置づけてもかまわない。なぜなら現在のローカリズムは単純な地域主義ではなく、関係の網が存在しているものとしてローカルな世界をとらえているのであり、それは地域であってもいいし、地域外の人が加わる関係的世界であっても、あるいは必ずしも地域性にこだわらない関係によって結ばれた小さな世界であってもかまわないからである。このローカリズムの世界をコミュニティと呼びなおしても、共同体と位置づけても問題はない。

共同体をどう評価するのかは、歴史的に変遷してきたのである。この歴史の一つの画期をつくったのがマッキーヴァーの『コミュニティ』だったことは確かである。共同体を古い社会への関心から、現在的な関心に切り替えさせた。そしてそのことが近代的なシステムへの批判へと向かう新しい視座をつくらせたのである。

もっともマッキーヴァー以降も、コミュニティを近代社会を補完、強化するための道具として位置づける理論はくり返し形成されている。たとえばパットナムの社会関係資本＝ソーシャル・キャピタルとしてコミュニティをとらえる理論などはその一つであるが、よりよき市民社会のためのコミュニティなのか、近代批判としてのコミュニティ論なのかは、これから歴史が問うていく課題なのである。

中　久郎・松本通晴監訳、ミネルヴァ書房、2009年による

24

都市住民と結び合って農業・農村を守る道

『農業の基本的価値』

大内 力 著

さまざまな理由で、一冊の本がときに読者を驚かすことがある。『農業の基本的価値』もそんな本だった。

著者の大内力はマルクス経済学の大家であり、若い頃書いた『農業経済論』やその後の『国家独占資本主義』などで、その業績は広く知られていた。農業経済学が専門と紹介されることもあるが、もちろんそれも間違ってはいないのだが、宇野（弘蔵）経済学の流れをくむ経済学全体に通じた人であり、社会問題などにも発言してきた人であった。この本を書いたのは東大教授を定年退官し、その後5年間勤めた信州大学を辞めてまだ間がない頃であった。

マルクス経済学においては、農業経済学は地代論が中心になる。いわば農村における搾取の構造を解こうとしたのがこの農業経済学だから、封建時代における年貢や地主・小作制度下の地主への支払いを、地代という観点から解こうとするものであった。主に絶対地代から差額地代へというようなことが議論されてきたが、軸になるのは農民が搾取されていく構造の研究である。とともに、マルクス経済学は経済発展を肯定的にとらえる性格をもっている。経済発展によって生産力が拡大していくことに経済をつくりだしている構造が対応できず、その矛盾が社会を変革させるととらえるのがマルクス経済学であり、そのことは生産諸力と生産諸関係の矛盾という言葉で説明されてきた。たとえば生産力が発展して封建的な生産諸関係では対応できなくなるがゆえに、資本主義の台頭や近代革命が生まれると考えるのである。この論理に従うなら、経済の発展は社会を変革していく重要な要素だということになる。こういう視点をもっているから、いかに農業の生産力を上げ、農村社会のもっている封建的な体質を打ち破っていくのかが、マルクス経済学系の農業経済学の視点でもあった。いわばそれは一つの近代化論だったのである。

この本が出た頃、私は大内先生とは親しくしていた。森林問題をとおして付き合いが生まれていたのだけれど、亡くなるまで山村や森林の調査にもよく同行させていただいていた。そんな時期にこの本が出版され、ある専門誌には〈大内氏、一八〇度転向〉などという書評が出たりもした。多少でもマルクス経済学を知っている人にとっては、まさかこの分野の大家からこんな内容の本が出るとは思わなかった、という感じだったのである。

近代化ではなく、伝統農業・農村の重要性を説く

『農業の基本的価値』は実にわかりやすく書かれた本だった。それはこの本が農民や普通の都市

の人たちに読んでもらおうとして書かれたからで、このままいくと農業も農村も崩壊するという危機感が背後にはあった。ちょうどガットのウルグアイ・ラウンドが締結される頃で、農業にも市場経済と自由貿易の原則を適用していこうという流れができあがっていった頃である。このことについていえば、この流れは今日ではいっそう強化されるかたちでつづいている。そういう雰囲気が広がる時代のなかで、農業、農村を守るために「既存の価値体系が問いなおされなければならない時代」（はしがき）を感じながら書かれたのがこの本だった。

では大内は農業の何に「基本的価値」をみいだしていたのであろうか。それは四つに集約されていた。第一に「食料の安定的な供給」、第二に「安全な食料の生産」、第三が「自然的環境の保全」、第四に「社会的環境の保全」である。この論理を補強するかたちで第二章から自由貿易は農業をいかに破壊するのか、戦後の農業政策はいかに問題があったのか、地球環境問題からみるとき農林業はなぜ保護されなければいけないのかなどが書かれていた。農業における規模拡大の問題点、共同経営の限界、農産物の小規模流通圏の重要性、農民の判断に任せることの大事さなどにも触れながら、伝統農業や伝統農村の価値を語っていったのが本書だった。だからそれまでのマルクス経済学からすれば〈大内氏、一八〇度転向〉だったのである。農業、農村の近代化論ではなく、伝統農業や伝統農村を守る重要性を語る本だったのだから。

この考え方は今日ではかなりの広がりをみせはじめている。もっとも国の政策は依然として産業としての農業の確立であり、徹底した市場主義、自由貿易主義であり、そこから導き出される規模拡大や農業への企業の参入や農村の生活部分を一ヶ所に集約していこうとする「コンパクトシティ」型の社会づくりだったりするのだけれど、農民のなかにも消費者のなかにも、伝統的な農の世界や農村の世界を守りながら、食料の安全性や環境との調和をはかっていこうとする意識が広がっているのが今日でもある。そういう流れのなかでは、この本は一つの古典なのである。

大内は農業の価値のなかに、文化の保全までをふくめている。農村がつくりだした多様な文化の保全である。確かに日本の文化は、その多くが農村を基盤にして成立してきた。祭りにしてもその多くが春祭りや秋祭りなのは、農業社会の祭りという面をもっていたからである。最近では大学の国際化をすすめるために秋入学に制度を変えようという動きが出ているが、小麦地帯では小麦の種をまく秋が体感的な一年のはじまりであり、日本では田植えなどをする春が体感的な一年のはじまりだったのである。こんなところにも農民的意識は反映している。自然信仰や土着的な信仰にしても、あるいはそれらと密接なつながりをもつ年中行事にしても、その出発点は農村にあった。人間同士が折り合いをつけながら生きていこうとする発想も、たえず自然との折り合いのなかで生きてきた農村が生みだしたものである。だから農村の破壊は基層文化の破壊にもつながる。すなわちこの本は、狭い意味での農業経済学から広い意味での農業、農村論へと視点の転換を求めた本でもあったのである。私たちが生きる世界において、農業、農村はどういう役割を果たしているのか、それはなぜ守られなければいけないのか、守っていくためにはどういう農業政策が必要なのかを書いた本であった。

伝統を守るために必要な創造力

ところでもう一つ述べておけば、伝統農業や伝統農村を守ることは、昔のかたちに固執することではない。たとえば有機農業をはじめた人たちは、まずは伝統農業のかたちから学んでいる。しかし単にそのかたちに固執したわけではなく、伝統農業から自然と農業の関係を学びなおし、さらにその地域にあったさまざまな工夫を重ねてきた。有機農業の新しいかたちを開発し、ここから自然農法や不耕起農法なども発生している。さらに販売の仕方も工夫を重ね、農民が直接消費者に販売したり、新しいかたちの売店をつくるなども実現させてきた。こういう新しい試みを重ねることによって、伝統農業は継承されてきたのである。伝統農業を守ることは、伝統農業を守ることができる新しいかたちをつくりだすことなのである。だからたとえば棚田を守るために都市の人たちと一緒になってそれを維持する仕組みをつくる人たちが現れたりもする。

この関係は伝統農村の維持にもあてはまる。「古き良き農村」を守るためには都市の人たちとの連帯が欠かせなくなっているのが今日でもある。私のいる群馬県の上野村では、いま木質系ペレットを使った発電機設置の準備が進んでいる。ここだけをみればそれは新しい技術の導入である。しかし私たちはそれを伝統回帰だと位置づけている。地域の資源でエネルギーをまかなっていた時代への伝統回帰である。森の多い村だから、かつてはエネルギーのほとんどは薪でまかなわれていた。このかたちに戻そうということである。しかしその方法として、昔は電気などなかったとか、ご飯は竈で炊いていたのだからそのかたちに戻そうとかいっていたら、かえって昔のあり方に戻せなくなってしまう。森がつくりだす木という地域資源を使って暮らす村に戻すことが伝統回帰であり、それを実現させるには新しい方法の導入も必要なのである。

だから伝統農業や伝統農村を守るということは、何も変化させないということではなくて、それらを守れる新しいかたちをつくりだしたり、守っていける社会を創造することである。さまざまな創造力を働かせながら、大事な価値を守っていける社会を再創造すること、そこにこそ「守る」という言葉の意味があるといってもよい。

真に守るべきものは何か

『農業の基本的価値』は、私たちが生きる世界にとって大事なものを守るための創造的行動を呼びかけた本でもあった。

経済はもともとは自然と人間が生きる世界の道具の一つであった。ところが近代に入って道具であるはずの経済が肥大化し、ついには社会の主人公のような地位を確立してしまった。だがそうなればなるほど、経済によって失われ、破壊されたものが明らかになってきた。

農業もその一つである。今日の市場経済についていこうとすると、否応なく農業も単なる産業になってしまう。利益の最大化を目指してひたすら効率を追求するようになってしまうのである。そしてこの動きに追従できない農民たちは、農の世界からの退場を迫られてしまう。そして産業としての農業ではなく、人間たちの仕事の営みとともにあった農業がつくりだしてきた地域社会や地域の文化、農村の環境といったいろいろなものが壊されていってしまう。とすると、私たちが守るべきなのはどちらなのか。産業としての農業なのか、農の営みとともに展開してきた自然と人間が生きる世界なのか。そして後者だというのなら、そういう農業が維持できる社会のあり方を見つけ出していかなければならないのである。しかも実際の動きをみると、産業としての農業に背を向けて、多くの人たちと結びながら伝統的な農のかたちを活かそうとしている人たちの方が、かえって強い経済的基盤ももっている。市場競争に巻き込まれずに、結びつきのなかで信頼される農業をしている人たちの方が、現実には強い。

そしてこの動きに加わることを引き受けたとき、私たちはただの消費者ではなくなる。農の世界と結びながら生きる人間、農村と結ばれながら生きる人間であることが、私たちに求められるからである。「農業の基本的価値」を守ることは、農民や農村の人々の課題であるとともに、すべての私たちの課題でもある。

家の光協会、1990年による

25

「劣化する貨幣」がもたらす自由な経済活動

『自由地と自由貨幣による自然的経済秩序』

シルビオ・ゲゼル 著

シルビオ・ゲゼルの名前は、日本では永らくほとんど知られていなかった。もっとも彼の出身地であるドイツやその周辺諸国でもさほど知られた経済学者ではなかったのである。ところが最近では、とりわけ地域通貨を発行している人たちの間では、しばしばその名前が語られるようになってきている。それはなぜなのか。ゲゼルの本を取り上げてみることにする。

資本主義は自由な経済活動を保障しない

ゲゼルはみずからを社会主義者だと位置づけていた。実際、資本主義をいかに崩壊させるかは、亡くなるまで彼の課題だったといってもよい。ところがそのための方法が普通の社会主義者とは異なっていた。

彼が主要な著作を発表したのは、20世紀初期のロシア革命の時代と重なっている。一般的な社会主義理論では、労働力が商品として取り扱われ、この労働力を購入して資本家は剰余価値を上げていくと考えられている。商品としての労働力の価値と、労働が生みだす価値量との差が剰余価値の源泉だと。簡単に述べれば私の労働力は時給1000円で、ある資本家に購入された。その結果私は、その資本家の工場で働いた。そのとき私は1時間で2000円の価値のあるものを生産した。ところが私の時給は1000円だから、差額の1000円は私のものにはなっていない。この差額の1000円から工場の建物や機械、道具などの減価分や材料費、エネルギー代などの合計500円を引くと、残る500円が剰余価値として生みだされたことになる。この500円のうちの300円は資本家のものになり、200円は生産を拡大するための設備投資に回される。簡単に述べればこれが資本主義が利益を生みだす仕組みだと考えられてきたのである。

そしてそれを可能にしている原因の一つに生産手段の私的所有という問題がある。生産手段が資本家の私的所有物であるために、生産手段をもたない労働者は自分の労働力を売るしかないのである。だから社会主義社会では生産手段を国有化し、計画経済のもとで搾取なき社会をつくる、このプログラムに沿ってつくられたのがソ連だった。

ところがゲゼルはこの路線を、それは人間たちが国家に従属させられるだけで資本主義を根本的に解体することにはならないと批判していた。そうではない。完全に自由な経済活動こそが資本主義を瓦解させるのだ、と。

一般的な常識では資本主義は自由な経済活動を保障するシステムとしてとらえられている。その結果自由な搾取をも生みだしてきた。だから自由な私的所有や自由な搾取を否定するシステムが必要なのであり、それを実現するのが社会主義だと考えられてきた。だがゲゼルはそうではないという。資本主義は自由な労働も、自由な経済活動も保障されていないシステムなのだと。

確かに一面ではそうである。たとえば私が農業をやりたいと思ったとしよう。現在の農村には膨大な休耕地がある。だが、もしもすべての休耕地の所有者が農地の貸与に同意しなければ、私は農業をおこなうことはできない。今日では新規就農者を募集している時代になっているが、30年くらい前まではこの問題は各地で発生していた。農業委員会が承認しなかったり、農協が出荷を拒否したりということもしばしばだった。自由に農業をする自由は、かなり制限されていたのである。それはいろいろなところで発生していて、たとえば私がコミュニティカフェを開きたいと思っていて、希望の場所にはシャッターを閉めた店がいっぱいあるというのに、賃貸契約などがうまくいかなければそれを実現することはできない。自由に事務所を開いたり工場をつくったりすることもできないのである。

そればかりか現実におこなわれている経済活動はつねに国家による保護とそのための規制の下でおこなわれている。たとえば私が地元にある薬草を自分で採取し販売する店を開いたとしよう。昔から効果があるとされているゲンノショウコやキハダを胃腸薬として、ドクダミを抗炎症剤として売るような店だ。しかしそんなことをすれば私はたちまた薬事法違反で逮捕されることになる。さらに、業界のルールに従わなければ事実上仕事ができないということもあるだろう。大きなかたちでは国家の経済政策や金融政策の下でしか経済活動の自由は存在していないのである。そしてその仕組みのなかで剰余価値の生産や搾取がおこなわれている。

「劣化する貨幣」という発想

ゲゼルは誰もが自由に労働や経済活動ができる社会をつくろうとした。自分のやりたいことができる社会である。それが資本主義を崩壊させる一番確実な道だという発想である。ただしそのためには次の条件を設定しなければならない。それは商品としてつくられたものではないにもかかわらず市場では商品として扱われている三つのものを、商品ではなくさせるということである。その三つとは、土地、労働力、貨幣だと彼は考えていた。土地は自然がつくりだしたものであって、誰かが商品として生産したものではない。労働力も同様に商品として生産されたわけではない。貨幣が商品としてつくられたものではないのかどうかは議論しなければならない部分だが、ゲゼルは貨幣は国家の信用によって成立しているものであり、商品ではないにもかかわらず商品として機能しているものだと考えていた。この三つを商品として機能できない仕組みをつくり、そのうえで完全に自由な社会をつくる。そうすれば資本主義は瓦解してしまうという発想である。

土地については次のようなことを考えていた。すべての土地を国有化し、その利用権を入札で決める。落札した人は地代を払うということである。この方式なら、その土地を利用したときの有効性で地代は決まっていく。たとえばある広さの農地を落札しても、そこからほとんど収益がもたらされないのであれば、きわめて安い地代でしか入札する人はないだろう。しかも資産保全のために土地をもつということが成立しない以上、みんなが使える土地はかなり広くなる。この制度下では地代はかぎりなくゼロに近づくとゲゼルは考えていた。こうやって得た地代は女性と子どものために使えばいいとも彼は述べている。そのことによって女性が不当な地位に甘んじざるをえない状況を是正するだけでなく、次世代のために使うということである。自然から得た収益は自然の贈り物なのだから、次世代のために使っていくのがいいという考え方である。

もっともゲゼル理論の真骨頂は新しい貨幣の提案にあった。彼は次のように考えていた。すべての商品は時間とともにその価値を劣化させていく。野菜などは数日もすればゴミでしかなくなるし、衣服や電気製品でも古くなればその分価値が低下する。ところが普遍的な交換財である貨幣は価値が低下しないのである。そのことが貨幣の特権性を生み、貨幣の増殖が目的化されるようになる。たとえば販売するあてもないのにジャガイモを1トンため込んでも腐らせてしまうだけだが、貨幣はいくら貯め込んでもその価値を低下させない。その結果、市場を基盤にして貨幣を増加させることを目的にした経済が成立し、それが資本主義を生んだとゲゼルは考えていた。

この問題を解消するには、普通の商品と同じように「劣化する貨幣」、「錆びていくお金」を導入すればよいというのが彼の発想だった。具体的には次のようなものだった。紙幣の裏にたくさんのマス目が印刷されている。そのマス目一つ一つに2015年1月1日とか、次のマス目には2月1日というふうに一月ごとの日付が書かれている。仮に一月で1パーセント価値が劣化すると決めると、2015年の1月1日に受け取ったお金は2月1日になると、その紙幣が1万円だったとすれば1パーセント価値が下がって9900円になるということである。3月1日には9800円に下がる。ゆえにこの紙幣を買うためには2月1日以降は100円の切手を貼って1万円に戻して使わなければならない。3月1日をすぎるともう一枚100円切手を貼らなくてはならない。ゲゼルが提案した劣化する貨幣は、スタンプ貨幣ともいわれた。

地域通貨として実現

もしもお金が劣化していくなら、お金を貯め込んでも意味がない。できるだけ早く有効性のあるものに換えなければならない。しかし、仮にそのお金で工場をつくり、生産を開始したとしても、その結果得た儲けもまた劣化してしまうのである。こうなるとお金を儲けるための経済は成り立たなくなり、純粋な物づくりや商業、農業などが展開する社会が生まれていくことになる。

ゲゼルはこのような劣化する貨幣を自由貨幣、誰もが入札によって利用できる土地を自由地と呼んだのだけれど、このふたつのことを実現させれば自然的経済秩序が生まれると考えていた。そのうえで労働や経済活動の完全な自由を保障すれば、資本主義は簡単に崩壊する、と。

ゲゼルの経済学は、アナキズムの経済学ともいわれている。なにものにも縛られない自由な社会の創造が彼の目的だった。国家にも、資本主義にも、貨幣にも、である。
この考え方は世界恐慌下に地域通貨として実現することになった。世界各地で3000もの地域通貨が発行され、その多くが劣化する通貨だった。それはお金に絶対性のない地域社会を生みだし、かなりうまくいっていた。このときの地域通貨は中央銀行からの弾圧で終了したが、いまでも地域通貨の世界ではゲゼル理論はその有効性が語られている。マルクスの『資本論』を生産過程に依存し本質を見誤った経済学と批判し、特権性をもった貨幣が市場で自己増殖していく過程に資本主義の本質を見つけ出したのが、ゲゼルの経済学でもあった。

相田愼一訳、ぱる出版、2007年による

26

アメリカの原点とは何か

『コモン・センス』

トーマス・ペイン 著

今日の世界の不安定要因の一つに、アメリカの力の低下があるのは間違いない。よい、悪いの判断は別にして、戦後世界は20世紀終盤近くまで、米ソの対立を基軸とする世界秩序がつくられていた。さらに、当時の言葉を使えば、「西側諸国」の秩序はアメリカの圧倒的な力によって形成されていたといってもよかった。そしてソ連が崩壊してからは、アメリカを軸にした世界秩序が生まれていった。

もっともアメリカの力の低下は、軍事的にはベトナム戦争の敗北からはじまっていたといってもよい。この戦争は国家間戦争には強くても、ゲリラ戦には弱い国軍の体質をさらけ出すことになった。その後のアフガニスタンでの戦争でもイラク侵攻でも、アメリカは目的をとげることなく撤退に追い込まれている。

さらに21世紀に入ると、アメリカの経済的力の凋落もまた目立ちはじめた。そしてこれらのことが政治的力の低下を招くことになる。もちろん依然として「大国」ではあるが、世界を牛耳る力は失われつつあるといってもよい。そしてだからこそ中国の野望やロシアの企み、イスラム原理主義勢力の対決なども顕在化してくる。いずれ「旧西側諸国」のなかからも、独自の動きを示す国が現れてくることになるだろう。

そしてそれは、アメリカによる世界支配の終焉をもたらすという意味では歓迎すべきことであり、しかし世界秩序の混乱という点では、混沌の時代のはじまりを私たちは覚悟しなければならなくなった。何が起きても不思議ではない時代が展開しはじめたのである。

そういう状況のなかで、トーマス・ペインの『コモン・センス』を取り上げてみる。この本はたいしたものではないのだが、アメリカを知るうえでは読んでおいてもよいだろう。

アメリカ独立への檄文

1775年、偶発的な出来事からアメリカ東部諸州はイギリスからの独立戦争を開始することになった。といっても当時のアメリカは、独立の意思でまとまっていたわけでもない。それは不可能だと考える人もいたし、イギリス国王の下から離れることを寂しく感じる人も、ヨーロッパとの貿易が断たれて経済的不利に陥ることを心配する人たちも、アメリカは未成熟で独立するには早すぎると言う人たちもいた。国内の意思がまとまらないうちに、独立戦争がはじまってしまったのである。当然このような状態だから、アメリカ軍の戦況は芳しくなかった。寄せ集めの陸軍、海軍をもたない軍隊、そしてまとまらない国内。実際緒戦ではアメリカ軍は負けつづけていたといってもよかった。

そんな状況のなかで、1776年にアメリカ人の独立意識の高揚を目指して発表された檄文が、当時ジャーナリストであったペインの『コモン・センス』である。この本はたちまち大ベストセラーになり、全米中で読まれた。ペインの目論見は成功したのである。その後もペインは戦況が不利な条件のなかで、いくつかの檄文を発表しつづける。それらはアメリカ軍の反転攻勢の力となり、後に『コモン・センス』は歴史を変えた本の一つと言われるようになった。といってもこのような本だから、内容的に優れた思想や理論が提起されているわけではない。それは独立に不安を抱く人たちにその心配は不要だと説得しようとした本であり、ペインのアジテーションであった。たとえば同じ年に発表された「アメリカの危機」の冒頭はこんな感じだ。

「今こそ人類の魂にとって試練の時である。夏場だけの兵士や日の照るときだけの愛国者は、この危機に臨んで祖国への奉仕にしり込みするだろう。しかし今このときに踏みこたえるものは、男女を問わずすべての者から愛や感謝を受けるに値するのだ。……戦いが苦しければ苦しいほど、勝利はますます輝かしい……」(『コモン・センス』収録)

「コモン・センス」とはそのまま訳せば「常識」ということであるが、ペインは自分の主張こそがいまのアメリカ人の「常識」なのだと訴えたかったのだろう。このような本にもかかわらず取り上げたのは、この本からはアメリカの建国の精神とでもいうべきものが、垣間見られるからである。

『コモン・センス』は最初に、王制というものがいかに不平等なものであり、神の考えに反しているのかを説明することから書きはじめる。「人類は、本来天地創造の秩序においては平等であった」。ところが「フランスの一庶子が武装した盗賊どもを率いて上陸し、原住民の同意もえないで勝手にイギリス国王になった」。こうして世襲制に基づく不平等な社会をつくりあげた。確かにイギリス王室は、上陸したフランス人によってつくられたものである。

ペインの主張は共和制こそが自由や平等を保障し、たとえどのような政府であれ、権力の乱用があるときは人民は抵抗する権利があるというものである。この抵抗権の部分はジョン・ロックの政治思想からもってきたものであろうが、といってもこの本は政治理論について掘り下げたものではなく、王制に郷愁をいだく人々に対して、王制が真理に反していることを説いたにすぎない。

つづいてペインはこの本のなかで、独立の意義を説いていく。その説明の仕方は独立がアメリカの利益になるということだった。独立して全ヨーロッパと貿易をすればアメリカの利益になる。その条件としてアメリカを自由港にすればよい。アメリカに自由港があるということになれば、全ヨーロッパ諸国にとって利益になる。そうすればアメリカの利益がふえるということである。「私は明確に、きっぱりと、また心の底から次のように信じている。すなわち分離独立することが大陸（アメリカ）の真の利益である」

当時のアメリカは海軍をもっていなかった。だからペインは主張した。さあ、海軍を建設しよう、と。その根拠がおもしろい。

「我々は艦隊の建造を商品製造のように考えるべきだ。……其れは最上の投資だ。海軍はでき上がったら、かけた費用以上の値打ちがある。それは貿易と防衛との一致という国策上の利点を持っている。さあ艦隊を建造しよう。もし不要なら売ることもできる。其れによって紙幣を金や銀の正貨に換えることもできるのだ」

海軍をつくることは利益を生むということである。さらに不要になったときには艦隊を売ればまた利益を生む。ここで主張されているのも、それがアメリカの利益を生みだすということである。

独立の大義としてのアメリカの利益

ペインはこんなふうに、独立を躊躇する人たちを説得していったのである。王制に愛着をもつ人たちに対しては共和制こそが自由と平等を保障するというかたちで。イギリスの植民地でなくなってしまったら経済的打撃を受けるのではないかと心配する人たちに対しては、独立は利益を生むというかたちで。さらにアメリカは未成熟で独立は早すぎるという意見に対しては、成熟した社会では人は失うものが多く、臆病になる。「勇敢な事業は常に国民の未成年期に達成された」と反論した。イギリスは人口がふえ、商業も発達し、それゆえに自己防衛的になって危険を冒したくない人をふやしている。それに対してアメリカは未成熟だからこそこの戦争に勝てるのだ、という論法である。

『コモン・センス』の内容はこれで終わりである。だからこの本は、独立戦争のさなかに書かれ、大ベストセラーになってアメリカ人の意識を鼓舞する役割を果たしたという事実がなかったならば、顧みられることのないもので終わっていただろう。はっきり言って、つまらない本である。

だが、にもかかわらず取り上げたのは、はじめに述べたように、この本はアメリカの建国の精神を垣間見させてくれるからである。旗印はふたつである。自由、平等、そしてそれを実現する共和制。もう一つは独立が利益を生むという視点である。

実際には１７７５年の偶発的出来事からはじまった独立戦争は、はじめはイギリス軍の優勢下ですすんだ。76年にアメリカは独立宣言を発するが、戦況が変化するのはこの年の年末近くである。その後フランスとスペインがアメリカを支援し、ロシアも間接的にかかわることによって、１７８３年にパリ条約が結ばれアメリカ東部13州の独立が認められることになる。87年に憲法制定議会が開かれ、89年にジョージ・ワシントンが初代大統領についた。アメリカ軍の力だけで独立が勝ち取られたわけではなく、当時のヨーロッパ状況がイギリスに植民地の維持を断念させたのである。

ペインの文章を読むかぎり、アメリカの独立にはさほどの大義がない。王制が不平等であり、自由と平等は共和制によってもたらされるというのなら、イギリス内部にとどまって王制打倒の活動をつづけてもよいはずだ。つまりこの部分は歴史の大義ではあっても、独立の大義ではないのである。ということなら、独立の大義は、独立がアメリカの利益を増大させるという部分だけである。

率直に言って、こんな低レベルな独立の大義はみたことがない。どんな独立闘争でも、もっと崇高な理念が書き込まれているものである。だがこの本は実際にベストセラーになり、アメリカ人の意識を鼓舞する役割を果たした。まさに歴史を変える一冊になったのである。とすると「アメリカの利益」こそがアメリカの大義であったということなのであろうか。

アメリカの没落から混沌の時代へ

哲学という分野では、鶴見俊輔のようにアメリカ哲学を学んだ優れた人はいるというものの、アメリカは見る影もない国でありつづけた。せいぜいプラグマティズムがあるだけで、この思想もいわば有効性の理論である。デューイの『プラグマティズム』を読むかぎりでは、有効性のないものに意味はないということだ。この本を読んだときには、有効性のないものにこそ深遠な真理があるという東洋的な発想とあまりにも違うことに、驚いたものだった。

ペインもまたプラグマティックな考え方を提示している。どちらがアメリカの利益になるのかというかたちで。そしてこの考え方が建国の精神の一端であるとするなら、アメリカは利益をむさぼる「共同体」だということになる。それこそがアメリカ人を団結させる。

そしてここにアメリカ的ナショナリズムが生まれる。だから一面ではそれは「開放的」なのである。ドイツ人の優秀さとか日本文化の深さとかいうようなものに支えられた閉じこもったナショナリズムではなく、利益というナショナリズムであるからこそ、利益をもたらさないということになれば方向は簡単に変えられていく。アフガニスタンでの戦争でもイラク侵攻でも、それがアメリカに利益をもたらさないということになれば、簡単に撤退することができるのである。その意味で偏屈な閉じられたナショナリズムではなく、利益とともにいくらでも変化することのできる「開放的」なナショナリズムが、この国を覆っているということになる。

だから国内問題でも、「利益」に人間たちは敏感だ。たとえば国民皆健康保険制度をつくろうとしても、それが自分の利益にはならないという人たちは反対してくる。ここでも社会保険制度はどうあるべきかというような大義ではなく、利益という大義が大手を振ってくるのである。

戦後の日米同盟がつづいたのもそういうことだろう。日米同盟はアメリカの利益になったからこそつづいてきたのである。それ以上の思想や理念があったわけではない。だから日米同盟がアメリカに利益をもたらさないということになれば、アメリカはこの舞台から簡単に降りてしまうだろう。

ゆえにアメリカは、純粋な資本主義国家だということもできる。ひたすら利益を基準にして価値判断する。資本主義の原理とはそういうものだ。それを社会化し、国家の大義にまでなったのがアメリカだとするなら、これほど純粋な資本主義国家はない。

だがそのアメリカは現在、明らかに力を低下させはじめた。とするとここから何が生まれてくるのだろうか。おそらくそれはふたつの動きだろう。一つは別の国も参戦するかたちで自国の利益を追う動きだ。それぞれの国が自国の利益を追い、その手段として自由とか民主主義、平和、失われた地位の回復などを標榜する。実際ヨーロッパ諸国がいまおこなっていることも、中国やロシアなどが主張しているのもそういうことである。日本もまた何らかの旗印を掲げて、この混乱に参入していこうとする勢力が台頭するだろう。全体を牛耳る国がなくなる以上、国益をめぐる混乱の時代が発生する。

とともに、「利益」という考え方が対立と力の時代をつくりだしたのだという反省も広がっていくことになるだろう。この見解をとる人々は、利益に基づかないつながりや共同性を追い求めていく。事実として今日のヨーロッパのローカリズム勢力の台頭や世界各国で展開しはじめたソーシャル・ビジネスの広がり、非営利事業の拡大などはこの方向性と結びついている。資本主義的な「利益」主義なのか、それを克服するのかをめぐる混沌が、この意味でも広がっていくことになるだろう。おそらくアメリカの没落は、こういう混沌の時代を展開させざるをえないのである。

『コモン・センス　他三篇』収録、小松春雄訳、岩波文庫、2005年による。全訳版がPHP研究所から出ている

27

資本主義の原理を理解する基本テキスト

『恐慌論』

宇野弘蔵 著

2018年を迎えて、これからの経済はどうなるのか。そう問われたら「わからない」と答えるほかない。なぜなら、いままでの歴史が経験してこなかったことが多すぎるからである。中国やインド、さらには多くの途上国が生産力をつけ、経済は先進国が支配するものではなくなりつつある。これもはじめての経験である。

さらに日米欧の中央銀行が超金融緩和をつづけてきた結果、大量のお金が市中にまかれ、いまでは8000兆円から9000兆円のお金が出回っている。そのお金が株や土地、さまざまな債権、為替、石油や金などの商品、仮想通貨などに流れているのだが、このような状況も経験したことがない。

仮想通貨の登場も新しい出来事である。今年に入ってコインチェック社からNEM（ネム）という仮想通貨が抜き取られるという事件が発生したが、ビットコインならともかく、この誰も知らないような仮想通貨の売られていた金額が、コインチェック1社で580億円もあったということは驚きである。いまではビットコインだけではなく、数多くの仮想通貨が発行されているのだけれど、ほとんどの人にとっては仮想通貨の仕組み自体が理解できないものだろう。それなのに、あまりにも大量の仮想通貨が投機の対象として世界を駆け巡っている。これもまた経験のない出来事だ。

株の取引も変化している。今日ではコンピュータが高速で売り買いの注文をだし、わずかの間に利ざやを稼ぐというやり方が主流になっているが、9割がこのコンピュータ取引で、しかも1秒間に10億回の取引ができたりする。こういうマネーゲームも経験のないことである。

しかも日本をみれば、日本銀行が400兆円を超える国債を買っている。これまでの理論でいけば、いずれ日銀はこの国債を市場で売却し、決算処理をしなければならないのだが、これだけの国債が日銀に集まってしまうと、日銀が売却に動いたという情報が伝わった瞬間に国債が暴落し、金利の急騰と円の信用の崩壊＝悪性のインフレ、円の暴落を招きかねない。さらに日銀は株価の上昇を狙ってこの間株を買いすすめてきた。その結果いまでは上場企業の100社以上の筆頭株主が日銀になり、ユニクロを展開するファーストリテイリングにいたっては、日銀が2割近い株の所有者になった。これでは世界に例のない国家資本主義が生まれたことになり、しかも年金資金なども日本は株につぎ込んでいるから、もしも日銀が株の売却に動くと（本当はどこかで株も売却決算をしなければならないはずなのだが）、株の暴落を招くだけではなく、年金資金の減少などが国家財政を破綻させる可能性も秘めている。このような事態も経験がない。

すなわち、経済自体が異次元の展開をみせているのだから、この経済が持続可能なのか、破綻するとしたらどのように破綻していくのかが誰にもわからないのである。そして、にもかかわらず世界はさまざまな不安要因をかかえている。日本の不安要因は日銀による金融緩和策自体にあるといってもよいが、アメリカも不安定な土台の上で経済が展開しているから、いつ破綻がはじまっても不思議ではない。それは中国にもいえるし、さらに中国では格差問題や民族問題などをふくめた政治的な不安定化が社会の破綻を招き、それをきっかけにして無理をして成長してきた経済の破綻がはじまる可能性もある。このようなことをあげていったらきりがないほどに、今日の経済は経験のない不安定要因を内蔵しながら展開しているといってもよい。

現実の資本主義に働く原理をとらえる

そういう時代においては、現象に惑わされず、資本主義とは何かを原理的に押さえておく方が、私たちには重要である。なぜなら今日の状況は、資本主義が招いた末期的症状にほかならないからである。そんな気持ちをもって、宇野弘蔵の『恐慌論』を取り上げてみようと思う。

資本主義とはどのような原理によって展開する経済システムなのか。この問いに答えようとすると、マルクスの『資本論』は、いまでもなお、もっとも有効な書籍であるように思える。とともに『資本論』を読むときのサブテキストとしては、『資本論』学者といってもよい宇野弘蔵のさまざまな文献が役にたつ。なぜなら宇野ほど正確に『資本論』を読み解いた人を私は知らないからである。

宇野ははじめにイデオロギーを排除し、『資本論』を資本主義を分析する純粋な科学として読もうとした。『資本論』は資本主義の原理を科学的に解き明かしたものであり、それは「純粋な資本主義」の原理として展開されていると位置づけた。宇野はそれを「原理論」として定めている。ところが現実の資本主義は、必ずしもこの「原理論」どおり動いているわけではない。なぜなら経済原理からみれば外的要素が介入するからである。たとえば前記した日銀の介入なども外的要素だし、ときには労働組合や市民活動、国際関係、戦争などが経済活動に影響を与えることもある。現実の資本主義は原理どおりに展開しているわけではない。

だが、現実の資本主義の土台では資本主義の原理が働いている。だから資本主義の原理をふまえて、現実の資本主義をとらえていくことが大事になる。それが宇野の視点である。

とすると、資本主義はどういう原理で展開しているのだろうか。その出発点は次のようなことにあった。伝統的な経済では、経済の出発点は生産や流通にあった。つまり労働にあったということである。労働によって何かがつくられたり流通したりする。そこから経済ははじまっていた。ところが資本主義はそういう仕組みではなかった。出発点にあるのはお金＝貨幣なのである。その貨幣を何らかのものに投資し増殖した貨幣を受け取る。それが資本主義の論理である。

だから投資は何に対しておこなってもよい。株でも土地でも何でもいいのである。ところが利益の大きいものに投資するとリスクも大きくなる。投資者としてはできるだけリスクが低く、利益率の高いものがよい。そのとき生産や流通に投資することが一つの選択肢としてでてくる。仮に貨幣で企業をつくり、その企業が毎年安定的に利益をだしたとすると、それはものすごく高い利益率にはならないが、長期にわたって安定的に銀行利子などよりは高い利益をだせる可能性がある。

もちろん実際に仕事をしている人たちは、その仕事自体に価値を感じながら、経営や労働をしているのかもしれない。だがそれは資本主義の論理とは関係ない。論理はあくまで貨幣の増殖システムなのである。だから貨幣増殖がうまくいかず利益をだせなくなれば、その企業は市場から退場させられる。つまりそれは、投資に失敗したということにすぎない。

とすると、なぜ生産や流通活動が投資になりうるのだろうか。投資とは、貨幣をある商品に代える行為である。株という商品に代える。土地や債権という商品に代える。そしてその商品を売却するか、商品から支払われる配当を得るかしたとき手にする利益が大きければ、その投資は成功したということになる。つまり企業活動においてもそれと同じことが実現されていれば、企業活動も投資の一手段になりうるのである。

過剰生産恐慌のメカニズム

それを可能にしたのが労働力の商品化だった。たとえばある工場の生産過程を想定してみよう。

そこには三つの商品が用意されている。一つは機械や道具、生産設備という商品。この商品は年々劣化していくから、減価償却分がその年の商品の消費分の価値である。第二は生産に必要な原材料という商品、そして第三が労働力という商品である。この三つの商品を組み合わせて新しい商品をつくり、その結果消費した商品の価値より新しく生産された商品の価値の方が上回っていれば、その差額が利益としてでてくる。つまり生産過程を、商品の消費と生産の過程としてシステム化することができれば、生産過程もまた投資の対象になるのである。そのためには人間の労働を労働力という商品として使用するシステムがつくられなければならなかった。労働力商品の成立こそが、資本主義的生産を可能にしたのである。

ところで、利益率を最大化するために重要になるのは、労働力商品の価格＝賃金の引き下げである。この方法としては、実際に賃金を引き下げる方法と、労働密度を上げて相対的に賃金を引き下げる方法とがある。ところが賃金自体は労働力商品の需要と供給によって上下してしまう。供給の方が多い、つまり労働力商品が余っているときは賃金は低下傾向を示し、逆になれば賃金は高くなる。この変動が経済変動とともに起こるのである。不況期には生産が停滞して労働力商品が過剰になり、好況期には生産の拡大による労働力の逼迫が賃金を高めていく。

このようなメカニズムによって、好況期には生産過剰と賃金の高騰が同時に起こる。そして生産物が思うように売れなくなったとき、企業の利益率は低下し、この利益率が銀行利子よりも下回ったとき、企業に投資する意味がなくなる。銀行などの金融機関にとってもそれは同じで、企業の利益率がある水準以下に低下すれば、金融機関は企業からの投資引き上げをはじめる。このようなことが起こると過剰になった生産設備とそこにいる労働力を劇的に縮小させる動きがはじまり、それは経済恐慌となって現れる。この恐慌によって企業は淘汰され、しばらくつづく不況期を経て、全体的な生産力が適正水準になると経済活動は安定を取り戻し、次第に好況期に向かっていく。資本主義ではそういう景気循環が発生する。簡単に述べてしまえば、『恐慌論』はそういう内容になっている。

いわばこのようなメカニズムを底におきながら、経済原理の純粋な要因とはいえないさまざまな動きが加わることによって、資本主義は展開している。そして今日では「純粋とはいえない要因」があまりにも拡大してしまっているのである。ゆえに、現実には、生産過剰とかバブルといった問題は、それが崩れはじめることによって、いままでは生産過剰だったとかバブルだったということになる、という性格をもつようになった。たとえばバブルについては明確な定義はなく、バブル崩壊が起きることによってそれまでがバブルだったと認識されるのである。現実は純粋な原理どおりには展開しない。

だがそのことを理解するためにも、資本主義の原理とは何かを頭に入れておくことは重要だろう。本書はそのための格好のテキストである。

岩波文庫、2010年による

III

科学論・技術論・労働論

28

戦後技術者運動とその理論

『技術論』

武谷三男 著

戦後の日本に技術者運動と呼ばれた一つの運動があった。この運動をリードし、理論的な根拠を提供していたのは武谷三男（１９１１〜２０００）であり、武谷と行動をともにしていた星野芳郎であった。武谷は物理学者であるとともに、戦後の平和運動などでも活躍した人物である。学生であった戦中に、治安維持法違反で逮捕された経験をもっている。星野は技術評論家として戦後社会ではよく知られていた。

『技術論』は不思議な経緯で生まれた論文である。逮捕され、取り調べを受けていたときに話したもので、それが「特高調書」として残され、戦後に公表された。一部は戦後に書き加えられてはいるが、「技術とは〇〇であります」というような話が、そのまま調書として書き残されていた。

自然法則の適用が技術の本質

武谷の技術論は、できあがった「かたち」に技術の本質があるのではなく、それをつくりだしていく行為――それを武谷は「実践」と呼んだ――に技術の本質があるとしたことに特徴があった。技術の本質は実践概念であるというのが彼の立場である。とするとそれはどのような実践なのか。『技術論』では次のように書かれている。

「技術とは人間実践（生産的実践）に於ける客観的法則性の意識的適用である」

「客観的法則性」は「自然の法則性」、あるいは「自然法則」と読みなおしてもいい。自然科学がみつけだした自然の法則のことである。たとえば磁石のプラスとプラスは反発し合い、プラスとマイナスは引きつけ合うという「自然法則」がある。この法則を応用＝「適用」してつくりだされたのがモーターである。つまり武谷はモーター自身に技術の本質があるのではなく、モーターを生みだしていく行為に、すなわち自然の法則性を適用して新しいものを生みだしていくという行為＝実践の方に、技術の本質があると規定した。

日本で独自の発展をした技術論

技術論は日本で生まれた独特の分野であるといってもよかった。欧米でも技術史に関する研究は多数ある。それは技術の歴史に関する研究であるとともに、つくりだされた技術が社会にどのような影響を与えたのかという研究でもあった。技術は人間たちの生活や社会も変えるし、労働のあり方も変化させる。技術史は技術社会学という一面をもちながら展開してきた。

それに対して日本に生まれた技術論は「技術とは何か」ということ自身を問うたのである。そのはじまりは戦前の若い社会主義者たちがつくっていた雑誌、『唯物論研究』での議論にあった。ここでは資本主義の技術とは何かがテーマであり、つまり技術の発展が社会の発展と結びつかず、とりわけ労働においては疎外を深めさせてしまう技術をどうとらえていったらよいのか、という問題意識があった。さらに戦前の日本では次のようなこともあった。

明治以降の日本は、近代技術という点では遅れた社会として出発する。ゆえに欧米の技術を輸入し、近代化をはかっていくことになるのだが、欧米との差を埋めることは容易ではなかった。ところがとりわけ日露戦争以降になると、国家意識としては、日本は列強の一員であるという大国主義が台頭してくる。この状況のなかから「日本的技術」という言葉が盛んに使われるようになってきた。日本人の手先の器用さ、カンやコツといったものが「優れた日本人論」とも重なりながら、これらをもってすれば欧米の技術を凌駕しうるという屈折した日本技術論が一部から提起されることになったのである。

この考え方は昭和に入ると軍部の思想とも結びつきながら、ついにはアメリカとの戦争に勝てる根拠にまでされてしまう。日米戦争が開始されたとき、当時一番大事な基礎的生産力の指標であった鉄の生産力は、おおよそ10対1であったが、この差は「日本的技術」の力で埋められると軍部は宣伝するところとなった。確かに一面では零戦のような当時世界最強の艦上戦闘機を日本はつくりだしていたし、その零戦のプロペラはブナの木を職人が微妙な曲線で削りだしてつくられたものであった。

このようなこともあって、「技術とは何か」が日本では一つのテーマになっていたのである。戦後になると、技術論に日本社会の再建という視点が加わるようになる。まず第一に批判されたのは、前記した「日本的技術」であった。手先の器用さとかカン、コツといったものを礼賛し、非近代的なものを持ち上げながら戦争に突入した結果が悲惨な結末を招いたという意識が、戦後の一つの考え方であった。それは科学に基づかないものを程度の低いものとみなしていく風潮を拡大し、戦後的な科学の時代を展開させていくのである。

ゆえにこの時代に武谷技術論は、進歩的な思想として広く受け入れられていくことになった。たとえば武谷は「技」として展開していく技能と技術の関係を次のように述べている。

「技術の立場と云うものは常に、主観的個人的な技能を、客観的な技術に解消していくことであります。然し、解消される事によって技能が消失するものであるかと云うとけっして然らず、新たな技術には新たな技能が要求され、之が再度技術に解消されながら、発展して行くという弁証法的関係をとるものであります」

主観的な技能を客観的、科学的な技術に置き換えていく、そこに歴史の発展があるというのが彼の立場である。

技術は中立的か

だが技術の発展は自然や人間を幸せにするとはかぎらない。もちろん当時の理論に「自然の幸せ」などという視点はないのだから、このことには触れないでおくことにするが、技術自体に問題があるのではなく、技術の使い方に問題があるのだというのが武谷の視点でもある。技術は中立的なもの、つまりどちらかに与するものではなく、科学の適用としてつくられてくるものであり、だがその使い方を間違うと社会や労働を破壊する技術になる、ということである。

そしてだからこそ武谷にとっては、「技術者運動」が重要だった。技術者と労働者が結び合い、技術の資本主義的悪用を阻止しながら、民衆のためになる技術をつくりだしていく、そこに未来に向かう歴史を描いたのである。社会主義思想がまだ生命力をもち、労働者こそが資本主義を倒し新しい社会をつくっていくということが普通に語られていた時代である。

武谷は原水爆禁止運動でも活躍していた。ところが原子力発電の問題では、かなり揺れ動いていた。彼は物理学者でもあり、原発が安全であるなどとは考えていなかった。それは危うさをもった技術であり、事故が起きたときにはとんでもないことが起きかねないことも、彼は知っていた。だから原発に反対するような意見を表明したこともある。しかし「原子力の平和利用――当時は盛んにこういう言い方がされた――」は推進すべきなのではないかと考えていたときもあった。原発に関するかぎり彼の立場は微妙だったのである。

なぜそうだったのかといえば、武谷は技術は「中立的」なものだと考えていたからである。問題は技術の使い方だと。とすると次のようになる。原発もまた科学に裏づけられた技術であり、そこにも歴史の発展があるという視点が生まれる。しかしそれが資本主義のもとで使われたときには、安全性を高めるための技術開発がなおざりにされて、危険性の高い原発がつくられてしまう可能性がある。だが原発は殺人兵器としてつくられた原爆の技術を「平和利用」へと変えていく過程のなかにあり、それもまた一つの歴史の進歩なのではないのか。いわばこのような狭間で武谷は揺れ動いた。科学に裏づけられた社会をつくっていくことが進歩であり、技術は科学を適用した「中立的」なものとしてあるという視点があるかぎり、原発の危険性を知っていてもなおこの問題は彼にとって複雑だった。

科学技術そのものを問う視点

ここで武谷技術論を取り上げたのは、私たちの戦後史を問いなおさないと原発の問題も決着がつかないという思いが私にはあるからである。原発だけを否定するだけで私たちは終わってよいのだろうか。科学や技術の発展に未来をみつづけた戦後史をとらえなおす必要はないのだろうか。そしてはたして技術は「中立的」なのだろうか。

私は原発は、現代という時代がなければ生みだされなかった技術だと思っている。巨大なシステムによって社会を管理していく時代、効率を追求していく時代、経済がすべてに優先される時代、そして国家がエネルギー政策の前面に出てくる時代、そういう時代の反映が原発なのではなかったか。そういう時代的な背景から離れた技術など、はたして存在しうるのだろうか。

そしてもしそうだとするなら、技術は「中立的」なものではないはずである。技術だけが社会から自由なものであるなどということはありえない。さらに述べれば、科学が真理を追究していく学問だという幻想自体のなかに、問題は内包されていなかっただろうか。そんなことを考えながら、久しぶりに武谷技術論を読み返してみることにした。

『弁証法の諸問題』収録、理学社、1946年による。『弁証法の諸問題』は1966年に勁草書房より復刊、2010年に新装版が出ている

29

物づくりから時間労働へ

『科学的管理法』

F・W・テーラー 著

今回は20世紀の社会をつくりだした基本的文献の一冊を取り上げてみようと思う。テーラーの『科学的管理法』である。テーラーはアメリカの機械工業の工場長のような立場にある人だった。一般的には単純労働の組み合わせによって物を生産する仕組みをつくりあげた人として知られている。

労働管理ができないという経営者の悩み

いうまでもなく資本主義的な生産様式は、1700年代後半の産業革命を経てイギリスで誕生した。その後19世紀に入ると大陸ヨーロッパに広がり、次第に世界の経済を席巻していくことになる。だが19世紀までの工場と20世紀以降の工場とでは、その内容は同じではなかった。19世紀までの工場では生産の多くは職人労働によって担われていたのである。労働者たちの技が物をつくっていたといってもよい。

経営者は工場をつくり、労働者を集める。そして物づくりを命じる。そこまでは経営者はすることができる。ところが物づくりの労働自体は職人的な技によって実現されていくから、経営者は同じ職人技をもっていないかぎり、労働の内容に介入することができない。それは私たちが大工に家を建ててもらうときと同じである。どんな間取りで予算いくらの家を建ててほしいと要請することは私たちにもできる。だが私たちは大工の技はもっていないから、たとえば鉋のかけ方が非効率だとか、その柱は一本余分だとかいって、労働自体に介入することはできないだろう。

19世紀までの工場では、この関係が経営者と労働者の間にあったのである。だから経営者はたえず疑っていた。労働者は忙しそうにしながら、実際には適当に不要な作業を入れて息抜きをしながら仕事をしているのではないかと。ここには労働者管理はできても、労働管理ができないという経営者にとっての悩みがあった。どうしたら労働者を目一杯働かせることができるのか、という悩みである。

そして実際労働者は適当に手抜きをしながら働いていたのである。当時の長時間労働と低賃金のもとでは、身体を壊さない働き方をするのは、労働者の自衛策でもあった。また、職人的な仕事をしている現場では、必ず親方といわれる熟練労働者がいて、その親方に仕事を教わりながらベテランになっていく構造が生みだす、親方 - 半熟練 - 徒弟的な結びつきが強固なものとして形成される。ここに生まれた労働集団の結束力は強く、この結束力を使って皆で適当に手抜きをしながら、自分たちを防衛していた。

このような構造があったから、経営者たちはこの構造にくさびを打ち込みたかった。そのときとられた一つの方法は「出来高賃金」の導入で、これなら働いた分だけ収入があるから、労働者は目一杯働くのではないかと予想した。確かに当時の報告を読むと、「出来高賃金」を導入すると当初は生産性が高まっている。ところがしばらくすると労働者たちはこの働き方では怪我の確率も高まるし、身体を壊すことに気がつく。そうなると労働集団の取り決めをして、労働者たちは元の生産性に戻してしまうのである。ところが一度収入がふえているから、労働者の経営者に対する不満はかえって高まり、その後の労働者管理がやりにくくなる。つまり「出来高賃金」の導入は失敗だったのである。

このような問題を抱えながら展開したのが19世紀までの資本主義であった。そしてこの問題の解決に向かって挑戦したのが、この本の著者、テーラーであった。

時間効率が「神」になる時代へ

テーラーは20年以上をかけて、職人労働は複数の単純労働の結合によって成り立っていることを突き止めた。何気なくやっている手作業は、いくつかの単純労働の何気ない結合として成立しているということである。それがわかれば、次に、職人労働をいくつもの単純労働に分解し、それを横につないでいくことによって、単純労働でも複雑な物が生産できることを発見した。工場から職人労働を排除してしまえば、労働集団の結束も解体できるし、労働管理もできると考えたのである。こうして生まれたのが、単純労働を基盤にした工場であった。一人一人の労働者は一日中同じ単純な作業をしている。もはや熟練工を雇う必要もないし、誰でも雇える工場が出現したのである。こうして生まれたのが、テーラーシステムである。

実は同時期に同じことに挑戦していた経営者がいた。自動車会社の経営者、フォードである。彼もまた同じような工場をつくったのだが、単純労働を横につなぐところにベルトコンベアを導入した点で、テーラーよりも勝っていた。ベルトコンベアのスピードを管理するだけで、労働者が最高速度で作業をせざるをえない工場をつくりあげたのである。この方法はフォードシステムと呼ばれ、同じ発想で生まれていることから、テーラー・フォード・システムと呼ばれたりする。

さてテーラーシステムの概要は以上のとおりなのだが、テーラーの最終的な目的は、単純労働によって動く工場をつくることだけではなかった。彼の核心的な改革は、労働を物づくりから時間労働に転換させることにあった。それまでの工場では、労働者たちは物づくりをしていた。職人技を用いて、である。ところが単純労働の工場では、何時間働いたか、時間あたりの労働効率はどうであったかでしかない。つまり、物づくりを管理するのではなく、時間労働を管理する体制がこのときつくられたのである。

労働者には何をつくったかではなく、何時間働いたかで賃金が支払われる。そしてそこでおこなわれる労働は、時間効率が最大になるように管理される。ここから時間と時間効率が「神」になる時代が生まれた。優れた物をつくって勝負する時代から、時間効率で勝負する時代への転換が、こうしてはじまった。それが20世紀初頭のアメリカで起きた出来事であり、その後の世界を支配していく「理念」であった。『科学的管理法』を読むと、テーラーがいかに時間効率の社会を目指していたのかがよくわかる。

単純労働ではなく時間管理こそが本質

ところで20世紀終盤に登場したフランスのレギュラシオン派の経済学などは、「アフター・フォーディズム」という言葉を用いながら、テーラー、フォードの時代はすでに終了しているという論陣を張った。確かに単純労働だけをくり返しているとかえって作業ミスが出る、ということや、労働者の労働意欲が低下して職場の定着率が悪くなるというようなこともあって、1970年以降になると、ベルトコンベアを廃止したり、テーブルの周りに輪になって立ち、グループごとにいくつかの工程を受け持ついわゆる円卓生産方式を取り入れる工場などがふえていった。もちろん、といっても、単純労働をいくつかするということに変わっただけなのだが、テーラー、フォードがつくった工場のかたちが変化しはじめたことは確かだった。ゆえにテーラー、フォードの時代は終わったというようなことをいう人たちも現れてきたのだけれど、この認識は根本的に間違っていた。

20世紀の資本主義が目指した改革は、単純労働化が目的ではないのである。目的は時間管理の方にあった。そしてそれを実現するために、職人技に依存しない、時間管理可能な労働のかたちを編み出したのであり、それが単純労働だった。だからこの時間管理の「理念」は、工場だけではなく、あらゆる職場に導入されていくことになった。

しかもこの変化は、職場だけでは終わらなかった。20世紀に入ると教育の内容も変わってくる。それまでは何かをマスターすることが教育で、だからマスターするまでの時間は問われなかった。ところが20世紀に入ると、時間内にマスターすることが求められるようになる。教育の世界でも時間効率の悪い子どもは、できない子どもにされた。そしてさらには、人生までが時間管理としてとらえられるようになっていく。時間管理をうまくして受験を乗り切るというだけでなく、たとえば老後の不安をみても、それは老後の時間がうまく管理できなくなって破綻していくことへの不安である。財政的に満足な時間管理ができなくなるかもしれない。身体が弱って十分な時間管理ができなくなるかもしれない。することがなくなって時間管理ができなくなるかもしれない。時間が管理できないということが時間の破綻として意識され、それが人生の破綻として不安の対象になっていく。このように考えていくなら、テーラーシステムはこの世界のすべてを変えた。

ずいぶん昔のことだけれど、テレビをみていたら中米の先住民を日本の若い女性が訪ねている場面があった。先住民のおじいさんに女性レポーターが「おじいさん、いま何歳ですか」と尋ねた。おじいさんは「もう十分に生きた歳だ」と答えた。「だから何歳ですか」とまた尋ねる。おじいさんは「だからもう十分に生きた歳だ」と答える。女性レポーターは困っていた。

おそらくおじいさんには、生きているうちにやるべきことはすべてやり終えたという思いがあるのだろう。だからもう十分に生きたという歳になったのだろう。何歳かではなく、もう十分に生きた歳に。

こういう時間の世界もありうるのである。仕事も同様に満足できる仕事ができたとか、もう少し腕を磨かなければいけないとか、依頼主が喜んでくれるとか。「十分に生きた」という歳もふくめて、それらはすべて内容を語る表現である。そういう世界で生きていた人間たちが、産業革命と資本主義の発生によって、命令に従う労働につくようになった。だがそれでも19世紀までの工場では、物づくり自体の過程は職人技とともにあった。そういう過渡期を経て、20世紀になると、労働は時間の支配下におかれるようになった。そして今日の私たちは「時間」や「お金」という「神」に支配されている。そのどちらもが、経済活動の変化から生まれた「神」に。

上野陽一訳・編、産業能率短期大学出版部、1981年による

30

技術革新と労働疎外

『人間と労働の未来』

中岡哲郎 著

ジョルジュ・ルフランの書いた名著に『労働と労働者の歴史』（1975年第2版、邦訳1981年、小野崎晶裕訳、芸立出版）がある。先史時代から現代までの労働史を研究した大著である。この本に流れているのは「労働は人間的行為になりえるのか」というテーマで、ルフランは一貫して「労働の解放」を求めつづけている。

「労働の解放」か「労働からの解放」か

少しだけ「労働の解放」について解説を加えておこう。18世紀後半にイギリスで、19世紀に入るとフランスなどでも産業革命が起こってきたとき、当時の労働者たちは資本主義の現実の前で戸惑った。一番大きな問題は、労働の誇りが失われてしまったことだった。それまでの物づくりは職人の手に依っている。そして職人たちは自分の技に誇りをもち、自分の仕事の世界を築きながら暮らしていた。ところが資本主義的な工場が生まれはじめると、そこで展開していたのは、命令に従うだけの労働だったのである。労働者たちはそこに自分が築き上げたものではない「他人のための労働」があることを感じた。そこから「労働を再び我らの手に」という声が生まれ、それが初期の社会主義的運動のエネルギーになっていった。

ここで課題にすえられたのが「労働の解放」だったのである。若い頃のマルクスも『経済学・哲学草稿』などのなかで、資本主義の労働を疎外された労働と位置づけ、疎外からの解放を未来の課題にすえている。ところがもう一つ別の現実もあった。資本主義の成立によって確かに労働は誇りのもてないものに変わっていったが、その代わりに生産力は飛躍的に拡大していった。もちろん18世紀や19世紀の現実のなかでは、労働者が豊かになったわけではなかったが、この生産力の発展の成果を平等に分かち合うことができれば、かつてなかったような豊かな社会が出現するかもしれない、そんな期待を抱く人たちもまたいたのである。とすると課題は「労働の解放」なのか、それとも「分配の平等化」なのか。あるいは労働はつまらないものになっていっても、生産力の発展のためには我慢すべきことなのか、それともあくまで人間的な労働を追求すべきなのか。

マルクスもまたこの問題ではぐらついていた。だから『資本論』では「労働の解放」ではなく「労働からの解放」に重心を移している。そこには、労働者にとって「自由の王国」は生産力の発展とその社会主義的な活用の成果として可能になる労働時間の短縮によってもたらされる、と書かれている。

この問題をどう考えるかは、今日なお決着がついていない。「労働の解放」を主張する人々は、労働自体が人間的な営為にならなければ、人間の解放もないという立場をとり、「労働からの解放」を唱える人たちは、現実の問題としては労働の自由な営みはもはや不可能であり、労働時間の短縮と余暇の拡大を課題とするほかないのだという立場をとっている。

『労働と労働者の歴史』のなかで、ジョルジュ・ルフランが苦悩しているのもこの問題だった。労働が非人間的な営為になってしまう社会で、人間はみずからを解放することができるのか。ルフランの意志は明らかにノーである。ところが1960年代に起こった技術革新を前にして、ルフランは悩む。工場では機械化が進み、コンピュータによる生産管理もはじまった。人間はますます生産システムや機械に従属しながら労働をするようになっていった。こうして自分の労働、自分たちの労働を確立することがますます困難な状況が生まれていく。だがこのかたちを覆すことができるだろうか。ルフランは残念だがそれはできなくなったと考えている。そして、実に悲しそうに、なのだが、もはや労働時間の短縮や余暇の拡大によって、つまり非労働時間の拡大によって、そこに人間的に生きる場をつくるよりなくなった、と彼は考えるようになる。

確かに現代社会にはそういう面があることも確かである。たとえばイタリアには、従業員数が20人とか30人の自動車会社があって、そこでは職人たちが自分の技を駆使して車をつくっている。しかし、たとえばランボルギーニもそうだけれど、その車は1台数千万円、ときに1億円以上して、金持ちの道楽用の車以外のものではない。それに対して誰でももてるような車をつくろうとすれば、大量生産やその下での過酷な労働、けっして人間的とはいえない労働が展開してしまうのである。車だけではない。衣料品をみても、あるいは電気製品や加工食品などをみても、途上国や新興国での非人間的な労働がなければ今日の市場は成立せず、この社会自体が維持できない体制ができあがってしまっている。現在急速に普及しはじめたアップル社のスマートフォンにしても、その生産を請け負っているのは台湾メーカーであり、その生産工場は中国にあって、この工場では自殺者が絶えず、労働への不満も恒久化している。そしてこの生産のかたちがあるからこそ、スマートフォンは新しい情報端末として展開しうるのである。

技術革新とともにすすむ労働の退廃

中岡哲郎の『人間と労働の未来』は、ルフランの本の5年前に刊行されている。そしてここで扱われていたのもこの問題だった。戦後の日本では早くからサルトルらの実存主義の哲学が浸透していた。実存主義自体は戦前から日本にもたらされていたが、戦後になるとカミュやカフカといった実存系の文学と重なりながら（もっともカミュ自身は、自分は実存主義者ではないと言っていたが）、人間とは何かを実存の問題としてとらえる傾向が一定の基盤をつくりだしていたのである。だから戦後になってマルクス主義が新たな広がりをみせたとき、マルクスの哲学を人間の存在や実存の視点からとらえる方法が、日本の一つの傾向として生みだされた。この傾向の代表者は梅本克己だったけれど、ここで重要文献として扱われたのが、マルクスの『経済学・哲学草稿』である。資本主義の問題を「疎外された労働」という視点からとらえ、労働の疎外が人間性の喪失へと向かっていかざるをえない構造がマルクスのこの本では問題にされ、ゆえに労働の解放こそが人間の解放につながっていくのだという視点が、日本のマルクス主義の一つの傾向として形成された。

すなわち日本では、戦後の早い段階から、労働をどのような変革によって人間的な労働にしていくのかが、一定の広がりをもった議論にされていたのである。

中岡は産業技術論の専門家である。だから高度成長期の産業技術の変化をふまえて書かれたのがこの本だった。日本では１９５０年代に入ると、新しい産業技術を確立しようとする動きが開始される。鉄鋼業界が訪米チームをつくってアメリカの製鉄技術を調べに行ったりしたのもこの頃だったが、実際に新しい生産体制が動き出すのは１９６０年に近づいた頃からだった。だがその後の動きは速く、工場には次々と新しい技術が導入され、わずか10年未満の間に過去の生産のかたちは一掃されてしまった。それは一面では経済の拡大と所得の増加をもたらし、今日のような消費社会をつくりだしたが、代わって働きがいのない労働、生きがいを感じない労働、その意味で貧しい労働が広がっていったこともまた確かだった。職人的な誇りは消え、ただただ企業の利益のために働くばかりで、それが社会のためになっているのかも、自分の能力を向上させる役割を果たしているのかも怪しくなっていった。

『人間と労働の未来』のなかで中岡はこの現実をとらえ、高度成長期の技術革新とともに人間の労働の頽廃や質の貧しさが進行していったことを描いた。だがその評価は微妙だった。一面ではこの現実を批判しながら、他面ではそれを受け入れざるをえないわれわれの社会を描いていた。その後に出された中岡の本では、「受け入れざるをえない」という認識がいっそう強まっていくのだが、私自身はこの認識に抵抗していた。確かにそこにわれわれの社会の現実があり、経済的豊かさと労働の貧しさが一体のものとして展開してきたとしても、それを仕方のないものとして承認してしまったら、人間が自由で解放された世界を実現することは永遠にできなくなってしまう。だから哲学としては、労働が貧しいものになっていくことを承認することはできなかったのである。

もう一度労働のあり方を問う時代へ

そしていま、私たちは再びこの問題を議論しなければならないときを迎えているような気がする。今日では質的に貧しい労働を享受したからといって、経済的に豊かな生活を送れるとは限らなくなった。労働も貧しいし、生活も貧しい人たちが大量に発生してしまったのである。それが今日の格差社会の現実である。しかもそれは国内問題であるだけでなく、国際問題にもなっている。途上国や新興国の貧しい労働と貧しい生活が市場を支える時代、それが今日である。しかも「豊かな生活」を享受している人々にも、存在の空洞感が広がっている。経済的豊かさが幸せと結びつかないという思いを抱いている人たちが、いまではどれほど増加していることか。

さらに次のような問題も発生している。労働から人間性を奪い去り、ひたすら効率を求めつづけた社会の一つの帰結が、原子力発電であり、さらにはその事故だった。それは労働から人間性を喪失させた社会がもたらした結果でもあった。

今日では、それまでの仕事を辞めて農業につく人や、社会のためになる仕事を創造しようとする人たちがいっぱい生まれている。地域のコミュニティをつくるために、地域の人たちと一緒にコミュニティ・ビジネスをはじめる人もふえている。働きがいのある労働を求める意識が、一つの動きをつくりだしているのである。その背景にあるのは、それまでしていた自分の労働に意義を感じなくなったという個人的な動機もあるけれど、それだけでなく、働きがいのない労働によって利益だけを追求していく社会を変えたいという意識も潜んでいる。自分の労働の改革と社会改革が一体のものとしてとらえられはじめているのである。

とするとそのような視点から、もう一度労働のあり方をとらえなおしてもよいだろう。貧しい労働なくして経済的豊かさはないというような皮相的な現状認識に甘んじるのではなく、未来の社会のあり方を構想するために、労働と人間の関係を考察しなおしてもよい。

中公新書、1970年による

31

『洪水と治水の河川史』『自然保護を問いなおす』

地域の暮らしに寄り添って「技術と自然」を問う

大熊　孝　著
鬼頭秀一　著

「三人委員会」に共通する姿勢

この2冊は「古典」というにはまだ若すぎる本かもしれない。大熊の本が出たのはいまから30年ほど前、鬼頭の本は20年ほど前である。だがこの2冊の本が、環境理論や、環境関係の活動に与えた影響は大きかった。その点では現在の環境領域の思想と活動に一つの方向性を与えた「古典」としての役割を果たしている本だといってもよい。

ところでこの二人の著者、大熊孝、鬼頭秀一と私は25年くらい前から「三人委員会」をつくっている。一年に一度どこかで自由な討論会をもつということ以外には、ほとんど活動をしていない「委員会」なのだけれど、毎年全国から40～50人の人たちが集まって、全員が平等という立場で3日間討論をする。はじめにこの「三人委員会」をつくった経緯から書いていくことにしよう。

25年くらい前を振り返ってみると、私もふくめ大熊も鬼頭も、自分の分野ではかなり孤立していた。大熊は河川工学、鬼頭は環境倫理学が専門である。3人の分野は違うが、それぞれが仲間をもって活動をしていたという点ではけっして孤立してはいなかったけれど、「学問」の世界では孤立した存在だった。ところがこの3人にはもう一つの共通点があった。それは3人が関係論的な視点からそれぞれの思想をつくりだしていたことである。それゆえに少し協力し合おうか、ということになった。

川と人間の関係から河川工学をとらえなおす

大熊が専門にしている河川工学の世界では、河川を流れる水をどう利用し、どう押さえ込むのかがこの分野の方法であり、いわば水の利用と水との闘いが河川工学の課題だとされていた。その方法として採用されていたのは河川土木であり、ダムの建設、河川の直線化、川をコンクリートの水路に変える三面張りなどの工事が各地でおこなわれていた。その軸を担っていたのは旧建設省、現在の国土交通省で、水資源の確保と100年に一度、200年に一度の大雨に耐えられる川にする、というのが基本的な方針だった。

ところが、いうまでもないが、この土木事業は河川環境を著しく破壊していった。ダムによって水の流れはせき止められ、ダム下には水の流れない川が出現していった。魚の棲めない川、蛍の暮らせないコンクリートの小川、自然のない川岸、危なくて川岸に近づけないコンクリート護岸、そういう川が各地に生まれた。そしてそれは当然のように、河川環境を考えるさまざまな市民運動を呼び起こすことになる。長良川、吉野川などでは河口堰の建設をめぐって住民の反対運動が起こり、ダムからの放水量を確保して、砂漠化したダム下に水の流れを復活させる要求も生まれてくる。しかもそういう動きを促進させたのは、市民による環境問題への関心ということだけではなかった。長良川で中心になって河口堰の建設に反対していたのは、この川で漁業を営む漁民たちだった。長良川には河口近くでシジミ漁などを営む漁民や、サツキマス、鮎漁などで暮らす人々がいる。河口堰の建設は、漁民たちの生業の世界を破壊しかねない計画であった。しかも河口堰が必要だとされた根拠が——洪水対策という面でも、塩害防止という面でも、名古屋地域の水不足への対策だという面でも——きわめて怪しげな論拠によって成り立っていて、なぜ河口堰が必要なのかもわからない計画だった。漁業を組み込みながら展開する流域社会など何の価値もないかのごとく、河川土木のための河川土木がすすめられていったのである。

　大井川で川の水の流れを回復させる運動をしていたのも、川根地域のお茶農家の人々だった。ここは川根茶の地域である。よいお茶を栽培するには霧がたつことが大事なのだけれど、ダムの多い大井川では河川流水がなくなって霧がたたなくなり、それがお茶農家に打撃を与えていた。河川をめぐる旧建設省・国土交通省と住民の対立は、川とともに生きようとする人々と、河川と人との関係を無視して河川を土木事業の対象にしていく人たちとの対立という展開をみせはじめていた。

そういう状況のなかで河川に関心をもつ人々に大きな影響を与えていった大熊の理論は、河川が流域に暮らす人々との関係のなかに存在しているという視点を基礎にして成立していた。河川は、川と人との関係のなかに存在しているということである。とともに大熊の理論は、江戸期の川と人との関係をふまえていた。流域の人たちが川を治め、川を多様に利用しながら、川がもたらす災害とも向き合いながら自分たちの生きる世界をつくっていた川と人との関係を、である。もちろん大熊は近代技術を使ってはいけないとは考えていない。新しい技術が使えるのなら、積極的にそれも使うべきだ。しかし技術至上主義になってはいけないのであり、流域の人たちがかかわりつづけるなかで新しい技術を使う、つまり流域の人々と技術者が共同で川と向き合うかたちを大熊は模索していた。流域の人たちのかかわりを排除していった近代史から、再び流域の人々が主人公になって技術者とも提携し、川と人との関係を再創造していくことの大事さを大熊は提起していた。

地域の暮らしから自然保護を問いなおす

ここでの課題の一つは、自然とは何なのかなのである。もちろん自然のなかには、流域に人が住んでいないような自然もある。それを私たちは原生的な自然と呼んでいるが、この自然は自然のままに任せておけばよいだろう。貴重な自然として保全しておくのが最良である。しかし世界の大半の自然は人とのかかわりのなかに存在しているし、日本の自然はほとんどがそのようなものである。とすると、このような自然が存在する社会における環境保護とは何なのか。それを問いかけたのが鬼頭秀一の仕事でもあった。

環境保護の理論は、三つの傾向をもっていた。その一つは生態学的環境保護とでもいうべきもので、それは自然を守る、そのために自然保護区を設定するというようなものだった。もう一つは環境倫理として提起された理論で、それは未来世代への責任とか、宇宙船地球号の能力に見合った暮らしを考えるというようなものだった。もう一つはディープエコロジーの理論として提起されてきたもので、環境破壊の奥にはかつての植民地主義から今日もつづく途上国からの搾取、貧困問題、資本主義の問題、さらには女性差別から教育問題等々をもふくむ現代世界の構造が横たわっているのだから、それらと闘う環境理論でなければならないという視点である。

もちろん今日の環境問題の奥に、現代世界のあらゆる問題が横たわっていることは確かである。だがより重要なことはそれらを指摘することではなく、そのような問題をも解決していく道筋がどこにあるのかを提起することである。

鬼頭は一時期、青森の大学で教員をしていた。そこで白神問題と向き合うことになる。青森と秋田にまたがる白神山地には広大なブナ林がある。そこに青秋林道を通す計画があり、地元からは反対の声が上がっていた。林道は森林開発のためのものであり、林道ができれば白神のブナ林は大きな損傷を受けていくことになるだろう。この林道計画は、秋田側では完成していた場所もあったが、反対運動の前に撤回され、その後白神の森は生態系保護地域に指定されていく。さらに今日では世界遺産になっている。だがそのことによって問題が解決したのかといえばそうではなかった。

白神山地のブナ林はけっして原生林ではなく、昔から地域の人々が利用してきた森だった。森のなかには「マタギ道」がつけられている。「マタギ道」は普通の人にはよくわからない。冬に猟をするマタギたちにだけわかればいい道で、この道を利用するのはマタギ以外では、奥山まで山菜や茸を採りにくる地元の人くらいである。白神山地には明石川が流れているけれど、ここはやはり地元の人たちが夏の岩魚釣りに使ってきた川でもある。

狩猟、山菜、茸、岩魚、これらのものは白神地域の人々にとっては、自分たちの生活を守る重要な資源だった。以前は水田をもたない、少ししかもたない人々にとっては、春のゼンマイ採りや秋のマイタケ採りが、一年分の一家の米を買えるだけの収入をもたらしていたのである。夏の岩魚釣りも仕事で漁をする人々にとっては、大きな収入だった。白神山地はそういうかたちで人々とともに展開してきた森なのである。

だがこの森には「マタギ道」しかついていない。しかも迷いやすい森だから、道を知っている地元の人しか入りにくい。明石川も川に沿って遡るしかなく、これを試みようとすると沢登りのかなりの難コースになる。そのことが地元の人たちにとっては重要な森だが、外の人には入りにくい森を形成させていて、白神の保全に役立ってきた。つまり、このようなかたちでの地域とのかかわりをもちながら守られてきた森、それが白神だった。

ところが世界遺産になると、自然の厳格な保全だけが目的になって、地元の人たちの立ち入りが禁止されてしまう。森が地域の森から、地域の人が入ることも利用することもできない単なる保護区にされてしまったのである。それは自然と人間の関係の否定だった。

自然を守る思想とは何か。それは、自然と人間のかかわりのなかで自然が保全され、また自然と人間のかかわりが自然を破壊してきた歴史から何を導き出すかである。自然の保全とは、人間が自然とどうかかわるのかを問うことであり、とするならどのようなかかわりが自然を保全してきたのかをみなければならない。そのとき、風土とともに暮らす人々の生き方がみえてくる。そこにある自然とともに風土をつくり、そこで暮らしつづけた地域の人たちこそが、自然と人間の調和を生みだしてきた、という世界が。白神の世界遺産化は、このような自然の否定であり、ゆえに世界遺産第1号のガラパゴス諸島がそうであったように、世界遺産に指定されたエリアの周辺では、自然破壊型観光開発が広がってしまった。

鬼頭の自然保護思想は、持続可能な地域の営みを取り戻すことであり、そのことをとおして自然と人間の調和をはかることにあった。奄美のクロウサギ問題にも鬼頭は加わっていたが、そこでも課題はクロウサギと共存しうる島の暮らしだった。環境思想は人と自然の関係のあり方を問うことをとおして、地域社会学的な視点や民俗学、人類学的な視野をも包み込む、いわば地域の人々に寄り添う思想でなければならなかったのである。

＊

このようなかたちで提起された大熊孝の河川工学と鬼頭秀一の環境倫理学。それは人との関係のなかに自然は存在しているということを、現代社会のなかに取り戻していこうとするものだった。ゆえに地域、流域、人々の営みのあり方が視野に収められ、二人とも自分の思想を活動によって実現させていこうとする行動的な思想家でもあった。

このような視点はいまではむしろ主流の発想になっているけれど、そのような方向性を確立した本として、この2冊の本を、現代の新しい古典として位置づけておくこともよいのではないかと私は思っている。

『洪水と治水の河川史』平凡社、1988年（平凡社ライブラリーより2007年に増補版）、『自然保護を問いなおす』ちくま新書、1996年による

32

「労働の貧困化」と現代社会

『労働と労働者の歴史』

ジョルジュ・ルフラン 著

この本の初版が刊行されたのは、1957年のことだった。その後、1975年に第2版が刊行され、このとき大幅に加筆されているから75年の本だと考えてもかまわない。著者のルフランはフランスの著名な歴史学者で、今日の歴史学者の多くがそうであるように、歴史社会学の大家だということもできるし、本書の記述内容からいえば、労働社会学の研究者だということもできる。

民衆史の視点から歴史をとらえていこうとした歴史社会学の方法は、1929年にリュシアン・フェーブルとマルク・ブロックによって研究誌『アナール』(「社会経済史年報」)が刊行されてから定着していった。この方法の先駆者としては、19世紀フランスの歴史学者、ミシュレをあげることもできるが、一般的にそういわれているように、アナール派の登場によって歴史学の方法が転換していったと考えてよいだろう。そういう土壌のうえで、労働史として、また労働者の歴史、民衆史として歴史を考察したのが本書だった。

日本で訳書が出たのは1981年のことだったが、読んだときには、この本を書くためのルフランのエネルギーの持続力に、まずは驚いたものだった。第1章は「先史時代の仕事と日々」で、日本でいえば石器時代や縄文時代の労働の考察からはじまっている。その後、古代、中世、絶対王制期、近代とすすんでいくが、問題意識の軸になっているのは現代の労働をどうみるかである。この問題意識を、全歴史の考察をとおして探究しようとしたのが本書である。

豊かさと引き換えに失ったもの

ところで、初版が刊行されたのが1957年、第2版が75年であることはすでに述べたが、この20年ほどのあいだに労働と労働者の様相は大きく変化した。この変化があったからこそ、ルフランも第2版で大幅な修正を加える必要性を感じたのだろう。日本でいえば、1957年は高度成長がはじまりかけた時代にあたる。そして75年といえば、第1次オイルショック（産油国会議がつくられ、石油の値段が高騰した）もあって、高度成長が一服した頃である。

この20年間は、先進国ではどこでも高度成長がつづいたといってもかまわない。経済成長はけっして日本だけの出来事ではなかった。それは労働者の暮らしを大きく変えていくことになった。日本をみれば戦後的な貧困はほぼ一掃され、家には電気製品や自家用車がある時代、子どもたちが大学に進学する時代が生まれている。その意味では「豊かな時代」が出現したのである。

日本では「一億総中流」といわれた時代が発生していた。

だがその「豊かさ」と引き換えに、人間たちが多くのものを失っていったことも確かだった。その一つが労働の「豊かさ」だった。工場では組み立てラインに従って単純労働をくり返す労働や、計器の前でマニュアルどおりの作業をする労働が一般的になり、作業の標準化、単純化、マニュアル化がすすんでいった。労働から物づくりの楽しさがなくなったのである。しかも作業の効率化が求められ、労働は契約時間の消耗な消費と化していった。

似たような変化はたとえば「小売り」、「サービス」などの分野でも発生していた。まちの商店は自分の経営方針に従って仕事をしている。自分の企画に基づいて、工夫しながら仕事をつくっていたといってもよい。ところがスーパーマーケットのような量販店が現れてくると、そこで働く多くの人たちは、時間労働をこなすだけの作業員になっていった。さらに本書第2版がでた1975年以降になると、あらゆる職場にコンピュータが導入され、オフィス労働の現場でも作業のマニュアル化や効率化が求められていくようになる。「豊かさ」を手に入れていく過程は、労働者たちが労働の楽しさや労働の誇り、自分の労働の世界を失っていく過程でもあった。

あるいはこんな言い方もできる。もちろんいまでも自分の労働に生きがいを感じている人もいるだろう。だが多くの場合それは、売り上げや利益でしかなくなったのである。労働自体に楽しさがあるのではなく、大きな売り上げや利益を上げたことに働きがいを感じる。だから利益を上げるためには下請たたきをしたり、ひどいときには食品や製品の偽装をする人たちが後を絶たない。

とするとこの変化をどうとらえたらよいのか。それは「豊かさ」を手に入れるための必要経費なのか。あるいはそれはとうてい承服できない変化なのか。ルフランの問題意識はここにあったといってもよい。

システム依存型人間の大量発生

この問題は、日本でも1960年代に労働疎外論とともにかなり議論されていた。この分野の代表的な論客としては、産業技術論の中岡哲郎がいたが、彼の視点はこの「労働の貧困化」という現実に悲しい視線を向けながらも、この現実を受け入れなければ貧困から抜け出せないというものだった。そして振り返ってみれば、この問題をめぐる同様の議論は、すでにマルクスのなかにもあったのである。若い頃のマルクスは『経済学・哲学草稿』にみられるように、資本主義の根本的な問題として「疎外された労働」をとらえ、労働が疎外された社会では人間自身の疎外などが発生していくと述べている。疎外された労働からの「解放」が資本主義批判の根本におかれていた。ところが晩年の『資本論』になると「労働の解放」ではなく、「労働からの解放」が軸になっている。労働時間を短縮し、余暇を増やすことによって自由な時間を増やしていくという発想である。

ルフランもまた、「貧しくなっていく労働」を批判する立場をとっていた。労働が人間的なものにならないかぎり、人間は自由になれないという立場である。だが『労働と労働者の歴史』では、そのことを諦めることになった。それを認めなければ貧困化するという理由からではなく、もはや世界は労働を破壊してしまっていて、このあり方を変革することが困難になっているという理由で。

だが、今日ならどう述べていただろうか。

本書第2版が刊行されてから40年余りがたっている。その結果現在わかってきたことは、この間の労働の質の変化がもたらしたものは、労働がつまらなくなったというようなことだけではなかったということである。

かつては企業においても、労働はときに自分の労働の確立であり、ときに協業集団としての労働の確立だった。どちらにしても、企業のなかに相対的に企業から自立した労働の世界が形成されていたのである。ところがそういうものがなくなっていくと、労働者は企業システムに直接取り込まれていくようになる。企業システムに直接的に管理されるようになるといってもよい。つまりシステムがあってこそ労働が生まれるようになったのである。

自分や自分たちの労働の世界がなくなった以上、それは当然のことであった。そしてこの変化は、システム依存型の人々を大量に生みだすことになった。あるいは、システムのなかに身をおくことが自分の生きる世界を保持することになったのである。

権力をもつ者は、いまあるシステムの下で自分の権力を維持しようとする。そして他の者たちは、システムのなかの自分の立場を維持しようとする。それが最近の企業の不祥事の原因だといってもよい。たとえば近年問題になった大手企業のデータ偽装や粉飾決算をみても、それがまずいということぐらいは誰にでもわかるだろう。それにもかかわらずそういうことが後を絶たないのは、経営者は利益を出すことによってシステムのなかの自分の権力を維持しようとし、それを命じられたものは、システムのなかでの自分の立場を守ろうとするからである。

その結果生まれてきたのが、完璧なサラリーマン社会だといってもよい。システムの下での自己の保身が、共同正犯のようなかたちでこの社会を創り出した。だから現在は保守の時代でもある。いまあるシステムを変えることは、自己の保身を脅かすのである。現状が守られ、そこでの自分の立場も守られる。それを多くの人たちが望む時代がこうしてつくられていった。

いまの社会にいろいろな問題があることはわかっている。しかしいまのシステムを変えようとは思わない。なぜならそれはシステムの下での自己の立場を不安定にさせるからだ。そういう保守主義が社会を覆うようになった。

自己保身の保守主義を超えて

戦後の労働の変化は、「労働の貧困化」をもたらしただけではなく、システム従属型の人間を大量に生みだし、自己保身の時代をつくりだしてしまったのである。つまり人間のあり方も、社会のあり方も変えてしまったことになる。労働は貧しくなったが生活は豊かになったというようなレベルでは語り尽くせない問題を、この変化は生みだすことになった。

『労働と労働者の歴史』の訳書がだされた頃には気づかなかったのだが、いまの私はそんな思いをもちながらこの本を振り返っている。

労働史を学びたいのなら必ず読んだ方がいいというような書籍である。この本は実によくできた書物で、当時は労働の質の貧困化を許容すべきか否かが問いの中心だった。だがルフランもまたそうであったように、労働の貧困化がシステム依存型の人間を大量に創り出し、その結果現れてきた自己保身型の保守主義が、人間と社会を蝕んでいくという問題がみえるようになってきた。ところが今日に至ってみると、

だがそうであるからこそ、このシステムに飲み込まれていくことから自由になろうとする人たちも増加しつづける。今日では企業で働くことに夢をみいださない若者たちが多くなっているが、「労働と労働者の歴史」もまた変化の兆しをみせはじめているのである。戦後の労働の変化によって、私たちは何を失ったのか。そのことをもう一度検討しなければいけない時代がはじまっている。

小野崎晶裕訳、芸立出版、1981年による

33

古代技術史からみえる現代技術のいびつさ

『技術の誕生』

ヘンリー・ホッジズ 著

本書は、紀元前2000年頃から紀元500年あたりにかけて、新しい技術がどのように生まれてきたのかを叙述した本である。著者のホッジズの専門は技術考古学で、この本がイギリスで刊行されたのは1970年のことだから、比較的新しい書物だと考えてよい。記載されているのは、主としてギリシャ・ローマ時代の地中海地域の技術なのだが、当時のメソポタミアや中国の技術などについても考察されている。

技能から技術への転換

ところで広い意味で私たちが「技術」という言葉を使うときには、「技術」と「技能」が一緒になっていることがよくある。最初にそのことについて触れておけば、日本では昭和初期の戦前期に「技術論」についての研究が盛んになった。議論をリードしたのは唯物論研究会に属したマルクス主義系の研究者や、内務官僚であり昭和の新体制運動で指導的な役割を果たした宮本武之輔などであったが、その問題意識は、生産技術のあり方から資本主義をとらえようとするものであったり、近代技術をどのように日本に定着させていくのかということだった。前者の人々は資本主義的な技術のあり方が労働者を搾取していく構造として働いていることを問題にしていたし、後者の人たちは日本的な近代化をどう実現していくのかが課題だった。ところがそういう違いがありながらも、両者の技術のとらえ方は類似する。それは技術を「労働手段の体系」としてとらえるという点においてだった。

経済史を振り返ってみると、今日では、幕末期の日本のGDPは同時期のアメリカのGDPとほぼ同じであったと推測されている。江戸後期の日本には、さまざまな生産力が蓄積されていたのである。ただしその生産力は、近代産業や軍事力として形成されていたわけではなかった。衣類、建築、装飾品などの生産力であり、その生産の担い手は職人たちである。当時の日本は、おそらく、職人の生産力という点では世界最高レベルの蓄積をもっていたのである。

明治以降の殖産興業、富国強兵政策は、この職人的生産力を活かして経済の発展をはかろうとはしなかった。伝統的なものの否定の上に、欧米の生産技術を導入しようとしたのである。それは結果的には多くのトラブルを生みだし、うまくいかない部分を、最終的には職人技で乗り切るという方向に向かわざるをえなかった。合理性だけに依存した生産体系がうまく築けなかったのである。その結果、いびつな財閥の形成という問題もあって、明治以降日本とアメリカのGDP

は大きく開いていく。昭和16年に日米戦争が開始されたときには、日本のＧＤＰはアメリカの10分の1程度だったと推測されている。生産の近代化に関するかぎり、明治以降の日本の政策は完全に失敗していた。

それは技能と技術についての議論を活発化させた。技能は人間の身体と一体のものであり、「技」ということもできる。江戸時代に発展したのはこの技能である。それに対して技術は客観的な体系をもっているものとしてとらえられた。たとえば機械体系のように、である。欧米の近代的な生産力は技術によって担われているから、技能による生産から技術による生産への転換をはかる。それが日本の近代化の課題であり、しかしこの方法をとったがゆえに、日本的な土台を無視した近代化がはかられ、生産力も思うように伸びないという現実が生まれていた。

このような状況の下で、昭和初期の改革派たちは「労働手段体系」としての技術の定着をめざし、それを補完するものとして技能を位置づけようとした。他方でマルクス主義系の人たちは、近代技術の定着をとおして「遅れている日本」の近代化をめざし、しかしその技術は資本主義下では搾取の構造のなかに組み込まれていくととらえた。つまり、技術を労働手段体系として客観化されたものととらえる点ではどちらも同じであったのである。昭和10年代終盤には、技術を自然法則の生産過程への適用という実践概念としてとらえる武谷三男の技術論も生まれてくるが（発表されたのは戦後）、その武谷においても、経験やカン、コツにたよる「主観的」な技能を科学に基づいた客観的な技術に置き換えていくことが、歴史の発展としてとらえられていた。

技術の停滞はなぜ起こるか

さて前置きが長くなってしまったが、ホッジズがこの本で取り上げている技術は、ある種のものを生産する技術である。技術と技能を明確に分けているわけではない。古くは石器をつくる技術などが生まれ、後には船をつくる技術や武器をつくる技術、神殿をつくる技術などが生まれてくる。古代の技術の多くは、技能に依存していたと思われるのだが、この本で扱っているのはそういう技術である。日本で技術と技能の峻別が議論されたのは、「生産の遅れ」をどのように回復していくのかという課題があったからで、そのとき、「伝統と近代」の問題を議論せざるをえなかったのである。

この本を私は刊行された直後に読んだのだけれど、そのときおもしろかったことの一つは、古代技術の歴史を調査した結果、技術はある地域のなかで順調に発展しつづけるということはない、とホッジズが結論づけていることであった。技術が発達した地域では、次第にその技術と社会が調和していく。そうなると、その地域では、技術の発達は長い停滞期に入る。新しい技術を生まなくなるのである。

次に新しい技術を生みだすのは、技術の発達した地域に侵攻した、技術的には遅れている地域の人たちで、その人たちは侵攻した地域で発達した技術を貪欲に取り入れるだけでなく、自分たちの目的に合った技術を生みだそうとする。こうして新しい技術が生まれていくが、この技術もまたそれと調和した社会がつくられるようになると、技術的には停滞期を迎えることになる。

ホッジズはこの傾向が現代にも適用できるかどうかはわからないと述べているが、書かれていることのニュアンスとしては現代でも同じだと考えているように読める。そして、たぶんそのとおりなのである。たとえばヨーロッパの近・現代史においても、最初に新しい技術を次々に生みだしたのはイギリスであった。つづいてフランスなどが後を追った。しかしその技術と調和した社会のかたちができていくと、西ヨーロッパ先進国の技術はむしろ停滞しはじめる。そうして「遅れていた」ドイツが新しい技術を生みだすようになる。さらにはもっと「遅れていた」アメリカが新技術を次々につくりだすようになり、戦後になると敗戦によって破綻していた日本が、生産技術の面では世界をリードするようになった。

だが今日では、日本の技術開発も停滞している。新しい技術を貪欲に吸収しながら世界の表舞台に登場してきたのは韓国や台湾、中国などであった。もっともそれらの国から新しい技術がこれから生まれてくるかどうかはわからないが、かつての先進国が新しい技術の中心ではなくなりつつあることは確かだろう。かつての先進国でも、これまでの技術を改良していく技術開発はすすめられていくだろうが、まったく新しい技術が生まれてくることはなさそうである。なぜならある種の調和ができあがってしまえば、新しい技術を求める社会的欲求もまた低下していくからである。

この本を読んでいておもしろかったもう一つのことは、古代のギリシャやローマにおいて初歩的な内燃機関がすでにつくられており、18世紀のイギリス産業革命をつくりだした内燃機関技術の一歩手前くらいのものが存在していたとホッジズが書いている部分である。ところがギリシャやローマの人たちは、その技術を生産技術として使おうとはしなかった。神殿における宗教的行為のためにその技術を使ったのであり、だから生産技術の向上とは結びついていない。さらにギリシャやローマで開発された技術の多くは、自分たちの都市生活を快適にする技術であって、たとえば道を石畳で整備したり、上下水道をつくったり、コロシアムを創造したりという方向で発達し、今日の経済力のような生産技術とは結びつかなかったのである。

暮らしや共同体を支える技術

日本の技能、技術を振り返ってみても、同じようなことがいえるだろう。技術には暮らしの技術もあれば、共同体とともに成立する技術もある。そしてもう一つが市場の結ばれた生産のための技術である。暮らしの技術としては、たとえば漬物をつくる技術にしても、それを実現するためには塩をつくる技術も必要になるし、木であれ陶器であれ桶のようなものをつくる技術も必要だ。木桶をつくるためにはサワラなどの木を切り倒す技術も、その木を板にする技術もなければならないし、そのためには適した刃物をつくる技術も必要になる。さまざまな技術があればこその漬物なのである。

もちろん刃物などは、古い時代から商品として取引されていたことだろう。だが生産力を発展させるために刃物がつくられていたわけではない。暮らしの技術を支えるためにそれはつくられていた。

他方でかつての人々は、自分たちが暮らす共同体を安定させるためにさまざまな技術を開発していた。田畑を開き、用水路を開削する。洪水によって致命的な被害を受けないように、治水技術もつくりだしていった。そうやって安定した農山村ができれば生産力も高まったであろうが、それが目的ではなかった。目的は自分たちの共同体を安定させる方にあった。

ホッジズが書いているギリシャやローマの人たちと同じように、日本でも江戸時代までは、技術は自分たちの暮らしや共同体のためにあったのである。だから江戸時代になると工芸品や装飾品、娯楽のための浮世絵などの技術が深められ、しかしそれは国の生産力を拡大していくための技術ではなかった。

日本で国の生産力という視点から技術がとらえられるようになるのは、明治に入ってからのことである。富国強兵と近代技術が結ぶようになった。だがそれは、長い人類史からみれば、異常な時代として形成されたのかもしれない。そんなこととは関係なく技能や技術を深めていった時代の方が、文化的な時代だったのかもしれない。

古代の技術史を書いたこの本を読みながら、私はいろいろなことを感じたものだった。

平田　寛訳、平凡社、1975年による

34

日本的生産システムがいきついたもの

『トヨタ生産方式』

大野耐一 著

この節では「こんな本を取り上げるの」と言われそうな本を取り上げてみようと思う。著者はトヨタ自動車の副社長を務めた人である。

この本が出た頃（1978年）は、日本が世界最強の経済をもっているといわれた時代だった。工場における日本の生産性はきわめて高く、日本の商品は強い国際的競争力をもっていた。日本の生産方式を学ぶために世界各国から視察団が訪れ、多くの日本人が自信満々だった時代だといってもよかった。その強い日本の代表的な企業がトヨタだった。

トヨタのふたつの生産改良運動

自動車は2万点とも3万点ともいわれる部品から構成されている。それらの部品は系列化された企業や独立の部品メーカーから納入され、自動車会社の組み立てラインで組み上げられていく。

組み立てラインが滞りなく動くためにはすべての部品が十分になければならず、昔の工場では倉庫にいろいろな部品が山積みされていた。一つでも部品が不足すれば、生産ラインは停まってしまうのである。

トヨタ生産方式は、主としてふたつの改革から成立していた。一つは部品管理のあり方を変えたこと、もう一つは生産現場からの改良運動を推進したことだった。

部品管理についていえば、つねに必要な量だけが組み立て工場に届くようにした。つまり工場に在庫をおかないという方式である。このやり方はトヨタによって「ジャスト・イン・タイム」と名付けられた。変な英語で、「ジャスト・オン・タイム」でないとおかしい。定刻どおりということである。もっともこのやり方は、部品メーカーにとっては過酷だった。定刻どおりに部品を届けなければいけないのである。トラック輸送だから遅れが出る可能性がある。それを阻止するために、工場の外では部品を積んだトラックが約束した時間が来るのを待っていなければならなかった。トヨタにとっては倉庫管理を廃止できるというコストダウン効果があったのだが。

もう一つの下からの生産改良運動は、ＱＣ（クオリティ・コントロール）とかＴＱＣ（トータル・クオリティ・コントロール）活動（品質管理活動）として、日本のさまざまな企業に広がったものである。組み立て現場の各部署の人たちが数人でチームを組み、生産上の改良点をみつけだし、実践していく。それは下からの生産改革運動であり、品質管理運動であった。この活動もまた生産性の向上に役立った。

ところで、ＱＣ活動の源流はアメリカの軍需工場にあった。第二次大戦の末期に、検査工程を省いて、すべてを欠陥のない兵器にするという目的で、工場の生産ラインで「ゼロ・ディフェクト」活動がおこなわれた。早く、しかも欠陥のない武器を製造するためである。これはＺＤ活動といわれたが、それが日本に入り改良されたのがＱＣ活動であった。ディフェクト（defect）は欠点とか欠陥という意味であることから、ＺＤ活動は無欠点運動、無欠陥運動と呼ばれることもあった。自分たちで生産工程を点検しながら、誤りのない生産をおこなっていくというＺＤ活動が、日本では、自分たちで生産工程の改良点をみつけだしていくＱＣ活動へと変化した。

終身雇用制と労使協調

この本には、「ジャスト・イン・タイム」やＱＣ活動がどのようにおこなわれるべきかが書かれている。そして経営サイドの人たちだけでなく、工場で働く人たちにも、さらにはこのようなやり方に批判的だった人たちにも読まれた。その意味で一つの時代の象徴的な本だったといってもよい。

では、今日ではどうなっているのだろうか。一面では、この活動は変化しながらも現在もつづいている。倉庫管理を必要としない工場のかたちは、今日では標準的なものになったといってもよいし、現場からの改革運動もつづけられている。しかしその前提基盤は大きく変わった。

第一に組み立て工場の多くが海外に移転した。トヨタでも生産の３分の２近くが海外生産になっている。海外工場でも同じ活動はつづけられているが、国によって労働観が違う以上、かつての日本での活動のようにはいかない。第二に、国内工場でも非正規の人たちの割合が多くなった。ところが正社員がおこなっていた活動と同じことを、派遣の人たちにさせるのには無理がある。非正規の人たちには、その企業への忠誠心など元から存在しない。「ジャスト・イン・タイム」というだけなら、取引企業との契約で実現させることができるが、現場からの改革運動は企業のために頑張る精神がなければどうにもならない。

『トヨタ生産方式』にはきちっと書かれているわけではないが、QC活動が定着した背景には、終身雇用制の企業という基盤が存在していたのである。

この本が刊行された頃、日本的な企業のあり方として、終身雇用制、年功型の賃金、全員加盟型の労働組合による労使協調の存在がよく指摘されていた。終身雇用は法的な制度ではなく慣行として生みだされたものであり、年功型賃金は一種の生活給として成立した。賃金についてはいくらが妥当なのかを考える理論や法則は存在しない。最低賃金以下はいけないということくらいしか決まりはなく、労働市場の状況やときに組合との力関係、社会的慣行などによって法則なく決定されていくという性格をもっている。つまり日本では戦後の歴史のなかで、従業員の生活状況に配慮した賃金を支払うという慣行が生まれ、それが年齢に比例した賃金になっただけである。ところがこの賃金システムが、企業への従業員の忠誠心を高めるうえで役にたった。人々の生涯の生活設計に寄り添うように企業があり、それゆえに企業の利益が自分の利益とでもいうような社員気質がつくられていった。

さらにこの性格を労使協調的な労働組合の存在が支えた。経営側と組合側が一体となって企業利益を追求し、従業員はその分け前にあずかる。そういう一体的な企業が成立したのである。

QC活動はこの土台の上で展開した。だからこそ従業員がみずから生産工程を改良し、生産性を上げる活動を定着させたのである。改良をめぐる業績争いが企業のなかでは広がり、それがまた日本の商品の国際競争力を高めていく。この本が書かれたのはそういう時代だった。

グローバル化とともに、さらなる企業世界の退廃が

ところで、その頃日本以外の先進国ではどのような問題が発生していたのかといえば、それは労働者のサボタージュに象徴されていた。組み立て工場でよくみられた、ベルトコンベアの横に労働者が並んで立って、一つ一つの部品を組み上げていくというかたちは、20世紀初頭にフォード自動車がつくりだしたものだった。労働者は毎日同じ単調な作業をくり返す。労働は徹底的に分業化され、それは職人的な能力を必要としない効率のよい生産システムを生みだした。

だがこのシステムは生まれた当初から労働者たちの評判はよくなかった。つまらない労働、消耗するだけの時間。それに耐えることによってのみ手に入る賃金。労働者たちがフォードシステムに感じていたものは、そういうものにすぎなかった。だから労働力不足で転職しやすい環境が生まれると、労働者の定着率は低下した。それどころか無断欠勤、無断早退なども蔓延し、企業

はそれを補うために、つねに一割程度の「リリーフマン」を採用しておかなければならなかった。

このような事態のなかで、ベルトコンベアシステムを廃止する企業が生まれはじめた。働きがいのある職場づくりが課題になり、大きなテーブルを囲むようにしてみんなで一つずつ完成させていく。いろいろな工程を誰もが受け持ち、物づくりの楽しさを味わえる職場にしようという試みである。工場のなかにカフェを設け、くたびれたらそこで一息入れられるように変えた企業もあった。自分のところではそういう状況なのに、日本の企業では従業員がみずから生産の仕組みを改革する活動が広がっている。こうして多くの経営者や経営に関する研究者たちが、日本に視察にくるようになった。

いまではこのような状況も一変している。多くの国で失業者がふえ、労働市場が悪化したということもあるが、工程の一部は産業用ロボットがになうようになり、また多くの企業は工場を海外に移転した。とともに、グローバル化した市場では価格競争が激しくなり、企業はコストダウンにしか関心をもたなくなった。

それは日本でも同じことである。そしてその結果は、以前のような品質を維持できなくなった日本企業の製品が、安売りされていく現実だった。

『トヨタ生産方式』が刊行された頃、私はこの本で書かれている「ジャスト・イン・タイム」にも、ＱＣ活動にも批判的だった。前者は部品メーカーに過大なる負担をおわせ、親企業が利益を上げていくだけの仕組みだし、後者は人間の労働意欲をも企業にとって都合のいいものにしてしまおうという管理システムにほかならないからである。

その思いはいまでも変わっていない。だが今日になってみると、まだあの時代の方がましだったのかもしれないという気持ちになってくる。なぜなら、たとえ搾取の仕組みであれ何であれ、あの頃は労働者は人間であることを認めて、企業にとって都合のいいように徹底的に管理しようとしていたからである。だが今日はそうではない。労働者は人間ではなく、使い捨ての部品にすぎなくなった。いわば物として利用し、必要なくなれば廃棄する。そういうやり方が広がり、それが派遣やブラック企業をふやしている。「トヨタ生産方式」がいいとは言わないが、今日の企業世界はもっと退廃している。

グローバル化した世界とは、唯一の神としてお金が位置づけられた。それは資本主義の形成期からあったといわれるかもしれないが、それでもなおこれまでの資本主義には、物づくり対お金、非貨幣的価値対お金、風土に根ざしたもの対お金といった対立をもちながら展開していったのである。ところが今日のグローバリズムの時代はこれらの対立を消し去り、お金がすべてという時代を生みだした。グローバリズムが絶対であるのなら、お金こそがもっともグローバルな存在だからである。だからお金が猛威を振るう時代には、人間もまたお金を増殖させる手段にされてしまったのである。

ダイヤモンド社、1978年による

Ⅳ　文学・紀行・評伝など

35

ヨーロッパとは違う個の形成のあり方

『近代日本人の発想の諸形式』

伊藤 整 著

2011年の東日本大震災以降、私たち日本の人々は、助け合い、支え合いながら復興への道のりを歩んでいこうとする姿勢をいまなおもちつづけている。この姿勢は震災直後から世界の人々を驚かせた。暴動も略奪も起こらず、放射線被害の不安が広がる現実のなかでも、パニック的な行動も生じていない。このことのなかに、伝統的な日本の人々の「秘密」が隠されているのではないかと考える人たちも存在している。

大災害時における日本人の行動の変化

だがそんなことはないのである。1923（大正12）年の関東大震災のときには、東京だけではなくその周辺の町でも流言飛語が飛び交い、大規模な略奪や暴動が発生している。政府は治安確保のために戒厳令を敷き、軍隊を投入して沈静化をはからなければならなかった。当時人々の飲料水のほとんどは井戸水に頼っていたが、その井戸に朝鮮人が毒を入れようとしているというデマが流れ、殺られる前に殺れとばかりに朝鮮人虐殺がはじまった。朝鮮人の逃げ込んだ警察署を群衆が包囲し襲撃するようなことも起きている。群衆によって虐殺された朝鮮人の数は、当時の吉野作造（大正時代の代表的なリベラル系知識人）の調査で３０００人弱、その頃上海にあった大韓民国臨時政府の記録では７０００人弱となっている。実数は正確にはわからないが、仮に吉野作造の調査結果が正しいとしても恐ろしいほどの大虐殺が展開したことは間違いない。普通の日本人たちがこれほどのことをやってのけたのである。

この事実は日本人が危機に際しては、つねに冷静に行動してきたわけではないことを私たちに教えている。わずか80年ほど前にはこのようなことが起きていたし、その後のアジアへの出兵の過程でも、けっして抑制的な行動をとりつづけたわけではない。

ところが今回の大震災では、人々は冷静な行動をとりつづけている。さらに振り返れば、阪神・淡路大震災（１９９５年）のときもそうだったし、中越大地震（２００４年）のときも多くの人たちが救援活動に動いた。どうしてこのような変化が現れたのだろうか。ボランティアやＮＰＯなどの活動が広がっていたからというのなら、なぜ今日そのような活動もふくめて支え合う社会を創ろうという動きが定着してきているのか。そんなことを考えているうちに思い出したのが、伊藤整の『近代日本人の発想の諸形式』であった。

「水平的」な自己形成と「垂直的」な自己形成

伊藤整は文学者であり、この本も日本の近代文学論、作家論である。明治に入って欧米系の小説に触れた作家たちが、いかにして近代文学を確立していったのか、さらにその文学がなぜ欧米の文学とは異なるものになっていったのかを論じた本である。この論稿のなかで伊藤は、ヨーロッパの人々の個の形成のされ方と、日本人の個の形成のされ方の違いについて触れている。少し私流に脚色を加えて表現すれば、ヨーロッパの人たちの個の形成の仕方は「水平的」である。横の人間関係で自我をつくりだすという意味で、自我と他我の絡み合いのなかで自我を打ち出していくのが、ヨーロッパ的な個の形成だと思えばよい。そのことがヨーロッパの小説形式には色濃く反映している。

ところが日本の個の形成はそういうものではなかった。自分をつくりだそうとすればするほど、自分の内部を掘り下げていく。仮にそれを「垂直的」な個の形成というなら、他我の存在を振り切って、自己自身をひたすら深めつづけるのが日本の人々の自我の確立であり、個の形成なのである。単純化すれば「私はあなたとは違うんです」というのが欧米の個の形成であり、それに対して他者の存在とは関係なくひたすら「自分とは何か」を追い求めるのが日本の個の形成であるといってもよい。伊藤によればそれがふたつの傾向を生んだ。一つは伊藤が「上昇型」とか「立身出世型」と呼んでいるもので、それは他者にはない技術や能力をもつことによって、他者に干渉されない自分の世界をつくりだそうとするものであり、職人やこの本のテーマである「文士」たちにも見受けられる。もう一つは伊藤が「降下型」と呼んでいるもので、それは人間や自己の本質が無であると悟ることによって、干渉される余地のない自己を成立させる。このふたつはかたちは違っているが、他者との関係のなかで自己を形成しようとするものではないという点では、基本は同じである。このような日本的な個の形成をみることによって、日本の近代文学の特質を明らかにしようとしたのがこの本である。

とりわけ戦後の日本では、高度成長が終わる頃までは、日本人は個の形成ができていないというわれ方が、普通におこなわれていた。そのことがダメな社会をつくりだしていると。ところが伊藤はそのようには分析していない。個の形成のされ方が違うのだというのが、彼の視点である。はじめてこの本を読んだとき、私は伊藤の鋭さに感心したものだった。

ところがこの日本的な個の形成を土台にして生まれてきた近代文学は、実際にはその堕落もふくめて揺れ動くことになる。伊藤はその原因として、近代産業の展開によって、日本的な個の形成が機能しなくなっていったことをみている。資本主義の展開が、他者との関係でしか自己をとらえられない世界をつくりだしていった。企業の内部では他者との関係で仕事がおこなわれるし、契約もまた他者との関係である。生産者と消費者の関係のなかで市場が成立する。日本の近代化は「垂直的」な自己形成の基盤を崩したのである。だが人々の意識はそのような社会にあってもやはり「垂直的」な自己形成の方にあった。この矛盾のなかで、「垂直的」な自己形成を基盤にして語られる人間の物語が人々の支持を得ていった。そこに大正、昭和の近代文学があった。伊藤の論旨はこのようなものである。

自然をふくむ他者との関係での自己形成へ

この伊藤の発想を借りれば、関東大震災は伝統的な自己形成が突き崩され、しかしヨーロッパ的な自己形成も存在しない時代のなかで起こった。人間のあり方という点では、実生活のなかで確かな存在が見失われていく時代がそこにはあったのである。そのとき多くの人たちが、自己を見失った群衆として動いた。

それに対して戦後はひたすら「水平的」な自己形成をめざした時代であった。他者に勝つことが資本主義の基本であり、他者との調和的関係ではなく、勝ち抜いていく自己を目指して人々は自己形成をせざるをえなくなっていった。だがその結果が何をもたらしたのか。バブルの崩壊以降そのことが明確な姿となって現れてくる。勝ち残ろうとする生き方は必然的に「負け組」を生みだし、いまでは若者の約半数が非正規雇用のかたちで働くようになっている。勝ち抜いたものたちも利益を追求するだけの労働に疲れ果てている。限界集落などという言葉が普通に使われるようになり、他方では都市でも孤立し、見捨てられた人々が大量に生まれつつある。

このような時代を経験しながら、日本の人々はすでに軌道修正をはじめていた。私はそう感じている。他者と競い合うように個を形成していくやり方ではダメだったのである。ここからふたつのことへの関心が生まれていた。一つは伝統的な、つまりひたすら「垂直的」に自己を形成していく生き方への共感である。有機農業を突き詰めてみたい、職人的な仕事につきたい、というような思いがここから生まれてくる。ところがこのようなかたちで自己を追求しようとすると、他者への働きかけもまた必要であることに、人々は気づかざるをえなかった。たとえば有機農業を突き詰めようとすれば、自然との関係や村の人たちとの関係づくり、さらに消費者との関係などが必要になってくる。「自己」だけでは「自己」が追求しきれないのである。

伊藤が『近代日本人の発想の諸形式』で述べたのは、文学の世界についてである。文士の世界では「垂直的」自己形成は、己への探求というかたちで自己完結させることもできる。ところが社会とのかかわりをもって生きようとすれば、自己を突き詰めることのなかに他者との関係が入ってこざるをえないのである。自分の仕事を突き詰めようとすれば、その仕事を認め、支えてくれる仲間が必要になる。自分の生を確立しようとしても、その生を守ってくれる他者が必要である。

こうして現在の日本では、欧米とは異なる回路で、他者との関係づくりが試みられるようになった。欧米の自己形成は他者との違いを際立たせるかたちでおこなわれるが、現在の日本では「垂直的」に自己を形成しようとするがゆえに、自然をふくむ他者との絆が必要になってくるのである。だからその他者は、自己との違いとしての他者ではなく、守ってくれる仲間として意識されることになる。

このような今日の意識変化が、共同体やコミュニティの時代をも生みだすことになった。現在の、とりわけ若者たちが共同体とかコミュニティという言葉に感じているものは、守り合う仲間たちの世界である。

東日本大震災は、このような変化が少しずつ展開していたところに起きた。さらに述べれば、阪神・淡路の大震災も、中越地震も、この変化の過程のなかで発生していたのである。そのことが危機に際して、冷静に助け合う行動をつくりだした。

私はこのことのなかに今日の可能性もまたあるのだと思っている。私たちはすでに新しい人間のあり方を目指して、歩みはじめていたのである。

『近代日本人の発想の諸形式　他四篇』収録、岩波文庫、1981年による

36

ロシアの大地への憧れから日本的自然の発見へ

『武蔵野』

国木田独歩 著

『武蔵野』が書かれたのは1898（明治31）年のことであった。それは小説というより、武蔵野を散歩しながら書いた紀行文のような短編である。武蔵野とはもともとはいまの東京、埼玉、神奈川の一部をふくむ地域を指す名称だった。その雰囲気は国木田独歩がこの短編を書いた当時は、江戸時代とさほど変わっていなかったことだろう。独歩は当時渋谷村に住んでいた。ここには渋谷川が流れていたが（現在も三面張りの川となって残っている）、それは「春の小川は　さらさらいくよ、岸のすみれや　れんげの花に、……」という唱歌「春の小川」の舞台になった川であった。この歌詞が最初に発表されたのは、1912（大正元）年である。当時の渋谷はこの唱歌に「蝦やめだかや　小鮒の群れに……」とあるように、小川の流れる農村があり、世田谷街道が道玄坂へと抜けてくるところでもあった。そこは武蔵野の世界そのものだったのである。

といっても『武蔵野』の主要な舞台は渋谷周辺ではない。ときに立川へ、小金井へ、小手指へ、あるいは亀戸周辺へとその舞台を広げていく。

武蔵野の雑木林は人間がつくった

その武蔵野は歴史のなかで姿を変えてきた。『武蔵野』にも「昔の武蔵野は萱原《かやはら》のはてなき光景を以て絶類の美を鳴らして居たように言い伝えてあるが、今の武蔵野は林である」との文が冒頭近くにみえる。少し説明を加えておこう。太古の時代の武蔵野は広大な森に包まれていた。どんな森だったのかについてはさまざまな説があるが、かなりの部分が照葉樹林だったのではないかと思われる。スダジイ（椎の木）や楠がその中心で、照葉樹の森は人の住みやすいところではない。葉を張り巡らした太い枝が地面を覆い、じめじめした蛭《ひる》の多い場所でもある。照葉樹林文化といってもそれは照葉樹林のなかに形成されるわけではなく、照葉樹を切って畑などに変えたところに形成されるのである。

古代のいつの頃かはよくわからないが、人々は武蔵野の照葉樹を退治しはじめたようだ。森に火を放ったのだろう。楠や椎の大木を切り倒して根を取り除く作業は簡単ではないから、当時の道具でそんな大変なことをしたとは思えない。こうして武蔵野は草原になり、萱の原になっていった。萱とはススキのことだと思えばいい。つまり武蔵野は見渡すかぎりのススキの原だった。『万葉集』の「東歌」に〈武蔵野では月が草から昇り、草に沈む〉という内容の歌がある。

この草原を使って古代には馬産地が形成された。もちろん川の近くには水田などもつくられたであろうが、武蔵野の大地は水の便がよくなく、大半の場所は稲作には不適地だったのである。この場所が良好な農村になるのは、江戸時代に入ってからであった。江戸に幕府が開かれ、ここに大都市が形成されると、野菜が大量に必要になった。米などは遠隔地からも運べるが、傷みやすい野菜は近郊でつくるしかない、それが武蔵野の農村化を促進した。

武蔵野の農村化にとって最大の課題は、肥料をいかに確保するかであった。稲作ができれば稲わらから堆肥がつくれる。ところが畑作だと、堆肥の原料が不足するのである。麦は発酵しにくく堆肥の原料には向かない。陸稲をつくるという手もあるが、陸稲は昭和になって食糧増産のために開発されたもので、江戸時代には存在しない。だから雑木林がつくられたのである。武蔵野では畑とほぼ同じ面積の雑木林が人工的につくられ、ここから得られる落ち葉を使って堆肥をつくる農業が展開された。もちろん雑木林は薪をとるヤマ（ヤマとはかつては高くそびえ立つところのことではなく、森のあるところのことである。だから武蔵野の人々は雑木林に行くことを、ヤマに行く、といった）としても使われたし、一部に杉や松を植え建築用材の育成もしている。しかし基本的にはクヌギ、コナラ、ケヤキといった落ち葉を大量につくる落葉樹からなる平地林であった。

ロシアの大地に憧れつつ、武蔵野を歩く

さて、少々脇にそれてしまったが、国木田独歩が歩いた武蔵野はこうして生まれた大地である。そこには天然の自然ではなく、農村とともに生まれた自然があった。

ところで独歩はなぜ武蔵野に関心を示したのだろうか。私はそれはロシア文学の影響だったと思っている。

明治に入ると欧米の文学が日本にもたらされるようになる。それに触発されながら生まれるのが近代文学であるが、その軸になったのは自我の形成や展開を中心においた欧米文学を下敷きにして新しい日本の文学をつくりだすことであった。ただしそれは日本の風土に馴染んだわけではない。だから自我の展開を欧米とは違う方法で書く私小説が生まれてきたし、夏目漱石に代表されるように自我の主張は憂鬱な行為でもあったのである。ところが欧米文学のなかでもロシア文学は少し違っていた。ロシアはヨーロッパに属しながらアジアとも接している。宗教的にもロシア正教の世界があり、これはロシアに土着したキリスト教といってもよく、自然の神への畏敬をも取り込んだキリスト教でもある。

独歩は『武蔵野』の冒頭でツルゲーネフの『あいびき』を引用している。『あいびき』は二葉亭四迷が訳したもので、あまりにもうまい意訳から二葉亭四迷の文学作品とも称されるものであったが（堀口大学訳の「フランス詩集」と同じように）、このロシアの自然主義的で社会派の作家は明治以降の日本の作家にも大きな影響を与えていくことになる。ツルゲーネフの『猟人日記』はロシアの農奴制を批判した作品であった。

『武蔵野』で引用されているのはロシアの大地の記述であり、その林の風景を描いている部分である。それは樺の木が生い茂る林、落葉樹の森である。おそらく独歩は『あいびき』をとおしてロシアの大地に憧れた。本当はこの大地に行きたかったのだろう。欧米文学に憧れた近代文学の担い手たちのなかには、欧米の姿をみたいという思いをつのらせながら、それが果たせないままに日々を過ごす作家が数多く存在した。

日本で樺の森を見に行こうとすれば、中部以北の標高の高いところか北海道に行くしかない。独歩は武蔵野を歩く。そこには樺の生い茂る大地ではないけれど、コナラやクヌギ、ケヤキなどの林があった。平地と丘陵が織りなす大地があり、落葉樹の林があったのである。独歩はツルゲーネフの作品を追いかけるように武蔵野の大地に入っていった。

「自分は……林の奥に座して四顧し、傾聴し、睇視し、黙想す……。『あいびき』にも、自分は座して、四顧して、そして耳を傾けたとある。この耳を傾けて聞くということがどんなに秋の末から冬へかけての、今の武蔵野の心に適っているだろう。秋ならば林のうちより起こる音、冬ならば林の彼方遠く響く音」

ツルゲーネフの世界を追いかけているのである。だがそこにみえたのはやはりロシアの大地ではなかった。すでに農村になった武蔵野であり、農村とともに展開する武蔵野の林だった。「されば林とて……恐らく一里にわたるものもあるまい、畑とて一眸数里に続くものはなく、一座の林の周囲は畑、一頃の畑の三方は林、という様な具合で、……」。そして独歩はつづける「それが又た実に武蔵野に一種の特色を与えて居て、ここに自然あり、ここに生活あり、……」。

それが武蔵野であった。こうして独歩はツルゲーネフのロシアとは違う武蔵野の景色を描いていく。そこには道があり、ときに用水路が造られている。畑があり、水田のあるところもある。家があり、犬がいて、人々の賑わいもある。そしてこの時空は林に包まれている。

自然を描いたはずなのに、自然と人間の世界を描いているのである。自然と人間が対立することもなく、「おのずから」のままに調和している世界を。

「郊外の林地田圃に突入する処の、市街ともつかず、宿駅ともつかず、一種の生活と一種の自然とを配合して一種の光景を呈している場所を描写することが、頗る自分の詩興を喚び起こす妙ではないか」

日本的な自然と社会の一体化

ここに日本の伝統的な自然観をみいだすことは不当ではないだろう。自然の世界と人間の世界があるわけではない。それが一体となって、はじめて「生きられる」時空は生まれる。それが伝統的な日本の自然観であり、同時に社会観であった。私にはツルゲーネフのロシアに憧れた独歩が、日本的な自然・社会観のなかにみずからを沈めていく様子がおもしろくてならない。

「夏の短夜が間もなく明けると、もう荷車が通りはじめる。ごろごろがたがた絶え間がない。九時十時となると、蝉が往来から見える高い梢で鳴きだす、だんだん暑くなる。砂埃が馬の蹄、車の轍に煽られて虚空に舞い上がる。蠅の群れが往来を横ぎってから家から家、馬から馬へ飛んであるく。

それでも十二時のどんが微かに聞こえて、何処となく都の空の彼方で汽笛の響きがする」

『武蔵野』の最後の文章である。都市と農村の境界さえない時空が武蔵野であった。すべてがつながりのなかにあった。

私は現在とは、伝統回帰の時代だと思っている。もちろん伝統もまた時代とともに変容しており、伝統回帰というときの伝統とはいつの時代の伝統なのかも明確ではない。さらに、すでに社会構造や人間たちの精神が大きく変わっている以上、昔に戻ることもできるはずはない。だが伝統回帰の時代なのである。それは人々が「過去」を取り戻そうとしているからで、この回帰すべき場所の一つに日本の自然観・社会観の世界があるのだと思う。国木田独歩は明らかにロシア文学に憧れていた。いまの時代なら、さっそくロシアの大地を旅していたはずだ。だがそれができず、武蔵野の面影に同じ落葉樹の世界をとらえようとしたとき、そこでみえたものは日本的な自然と社会の一体となった世界だったのである。伝統回帰とはこういうものなのであろう。

新潮文庫、1949年（改版）による。他に岩波文庫、角川文庫などがある

37

川とともに生きる活力ある社会の姿

『利根川図志』

赤松宗旦 著

『北越雪譜』が巻き起こした紀行文ブーム

この本は私が好きな一冊である。黒船が来航して世相が騒がしくなった幕末の1858(安政5)年に、いまの茨城県の布川に住んでいた赤松宗旦によって書かれている。当時の利根川の様子を描いた本である。

日本に出版文化が生まれるのは江戸時代のことであって、この時代に印刷された本が登場してくる。ちなみにそれまでは、本は書き写すのが普通であった。もっとも江戸時代の出版文化は売れるものがよい商品だといった感じで、けっして文化の創造をめざしたものではなかった。いまの出版社にあたる版元は二番煎じ、三番煎じでも売れるものを追いかけていた。

1835(天保6)年に上巻が刊行された本に『北越雪譜』がある。下巻は翌年に出ているが、越後の塩沢町で質屋と反物の仲買をしていた鈴木牧之が書いたものである。映画の水戸黄門のようだが、当時は越後の反物屋の隠居のような立場だった。いまの長野県栄村にある秋山郷を訪れたときの紀行文からなる本である。この本は江戸で出版されよく売れた。その頃の売れっ子作家の一人であった山東京伝の仲立ちで刊行されている。私自身は『北越雪譜』は好きではない。なぜなら江戸の人々の興味を引くように書きなおされていて、山奥に暮らす人たちの非文化的、原始的な様子が強調されているからである。まだこんな人たちがいたのかという興味を引くために、こんなふうに書きなおされたのであろうが、版元や山東京伝の意向が働いたのだろう。鈴木牧之が書いたものとしては、出版できずに終わった『秋山紀行』（平凡社・東洋文庫）もあって、これもまた秋山郷の紀行文である。同じ題材を扱っているのに、『秋山紀行』の方は自然とともに暮らす人たちに対する都市の人間の感動が前面に出ていて、こちらの方が鈴木牧之の本当の気持ちだったのではないかと思われる。おそらく『北越雪譜』は、それでは読者に受けないということで書き直されてしまったのだろう。

この『北越雪譜』の商売としての成功は、「素人」が書く紀行文のちょっとしたブームを巻き起こすことになった。おそらく赤松宗旦も大いに刺激を受けたことだろう。いまでいえば自費出版のかたちで『利根川図志』はつくられ、主として地元の人たちに読まれた。自費出版といっても読んだ人たちは皆代金を支払ったらしく、そんなかたちの「地域出版」も当時は生まれていたのだろう。１９３８（昭和13）年に岩波文庫に収録されたとき柳田国男が「解題」を書き、いまでは名紀行文の一つとして残されている。

舟運と漁場としての川

ところで利根川は、かつては江戸湾（東京湾）に流れ込む川であった。いまの埼玉県の羽生市あたりから南下し、荒川と合流しながら東京湾に注ぐ暴れ川である。羽生から下流は定まった流路もなく、いくつかに分流しながら大雨のたびに主な流れが変わっていく、そんな川である。下流の広大な地域は、利根川、荒川の氾濫原だったと思えばいい。ゆえに江戸時代になり、江戸に大きな都市が造られるようになると、この2本の川の流路を確定し、安定した大地をつくることが課題となった。こうして利根川と荒川を分離し、利根川は東に延ばして銚子の方にもっていく大工事がおこなわれた。とともにもともとは本流の1本であった江戸川を改修し、東北などからの物産が利根川、江戸川を経由して江戸に運ばれる物流ルートも開かれることになった。当時の川は舟運にとっても欠かせないものだったのである。実際『利根川図志』にも次のように書かれている。

「夫舟楫《しうしふ》の利は以て不通を済《せい》する物《もの》なれば、天下の利器これより便なるは無し。これ河海の大に人に益ある故なり。利根川に在ては、専《もはら》航船《たかせぶね》を用う」

舟が通行する川は「天下の利器」だったのである。この舟が利根川を縦横に行き来していた。

「此（かく）の如く諸州の通船一處に湊会して布帆は白鷺の往返するが如く、釣艇は緑鴨の来去

するに似たり。実に利根川第一の眺望（ながめ）なり」（一部の旧漢字は新漢字にあらためた）

高瀬舟では主として米を運んでいた。4人の船子で500～600俵を運ぶ舟と、6人で800～900俵を運ぶ舟とがあった。干鰯や魚油、炭、薪などを運ぶ舟もあったと書いてある。他に鮮魚を運ぶ舟もあった。銚子から布佐、布川まで舟で来て、夏は活かしたままで江戸川を下り日本橋に運び、それ以外の季節は布佐、布川から馬で松戸を通って江戸に運んだ。

この利根川は漁場でもあった。銚子に近いところでは鮭が主な対象魚で、江戸川では鯉が中心だったと記されている。ちなみに鮭が大量に上がる南限の川が利根川で、ある程度上がるということなら、房総の夷隅川が南限になる。多摩川は南限を越えていて、迷い鮭が入ってくることもあるという程度である。『利根川図志』によれば、布川あたりで捕れる鮭が一番味がいいとなっている。

かつての川には点々と川湊がつくられ、そこは宿場町のような賑わいをみせていた。北関東の材木も筏に組まれて利根川を下ってきた。松尾芭蕉の『鹿島詣』（『芭蕉紀行文集』収録、岩波文庫）を読むと、芭蕉は舟を乗り継いで鹿島へと向かっている。川は人の移動にとっても欠かせないものだった。とともに川の周りには次第に農村が展開し、川は村の暮らしをも支えていた。そこには川とともに生きる社会があった。

改修の主目的は舟運路の確保

はじめて『利根川図志』を読んだときには、かつての川の豊かさに驚いたものだった。川は社会の大動脈であり、大きな漁場であり、周辺の町や村を支えていた。さらに東京湾に流れていた川を銚子にもっていくという、今日でもできそうもないほどの大改修をしていながら、それが川の荒廃にはならず、豊かな利根川を維持させたことにも驚いた。明治以降の、とりわけ戦後の日本は、改修を重ねるたびに川を荒廃させてしまっている。この違いはいったいどこにあったのか。この疑問は小出博の『利根川と淀川』（中公新書）を読んだとき理解することができた。この本で書かれている利根川の変遷と改修工事の概要については、大熊孝の研究に大きく依存している。1975年に出た本だから、大熊は文字どおり河川工学の若き研究者だった。

小出は利根川の銚子への東遷は江戸を洪水から守ることに主眼があったのではなく、乱流していた利根川の流路をまとめ、江戸への舟運を確立することの方に目的があったとしている。主として東北の物産を江戸に運ぶ安定的な動脈をつくろうとしたのである。そのために利根川を東側にあった沼などとつなぎ、流路をつくりだそうとした。もちろん洪水防止という目的も多少はあっただろうが、それが主目的だと考えるには工事のやり方が合致していない。利根川の改修は銚子につながってからもくり返し実施されており、実際に洪水を防止できるだけの流量が銚子に流れるようになったのは昭和に入ってからだと記している。

改修の主目的が舟運路の確保であるとするなら、安定的な流量確保が必要になる。つまり一年をとおして安定的に水が流れている必要があるのである。とともに改修以前の利根川から東の沼沢地の自然をよくみながら新川を掘ってつないでいくという工法だから、いわば自然を活用しながら流路変更をはかっていった。自然との闘いではなく、自然の変遷をはかったのである。それらのことが、豊かな川としての新しい利根川をつくりだすことになった。

自然と人間が結ばれる世界の衰退

『利根川図志』は幕末期の本である。その頃には舟が行き交い、川湊の栄える利根川があった。中継地には町が形成され、さらに農村が展開していた。日本は川とともに歴史をつくってきた社会なのである。それと比べればいまの川はあまりにも貧弱だ。自然を感じられない川があるばかりでなく、人との結びつきがみえなくなった川が全国に広がってしまっているからである。そんなことをあらためて感じさせてくれたのがこの本だった。

銚子の先に海鹿島《あしか》があった。一年中アシカがいて多いときには200〜300匹暮らしていたと『利根川図志』には記してある。前記したようにこの本が岩波文庫から刊行された1938（昭和13）年に、柳田国男が解題を書いている。その解題のなかに次のような文章がある。

「最近亡くなった末弟が十四歳の時、僅かな金をもつて夏の盛りに、利根川の堤を二人で下って行った。腹がへつてもうあるくのいやだといふのを、あしか島を見せてやるからとすかし励まして、夜路を到頭銚子の濱まで行ってしまった。実は船賃をのけると一泊の金が無かったからである。ところがその海鹿島には、もう『利根川図志』のような海鹿は上がっていなかった。さうして評判の遠目かねは割れて居た。是がその獣の皮だという毛の禿げた敷物の上で、梅干しと砂糖とだけの朝飯を食べて還って来たことがあつた」

アシカはもういなかったのである。遠眼鏡があったということは、ここが観光地になっていて、アシカをみる望遠鏡がおかれていたのだろう。それも壊れ、毛の禿げたアシカの皮だけが敷物としてしかれていた。

柳田国男は『利根川図志』を読んでは、川沿いの道をよく旅したらしい。まだ舟運の舟は通っていたようだが、湊町はかつての賑わいを失っていた。といって新しい発展をしたわけでもなかったから、昔の町並みがそのまま残り、寂れた雰囲気だけが漂っていた。自然と人間が活力をもって結ばれていた時代が終わりかけていたのである。

『利根川図志』には、川沿いの町や村にある多くの寺や神社の様子も描かれている。たとえば下総国臼井領に稲荷山神宮寺があった。いまもあるのかどうかはわからないが、おそらくはないだろう。神宮寺はほとんどは神社に付属しているお寺で、江戸時代までは神社が寺をもっていたり、寺が神社をもつのは普通のことだった。日本は神仏習合の社会である。1868（明治元）年に神仏分離令、正確には神仏判然令がだされ、神と仏が分けられた。その神の世界を皇室信仰と一体化させたのが国家神道で、この神仏分離の動きとともに廃仏毀釈も起こっている。全国各地にあった神宮寺はこのとき破壊されているから、下総国臼井領の神宮寺も、たぶん存在していないか別のかたちに変えられていることだろう。

　自然と人間が活力をもって結ばれていた時代には、日本では、神仏の世界と人間の世界も、あの世とこの世もまた有機的に結ばれていた。自然は人間の世界とともに展開しながら、その自然のなかに人々は人間を超越した「神秘」をも感じていたのである。『利根川図志』の時代の終焉は、そのような時代の終わりをも意味していた。

柳田国男校訂、岩波文庫、1971年による

38

生活・仕事・接客が一体となった民家の姿

『日本の民家』

今 和次郎 著

以前に三重県の海岸近くの道を歩いていると、その町にはベンチが多いことに気づいたことがあった。外玄関の脇などに点々と木のベンチがある。一緒にいた地元の人によると、それが昔からのこの町の習慣なのだという。道を歩く人に休む場所を提供する。これなら高齢者も安心して出かけられる。

開かれた空間としての縁側と観音堂

この町のベンチは家屋ではないが、かつての家屋には外の人に開放されている場所があった。代表的な場所は縁側で、家の人がいないときでも縁側に座って帰宅を待つことが、地域の人たちに許されていた。ときには物売りの人が縁側で待っていることもあった。無断で座敷に上がり込むのはルール違反であるが、縁側に座っているのはかまわない。同じような役割をもっているのが、玄関の上がり口のところだった。ここに座って待っているのもかまわない。かつての家屋は家族以外の人たちにも寄る場所を提供していた。

富山県のある地域には、地域の人が勝手に上がって水を飲んで帰るのはかまわないという習慣があった。農業地帯だから、夏などは忙しい。しかも村の歴史のなかで農地は所有権が移動したり分けられたり、開墾したりをくり返してきたから、すべての農地が自分の家の近くにあるとはかぎらない。忙しいときに水を飲むために自分の家に帰るのはかなりロスになるから、台所まで行って水を飲んで帰る権利を地域の人たちに開放していたのである。

私の暮らす上野村もそうだけれど、集落の脇にある観音堂や阿弥陀堂もそういう役割をあわせもっていた。上野村の観音堂や阿弥陀堂は、たいていは10畳くらいの板の間で、中央に囲炉裏が切ってある。奥には仏様が祀られていて、ここは集落の人たちの信仰の場でもあり、集会の場所でもある。さらにもう一つ役割があって、旅人が泊まっていってもいいところである。以前は必ず薪が用意されていたから、泊まる人は火を焚くこともできた。もっとも上野村の人たちに聞いてみると、泊まる人は集落の家に寄って「今晩泊まらせていただけるでしょうか」などと声をかける。そうすると「何も観音堂に泊まらなくても」と村人は自分の家に泊め、食事を用意し、翌日は弁当をもたせて見送るのが一般的だったそうである。

昔の暮らしのなかには、家屋の一部にも、集落や町のなかにも人々に開放されている場所があった。開かれた空間だったのである。

接客と仕事の空間が失われた民家

今和次郎の『日本の民家』が刊行されたのは大正11年、1922年のことだった。題名のとおり、各地の民家の構造を記述した本であるが、たとえば農家の代表的なつくりは田の字構造になっている。田の字の真ん中に大黒柱があり、四つの空間からできている。一つの空間は玄関を兼ねた土間で、ここは仕事場としても、一時的に農産物を貯蔵するところとしても使われていた。玄関の上がり口の垂直になっている板を外すと、そこから縁の下に入れて、穴を掘った貯蔵庫がつくられている家もある。ここは冬に野菜を長期保存する場所として使われた。田の字構造のもう一つの空間は囲炉裏の間で、ここは家族団欒の間でもあり、仕事場でも、ときに訪ねてきた人を上げる場所でもある。残りのふたつの空間は居間で、そこは寝室を兼ねる生活の場であるが、奥の部屋はしばしば客を泊めるために用いられた。田の字構造だと部屋は3室しかないのだが、もう一つの場所である土間や縁側などをふくめて、こんなふうに使われていたのである。

今が述べたことは、かつての民家には生活空間、仕事空間、接客空間があったということである。それが日本の家屋であった。

それに対して近代的な都市の家屋は構造が違っている。大正時代にできた近代住宅では、洋風の応接間を設けるのが普通だった。玄関からすぐのところに一部屋だけ洋間がある。その頃はまだお客さんが訪ねてきたから、そのときのための部屋を用意したのである。少し金持ちの家になると、客を泊める専用の部屋をもっているものだった。田の字構造の家のように、自分たちの生活・仕事空間に客を呼ぶことはなくなっていたが、接客空間はまだ用意されていた。

ところが戦後の高度成長以降の家になると、基本的には接客空間が用意されていない。玄関のドアまでくるのも宅配業者か郵便局の人くらいで、家屋は外部に対して閉じられた空間になった。さらに家のなかから仕事空間がなくなった。もちろん台所は仕事空間だということができるし、パソコンやインターネットの時代になると帰宅後もパソコンで仕事のつづきをするという人も存在している。しかしそれらがかつての「日本の民家」と違うのは、たとえ仕事をしていても人々が触れ合うなかで仕事をするのではなく、孤立したかたちで仕事をしていることである。

つまりこういうことだ。かつての「日本の民家」の暮らしでは、生活をするということと仕事をすること、客が訪ねてくることとが分離できないかたちで展開していた。囲炉裏端で仕事をしながら日常的な会話もおこなわれていたし、そのなかに訪ねてきた人が加わってくることもあった。どこまでが生活でどこからが仕事なのかも、どの部分が接客なのかもよくわからない。それがかつての暮らしだったのである。

近代的な社会は、このようなあり方を一変させた。生活、仕事、接客が分離したのである。だから近代住宅でははじめに応接間が用意され、さらに何十年かが過ぎるとそれもなくなって、外部の人とは外で会うようになった。家で仕事をするときでも、孤立したかたちでおこなわれるようになる。

さらに述べれば現在の家は、賄い付きワンルームマンションのようになっている。たいていは2階にそれぞれの個室がある。それがワンルームマンションで、1階が賄いの食堂になっている。家族がそろって食事をするというのも稀で、三々五々に今日の「定食」を食べている。そんな家がいかに多くなったことか。はじめの変化は開かれた家が家族だけの閉じられた家に変わったことにあったが、さらにその後に生活、仕事、接客という要素がバラバラになり、すべてが個的なものになって孤立して営まれる時代が発生したのである。

『日本の民家』は大正11年の本だから、もちろん昭和の家や戦後の家について触れているわけではない。生活、仕事、接客の三つの空間がかつての民家にはあったと述べているだけだ。それらの要素が一体となって営まれている社会と、それらが分離しバラバラになった社会との対比をおこなっているわけでもない。しかしこの本は私にとって、家屋のあり方から社会を考えていくという新しい視点をもたらしてくれた本だった。

今和次郎は民家の構造についてだけ述べている。しかし私はそれでは不十分だと思っている。はじめに述べたように、接客空間は縁側や玄関の上がり口にも用意されているし、三重県の町のように外玄関の脇にベンチを設けている地域もある。さらに水を飲むためなら上がってもよいという地域もあるし、観音堂や阿弥陀堂のかたちで村落共同体がそれを用意していることもある。つまり、家屋だけですべてが展開しているわけではなく、共同体としての共有空間がそれぞれの家屋を包み込んでいたのである。だから今がつくりだした家屋の考現学だけでは不十分で、家を包んでいる共同体のありようもふくめて家屋は論じられる必要がある。しかし、そうはいっても、そんなことを考えるきっかけをつくってくれたのも『日本の民家』だった。

新しい共同の場をつくる動き

ところで私は農の営みとは、この営みをとおして作物が生産され、農とのかかわりのなかに生活があり、さらに農をとおして交流が生まれていくことのなかにあると考えている。産業としての農業は商品作物の生産に終始するが、農民たちがおこなってきたことはそういうものではなかった。農の営みとともに生活が展開し、そのことをとおして地域の人々との交流も、かつては仲買さんやお客さんとの交流も生まれていた。そしてそういう農の営みがあったからこそ、農村の家屋は生活空間、仕事空間、接客空間を一体化させていたのである。

社会のあり方が日々の私たちの暮らし方を変え、家屋の構造も変えていった。だから社会のあり方やいまの暮らし方に疑問をもつ人が現れると、家屋のあり方を変えようとする動きも起こってくる。たとえば今日では古民家ブームが起こっているけれど、古民家への憧れは現在の社会や暮らし方に対する疑問があるからこそ生まれてきたものである。

さらにこの数年、都市部ではシェアハウスが定着してきている。一軒の家を確保して共同で暮らすというかたちだけれど、最近では若者だけでなく高齢者もこの動きに加わりはじめている。隔離された個人であることに疑問をいだいた人々が、このような住まいの形式を生みだした。

また、家はこれまでのままでも、外に共同の場をつくろうという動きも活発になってきている。いわば自分たちの集まる場をつくるということであり、それがコミュニティ・カフェやコミュニティ・レストランなどを生みだしている。自分の家だけを家と考えるのではなく、共同空間をもちながら、その全体を暮らしの場にしていく試みである。

こんなふうに考えていくと、今和次郎が民家について調べていた時代が終わり、代わって個人を軸にした時代、生活や仕事、接客が分離した時代が展開するようになった。私たちはそれを近代化された社会と呼んだのだが、いまではこの社会のほころびが感じられるようになってきて、そこから新しい暮らしの空間の模索がはじまっているように思えてくる。暮らし方、住まい方をとおして、いま私たちはこんなふうに歴史を振り返り、とらえることができる。『日本の民家』はいろいろなことを考えるヒントを与えてくれる本である。古典とは、未来へのヒントを与えてくれるからこそ古典なのである。

岩波文庫、1989年による

39

織田信長とその時代

『信長公記』

太田牛一 著

普段は紹介しないような本を取り上げてみようと思う。『信長公記《しんちょうこうき》』、織田信長の近くで長く仕えていた太田牛一が書いた、信長の伝記である。著者が近くにいた家臣ということもあって、死後に時間を経て書かれた他の武将の伝記物のような物語化や神格化がなされておらず、内容はかなり正確だと思われている。ちなみに数多くの信長を題材にした小説や映画も、さらにはこの時代の他の武将に焦点を合わせた作品も『信長公記』に大きく依存しており、特に信長の戦記や人物像については、この本を土台において想像力を加えて書かれたものが、すべてだといってもよいほどである。信長に関心があるのなら、一度読んでみるとおもしろい。注釈の付いた原文版としては『改訂・信長公記』（新人物往来社）、『信長公記』（角川文庫）が刊行されているが、読みやすいものとして現代語訳版をテキストにした。

信長の姿を彷彿とさせる描写

『信長公記』は首巻と15巻からなる全16巻の書物であるが、第15巻の最後は明智光秀の謀反と本能寺での信長の最期、直後の京都周辺での織田勢の混乱を記して終わっている。本能寺を包囲された信長は森蘭丸に「誰の仕業か」と聞いた。蘭丸が「明智光秀の軍勢と思われます」と答えると信長は「仕方ない」と言い、弓を持って応戦した。弓を変えながら戦ったがすべての弓の弦が切れ、それからは槍を持って防戦した。しかし多勢に無勢のうえ建物にも火が回り、信長は女衆に脱出を命じると自分は納戸に入って内側から鍵をかけ切腹した。信長の最期はこんな記述であり、映画などで描かれる場面そのものである。

首巻は尾張一帯を支配する織田一族とその内紛に明け暮れる様子が書かれているが、一族の一人織田信秀が勢力を伸ばして那古野《なごや》に城を築き、嫡男の吉法師《きっぽうし》、後の信長を住まわせたというところからはじまっている。吉法師は元服して信長となった後も武将の嫡男のような折り目正しい行動はせず、湯帷子《ゆかたびら》を袖脱ぎにして着て半袴《はんばかま》をはき、髪は茶筅髷《ちゃせんまげ》といった出で立ちで、町中では柿や栗、瓜や餅などをかじり食いしながら、人に寄りかかったり、人の肩にぶら下がって歩いていた。人々は信長は大馬鹿者だと言っていた。こんな記述もよく映画などに出てくる若き日の信長そのものである。

父、信秀の葬儀のとき遅れてやってきた信長は普段の格好そのままで、つかつかと仏前まで入ってくると抹香を仏前に投げかけて帰っていったとか、織田上総介《かずさのすけ》信長と、勝手に官名を名乗るようになったとか、娘を信長の嫁にだした斎藤道三が「婿殿は大馬鹿者だ」と人々が言うので本当かどうか見定めてやろうと思い、正徳寺というところで信長に会うことにした。道三は手前で信長の一行を隠れてみていたが、信長は700〜800人ほどの供を見事に着飾らせ、朱槍500本、弓・鉄砲500挺をもたせて現れた。その見事さに道三は驚いたが、信長の格好はいつもの大馬鹿者のままであった。ところが会見の場では一点の非もないほどの身支度で現れ、道三は感心するしかなかった。後に道三は家臣に、「残念だがこの道三の息子たちは、いつか信長の門前に馬をつなぐことになろう」と言ったという。この描写も小説や映画によく出てくるもので、元は『信長公記』にある。

逆に映画などでは誇張されすぎていると感じるのは桶狭間の一戦である。4万5000の兵を引き連れて進軍してきた今川義元に対して、信長は2000にも満たない軍勢で奇襲をかけ、ついには義元の首を取った。だが『信長公記』によれば、この一戦の前に信長はいくつもの山城を築き、用意周到に奇襲をかけている。数では劣っていたが、勝てる準備も計画も立てて攻撃しているのである。今川側の油断を引き出すためにいくつかの山城を犠牲にしながらこの戦いはおこなわれたのであって、一か八かの奇襲ではなかったことが『信長公記』からはうかがえる。

1574（天正2）年の正月、集まってきた家臣とともに、信長は前年に滅ぼした浅井長政・久政、朝倉義景の髑髏《どくろ》を肴にして酒を飲んだ。三つの髑髏は漆で塗り固めてから金泥などで装飾してあった。『信長公記』はこういうことも詳細に記述している。

みえてこない信長の社会観・歴史観

信長は支配地域を広げると、街道を整備し、関所を廃止して自由往来できる体制を整備した。尾張と各地を結ぼうとすれば、どうしても木曽三川（現在の木曽川、長良川、揖斐川、これらはもともとは下流部で合流する川だったが、江戸時代に三川分離の工事がはじまり、現在の姿になっていった）を渡らなければならなくなる。信長はここに橋を架けさせ、人だけではなく物資輸送の牛馬も通れるようにしたと書かれている。基盤が軟弱な湿地帯のようなところにどうやって長大な橋を架けたのかといえば、それは舟橋だったと『信長公記』には書かれている。小舟を対岸まで縦にずらりと並べ、そのうえに板を敷いてつないでいく方法である。小舟は錨《いかり》を降ろすようなかたちで定着させてあったのであろう。

こんな記述もある。ある日信長は移動中に障害のある人が乞食をしているのをみかけた。乞食は移動をするものだが、その人は障害があって移動ができず、ずっとその場にいた。信長は木綿20反を用意し、村人を集めてこの木綿の半分を費用に充てて乞食が住む家をつくるようにと命じた。さらに近隣の村の者は米や麦の収穫があったときに、負担にならない範囲で米や麦を供出し、乞食に与えてくれれば「信長は嬉しく思う」と言い添えた。さらに信長はいくばくかの銭を乞食に与えたが、村人も同行の家臣も感動して涙を流した。信長にはこんな一面もあったのだろう。

これ以上に内容を知りたい人には読んでもらうしかないが、暇なときに読むにはおもしろい本である。

ところでこの本は、若い頃から死を迎えるまでの信長の経緯についてはかなり正確に記述されているのだが、信長の最終的な目的がどこにあったのか、というようなことになるとよくわからない。たとえば信長は足利義昭を担ぐかたちで足利将軍家を再興している。荒れていた天皇家の内裏なども修復、再建し、公家たちの領地も回復させている。だが、にもかかわらず、幕府の要職につくことも天皇から官位を授与されることも拒否し、その姿勢を貫いていることは『信長公記』にも書かれている。とするとなぜ将軍家や天皇家のために働きながらそうしたのか。後に徳川家がそうしたように、圧倒的な力を確立してから天皇家をも自由に操る方がいいと考えていたとも推測できるし、天下統一の過程では将軍家や天皇家を利用しても、最終的にはそれらを不要とする統治をめざしていたと推理することもできる。官位などを受けなかったという事実はわかったとしても、その背景に信長のどんな社会観や歴史観があったのかは、この本だけではわからない。

だが次のようなことは『信長公記』からも読み取れる。それは天下統一をめざす信長にとっての最大の敵は諸大名ではなく、一揆衆だったということである。もともと武士の時代とは、武士たちが農村に暮らし、武装した一族郎党を率いるという時代だった。鎌倉武士とは、百姓の統領という性格ももっていたのである。だから戦国時代に入っても、百姓たちは武士団のような性格もあわせもっていたし、各地には百姓たちとも結んだ地侍たちが存在していた。そして大名たちも地侍を取り込むことで領国の安定をはかるのが普通だったから、地侍・百姓連合のようなかたちで一揆が起きるばかりでなく、大名同士の戦いのなかでも領主と連携するかたちで一揆軍が兵を挙げるというようなことが、しばしば起こっていた。

『信長公記』を読んでも、たとえば伊勢平定は長島などの一向一揆との戦いだったし、浅井・朝倉連合軍との戦いでも、連合軍側に呼応する一揆の動きに行く手を阻まれ、あるいは背後を襲われている。最終的には信長は、根絶やしにするほど一揆衆を切り捨てていくのだが、朝倉を倒して越前を平定しても、たちまち一揆軍によってその越前を奪われてしまってもいるのである。城にいる大名は滅ぼしてしまえばそれで終わりだが、地面から這い上がってくるような一揆軍の抵抗には終わりがない。

そんな時代のなかで、信長はどんな社会をつくりたいと思っていたのであろうか。そういうことは『信長公記』からはみえてこない。

「普通」であることを求めた信長

この本を読んで私が感じるのは、歴史とは何だろうということである。信長伝としては、おそらくこの本はかなり正確に書かれている。大河ドラマのネタ本としてはそれでよいのかもしれないが、「事実」だけでは「歴史」がみえてこないのである。信長の歴史だけをとっても、その底にはどんな時代を、どんな思いで戦い抜いていったのかがわかってこそ、信長の歴史もあるはずである。さらに述べれば、たびたび一揆を起こしていった百姓やそれに呼応した地侍たちは、どんなふうに社会をとらえ、どこから戦うエネルギーを生みだしていたのか。歴史はそういうこととともに展開しているはずなのだけれど、「事実」を並べた信長一代記だけではそれはみえてこない。「事実」はわかっても、「歴史」は闇のなかである。

だがこの本からあえて推測すれば、信長はすべての者たちに「普通」であることを求めたのではないかという気がしてくる。たとえば一揆を起こした百姓たちは根絶やしにしても、領国を与えた配下の大名たちには厳しい徴税を禁じている。「普通」に百姓であろうとする者たちとは、ともに栄えていこうとする姿勢である。比叡山に対しても信長側につくか、仏教者としてどちらにも与することができないというのであれば中立を守るよう求めている。だが比叡山は朝倉側につき、信長は比叡山を焼き討ちしている。「普通」に僧侶であろうとしないのであれば、根絶やしにするということである。この推理が正しいとすれば、信長は「普通」を求めて異常な殺戮をくり返したということなのであろうか。あるいは信長が求めた「普通」が、当時の状況のなかで「普通」に生きている人々からみれば、異常な要求だったということなのであろうか。

『現代語訳 信長公記』、中川太古訳、新人物文庫、2013年による。他に、ちくま学芸文庫、教育社新書（上下巻）などがある

40

運動を支えた養蚕地帯の自由な精神

『秩父事件　自由民権期の農民蜂起』

井上幸治 著

私の家のある群馬県上野村あたりの谷は、かつて山中谷《さんちゅうやつ》と呼ばれていた。私の村は山中谷の一番上流部にあって、近世の上山郷《かみやまごう》がいまの上野村である。下流に向かって中山郷、下山郷があり、この三郷を利根川の支流、神流川《かんながわ》が貫いている。山中谷とはよくいったもので、山また山の地域がつづいている。

神流川沿いの山から南に峠を越えると、秩父地方に出る。秩父は荒川水系であるが、秩父盆地から一歩山に入れば、山中谷とさほど変わりのない山間の景色が広がっている。

神流川沿いの国道が整備される以前は、上野村の人たちは江戸や東京に出るときは、山を越えて秩父に向かった。利根川へと向かう神流川沿いの道は安定していなかったのである。荷物が多いときは秩父から荒川沿いに歩き、途中から川船に乗った。荷が少ないときは秩父からもう一つ峠を越えて関東平野に入り、川越まで行って新河岸川から船に乗った。そんなこともあって、山中谷の村々は、上州と武州という違う「国」ではあっても、秩父地方とのつながりが強かった。しかもどちらの地域も、以前は主産業が養蚕だったから、その点でも共通性があったのである。

1884（明治17）年の10、11月、秩父地方でいわゆる秩父暴動が起こっている。生糸価格の暴落で貧窮したこの地域の人々が、世直しを訴えて起こした一大闘争だった。

秩父事件、あるいは秩父暴動については、いまでは数多くの本が書かれている。井上幸治の『秩父事件』は、一般の人の目に触れる最初の全貌を知る書籍だった。この本が出てから以降にも新しい資料が発見されているから、事実関係では「古さ」もあるかもしれないが、秩父暴動についての本では、私は井上の『秩父事件』が一番よいと思っている。

井上幸治はフランス史の研究者であるが出身は秩父である。秩父地域の風土、気質などをよく知っていて、秩父暴動については、伝わっている話を子どもの頃から聞いていた。武甲山、城峯山などの山岳信仰＝修験道の山々が背後にあり、森の裾には桑畑が広がっている。農家からは生糸や秩父銘仙が生まれ、12月に入ると大きな山車が町中を練り歩く秩父の夜祭りが待っている。秩父の札所巡りやこの地に数多くある鉱泉での湯治をめざして、関東一円の人たちが訪れる場所でもあった。

秩父暴動については、貧窮した農民の一揆という視点からの本や、秩父自由党を軸にした政治的な闘いという視点の書籍などが多いが、井上の『秩父事件』は明治10年代の自由民権運動との関係でこれをとらえている。ただしこの自由民権運動は、各地の風土のなかで高揚していったものであり、けっして単なる政治運動ではなかった。桑畑とともに生きる人たちが、自由で民主的な社会を求めたのである。彼の本はこんな雰囲気をよく伝えている。だからそれは秩父盆地だけに限定された闘いではなかった。上州自由党の人たちとの連携があり、山中谷の人々も合流した。信州の佐久からの参加もあったが、大地とともに生きる人たちのロマンがあってこそ秩父暴動に向かっていく自由民権運動は成立したのである。

外の世界に開かれていた養蚕地帯

上野村の隣村に住む高橋さんのひいおじいさんは、秩父暴動に参加して逮捕された。幹部ではなく参加者だから罰金刑ですんだらしい。高橋さんの家も山林をもつ養蚕農家であった。逆に蜂起への参加を断って攻撃された家もある。私が上野村を訪れるようになった半世紀近く前は、秩父盆地でもこの出来事については伏せておく雰囲気があった。秩父の農民たちは一斉に武装蜂起し、東京の制圧をめざして関東平野に繰り出していった。派遣された警察隊や憲兵隊と衝突してこれらを撃破し、ついには東京鎮台の鎮台兵（後に陸軍になる）との戦闘になって敗れ佐久へと逃れる。ここで高崎鎮台の鎮台兵との戦闘になり壊滅。幹部7人は死刑となり、逮捕者は1万4000人にのぼった（処罰された者は4000人余り）。明治専制政府の打倒を掲げた闘争であり、参加者たちは朝敵とされた。戦前は天皇に楯突いた犯罪人だったのである。だから、かつては、この暴動についてあまり多くを語らない雰囲気がこの地域には残っていた。

しかし『秩父事件』が刊行された頃から、雰囲気は徐々に変わっていく。学生運動や反戦運動、市民運動などが活発化していった時代背景のなかで、秩父暴動を肯定的にとらえる書籍が出版されていった。闘いの歴史の掘り起こしもすすみ、埼玉新聞社も精力的に資料集を刊行した。地域の人たちも先祖の闘いを誇らしげに語るようになっていった。

秩父暴動の経緯を簡単に述べれば、明治14年に大蔵卿になった松方正義の財政政策によって、日本は強度のデフレに陥る。いわゆる松方デフレである。その影響は農村で厳しく、各地に疲弊した農民が生まれることになった。秩父地方の主要産業は生糸の生産であったが、生糸は江戸時代、明治時代をとおして日本の主要輸出品であった。秩父生糸はフランスへの輸出が多かったのだが、フランスの生糸取引の中心であったリヨンで、明治15年に生糸相場が暴落する。秩父の養蚕農家は高利貸から金を借りて暮らし、生糸を売って借金を清算するという者がかなりいたが、デフレと相場の暴落によってそれができなくなってしまった。この事態を受けて秩父自由党を軸とした人たちは秩父困民党をつくり、高利貸に借金の半分棒引きと利子の減免を求めるがうまくいかず、ついには自由自治元年を掲げて、明治政府の転覆をめざした武装蜂起へと向かっていった。秩父暴動の前には明治15年の福島事件、17年の加波山事件、同年の群馬事件などがあり、群馬事件では農民が妙義山に集結したりしているが、この時代には各地で農民蜂起がつづいた。東京へと向かった蜂起軍は埼玉県の児玉で鎮台兵と戦闘になり敗北する。

これが一つの経緯であるとすれば、秩父暴動にはもう一つの過程があった。明治7年に板垣退助らによって民撰議院設立の建白書が出される。後に自由党が結成され、全国的な自由民権運動が展開していくことになった。秩父暴動に関係するところだけをみれば、上州自由党と結びながら秩父自由党が結成されていく。自由党のなかには穏健派と急進派がいたが、フランス的自由主義に向かった急進派は、言論の自由や平等を求めて明治政府と対決し、民衆蜂起も辞さない方向に向かっていた。秩父では暴動の前年に急進派の論客とみられていた大井憲太郎を招いて講演会などがおこなわれている。この秩父自由党を母体に秩父困民党が結成されていくのだけれど、養蚕地帯はそういう先進的な雰囲気ももっていた。江戸時代には長崎をとおして生糸を輸出し、明治になると横浜から輸出されていく。自給自足度が高い農村とは、基本的な性格が異なるのである。秩父暴動とは関係がないが、明治12年には群馬県島村の農民三人が、自費で世界一周旅行に出かけている。アメリカとヨーロッパにいったのだが、その動機は諸外国に輸出するのだから外国の様子を農民は知る必要があるというものだった。養蚕地帯はそういう風土ももっていた。

富岡製糸に繭を卸さなかった群馬の農民

松方デフレ以降の農民の困窮と新しい社会理念の摂取。それが結びついて起こったのが秩父暴動である。とともに、もう一つ、大地とともに生きる人々のロマンがこの暴動の背景にはあった。それは大地、自然に支えられ、自分の技とともに生きる農民の自由さだった。山間地域というと平場の農村よりも貧しい地域と思われるかもしれない。だが、そうではなかった。背後には豊かな山が控えているのである。昭和の農村恐慌のときにも、山村は大きなダメージを受けていない。山に入れば栗や栃があり、栃の実はあく抜きをすればおいしく食べられる。ドングリの実もあく抜きをして粉にし、ピザのように焼いて食べることができる。山のなかの川にはヤマメやイワナがいて、動物を獲ることもできるし、山菜や茸もある。山村の人たちは、もともと、そういうものにある程度依存して暮らしていたのであり、むしろ平場の農村の方が冷害時などには大変だった。

助けてくれる自然があり、それを活用する技がある。だからそうやって生きる自由さを知っている農民にとっては、明治政府の強圧的な態度は耐えられなかった。とともに農民がいるかぎり、自由を求める人たちはどこにでもいるという農民に対する信頼が、彼らの精神の根底にはあった。その意味では秩父暴動は、精神的に追い詰められた農民の蜂起ではなかったのである。

そんな雰囲気を井上幸治の『秩父事件』はよく伝えている。

自由に生きているからこそ自由を求めるのであって、追い詰められた人たちが自由を求めるわけではない。たとえ貧しくても自由な生き方を知っている者が、自由の大切さも知っている。それは今日でも変わるものではない。

秩父暴動は秩父盆地を中心にして起こったが、それは秩父の百姓一揆ではなかった。これからの社会のあり方を描いた闘いだったのである。だから自由民権運動の一つの闘い方だった。

ところで世界遺産になっている旧富岡製糸場がつくられたのは、明治五年のことだった。フランスの最新鋭の製糸機械を導入して操業を開始している。群馬県は古くから一大養蚕地帯であったから、繭の入手も容易だと考えたのだろう。ところが群馬産の繭は富岡には入らなかった。逆に群馬では富岡に繭を売らない運動が起こったのである。

養蚕農家は繭をつくるまでの過程と繭から生糸をとる紡糸過程、さらに「くず糸」で機織りをし、布に仕上げる過程をあわせもっている。「くず糸」とは太さが均一ではない糸のことで、これで織られた布が「つむぎ」である。けっして悪い布ということではないが、この糸は輸出用には向いていなかった。

富岡製糸に繭を卸すようになれば、養蚕農家は紡糸以下の工程を奪われてしまうのである。それは富岡の下請け農民になってしまうということだ。それを許せば自由な農民ではなくなるだろう。群馬の農民たちは地域ごとに一種の「協同組合」をつくり、農民と道具をつくる職人たちの力を結集して富岡製糸に対抗した。最初にできた「協同組合」は安中の碓氷社であったが、水車を使った共同製糸場を地元につくっている。この碓氷社は現在も健在で、養蚕農民協同組合・碓氷社の看板が掛かっている。いまの日本で機械製糸ができるのはここだけである。

明治の農民はそういう気概をもちながら、時代の変化をつくりだそうとしていたのである。

中公新書、1968年による

41

近代唱歌とは何だったのか

『日本唱歌全集』

井上武士 編

少し変わった本を取り上げてみよう。日本の唱歌を集めた本である。

日本に小、中学の学校制度がつくられたのは、1872（明治5）年の学制の発布からはじまる。そのとき小学校では唱歌という授業が設けられることになった。といっても実際に唱歌教材がつくられるようになったのは明治10年代に入ってからで、その頃は欧米の曲に日本語の歌詞をつけたものが中心だった。たとえばその一つに「蛍の光」がある。原曲はスコットランド民謡である。

明治10年代から、小学校向けだけではなく、中学校向け、幼稚園向けの教材が編集され、明治25年くらいになると一つの完成形がつくられていった。そういう経緯を経て、日本に「唱歌」が定着していく。この明治25年版に収録された曲に「宮さん」がある。作詞者は品川弥二郎と伝えられているが、品川弥二郎は長州生まれ、松下村塾出身の官軍側の人で、後に内務大臣などになっている。よく知られている曲ではあるが、歌詞を書いておこう。

「宮さん宮さん　お馬の前で　ちらちらするのはなんじゃいな　とことんやれ　とんやれな／あれは朝敵征伐せよとの　錦のみ旗じゃ知らないか　とことんやれ　とんやれな／国を追うのも人を殺すも　たれも本意じゃないけれど　とことんやれ　とんやれな」

この曲は「小学唱歌」に収録されたが、同じ教材のなかには「紀元節」という曲も入っている。

「雲に聳ゆる高千穂の　高嶺おろしに　草も木も　なびきふしけん大御代をあおぐきょうこそたのしけれ／……／空にかがやく日の本の　万の国に類いなき　国のみはしらたてし世を　仰ぐきょうこそ　楽しけれ」

「数えうた」という曲もある。

「一つとや　ひとりで早起き身を清め　日の出おがんで　庭はいて　水まいて／二つとや　ふだんにからだをよくきたえ　み国にやくだつ人となれ　民となれ／……／十とや　東亜のまもりをになうのは　正しい日本の子どもたち　わたしたち」

「ふるさと」の歌詞は牧歌的ではない

ところで、私も子どもの頃はいくつもの「文部省唱歌」を歌ったものだったが、大人になってからあらためて関心をもったきっかけは、誰でも知っている唱歌「故郷」の詩だった。

「兎追いしかの山　小鮒釣りしかの川　夢は今もめぐりて　忘れがたき故郷／如何にいます父母

恙なしや友がき　雨に風につけても　思いいずる故郷／こころざしをはたして　いつの日にか帰らん　山はあおき故郷　水は清き故郷」

拙著『共同体の基礎理論』でも述べたことなのだけれど、この曲は大正3年に「尋常小学唱歌」に収録されている。作詞は国文学者の高野辰之で長野県の飯山市に近い旧豊田村の生まれだから、故郷への思いが根底にあるのだろう。だがこの曲はふるさとを捨てる歌だ。高野辰之自身も東京へと向かった人だったが、ふるさとを捨てて都市へと出てくる。しかし気持ちはいつもふるさとを思っている。そういう曲である。最後に「いつの日にか帰らん」とあるが、それもいつかふるさとで暮らそうということではない。都市で成功し、故郷に錦を飾る、ということである。実際、高野は晩年に数日故郷に帰っているが、このときには村人が提灯行列で迎えている。

とすると、ふるさとを捨てる理由は何だったのだろうか。前記引用した「数えうた」の歌詞を使えば、「み国にやくだつ人となれ」なのである。それが明治以降の立身出世観であった。冒頭の「兎追いしかの山」も気になるところである。というのは日本は日清戦争以降、寒冷地での戦争に勝たなければならなくなった。ところが当時の兵隊の軍服は木綿で温かくない。その結果、襟のところにつける毛皮が大量に必要になった。こうして国は軍事産業として狩猟を育成するようになったのだけれど、軍が狩猟者に鉄砲の撃ち方を指導している。狩猟団体として大日本猟友会がつくられたが、この団体の主務官庁は戦後も長い間、いまの経済産業省であった。

そういうこともあって学校では、しばしば生徒たちが兎の追い込み猟をしている。そうやってとった兎を校舎の軒下にぶら下げ、生徒たちが誇らしげに写っている写真が各地に残されている。お国のために子どもたちも頑張っているという写真である。

だからこの歌の冒頭の文は、ほのぼのとしたものではない。「東亜のまもりをになうのは　正しい日本の子どもたち」（数えうた）として頑張っている光景である。

ふるさとを捨ててお国のために働く

このことに気がついて、私は「文部省唱歌」を読んでみたくなった。そして読んでみると、ふるさとを歌った曲がかなりの割合を占めていることを知った。ところがそのすべてが、ふるさとの景色などを美しく歌い上げたものか、ふるさとを去り、しかし気持ちはふるさとにあるという歌なのである。有名な「故郷の空」も「夕空晴れて　あきかぜふき　つきかげ落ちて　鈴虫なく　おもえば遠し　故郷の空　ああわが父母　いかにおわす」である。やはりふるさとは捨てられている。「故郷を離るる歌」は「さらば故郷　さらば故郷　さらば故郷　故郷よさらば」で終わる曲であり、生まれ育った村で暮らそうという歌は一曲もないのである。

大正時代の後半になると、大正デモクラシーの影響もあってか、軍歌調のものや「国のために」というような曲に代わって、政治性のない曲がよくつくられるようになる。「夕やけ小やけの　赤とんぼ　負われて見たのは　いつの日か」（赤とんぼ）とか、「赤い靴　はいてた　女の子　異人さんに　つれられて　行っちゃった」（赤い靴）といった曲である。

しかし昭和10年代になると、再び「お国のために」といった曲がふえてくる。

「そろた　出そろた　さなえが　そろた　植えよう　植えましょ　み国のために　米はたからだ　たからのくさを　植えりゃ　黄金の花が咲く」(田植え)

「母こそは　み国の力　おの子らをいくさの庭に　遠くやり　なみだ隠す　おおしきかな　母の姿」(母の歌)

明治43年に「尋常小学読本唱歌」に収録された曲に「われは海の子」がある。一番は「われは海の子白波の　騒ぐ磯辺の松原に　煙たなびく　とまやこそ　我がなつかしき住家なれ」で、知っている人も多いだろう。この曲も最後の七番はこうなる。「いで大船を乗り出して　我は拾わん海の富　いで軍艦に乗り組みて　我は護らん海の国」。実質的には「宮さん」からはじまったということもできる「文部省唱歌」は、国家のための人間づくりを柱の一つとして編纂され、子どもたちにくり返し歌わせてきたのである。この文脈のなかでは、男子は子どものときからお国のために「兎追いし」の子どもでなければいけなかったし、お国のために働く人間としてふるさとを捨てる人間でなければならなかった。ただし気持ちはいつもふるさとを思っている。ふるさとは暮らす場所ではなく、思いを寄せる場所になった。

学校教育は近代国家による精神の改造

ところで「宮さん」は日本の最初の軍歌であったということもできる。そんなこともあってか、

「文部省唱歌」と併走するようなかたちでいくつもの軍歌が、唱歌としてつくられていった。明治38年に「学校及び家庭用言文一致叙事唱歌」に収録された「戦友」という軍歌を引用しておこう。

「ここはお国を何百里　離れて遠き満州の　赤い夕日に照らされて　友は野末の石の下」

が一番である。長いので途中を略すが友は満州で死んだ。四番、五番はこうなる。

「軍律厳しい中なれど　これがみすてて置かりょうか　『しつかりせよと』抱き起こし　仮包帯も弾丸の中／折から起こる突貫に　友はようよう顔あげて　『お国の為だかまわずに　後れてくれな』と目に涙」

とつづく。戦いが終わり友を探しに行くと、友はすでにこときれていた。八番はこうである。

「虚しく冷えて魂は　くにへ帰ったポケットに　時計ばかりがコチコチと　動いて居るも情けなや」

死んだ戦友のポケットのなかで、時計だけがコチコチと動いていた。この後、戦友の親に最後の様子を伝える手紙を書きながら涙を落とすというところで終わる。この曲はあくまで軍歌としてつくられたものであり、戦争への批判的なまなざしがあるわけではない。しかし、何となくもの悲しい。戦争映画にも、『戦ふ兵隊』とか『加藤隼戦闘隊』といった死と向き合う兵隊の様子や、最後は全滅していく航空隊の様子を描いた映画があって、これで戦意高揚になるのだろうかと思うようなものがある。

「文部省唱歌」はそういうものと比べても罪深いと私には思えてくる。何のこだわりもなく子どもたちにお国のために働く尊さを教え、ふるさとを捨てる生き方を立身出世と絡めて教えていくのだから、である。

はっきりしていることは、そういう歌とともに、明治以降の日本の近代化は展開していったということである。

もう一つ気になるのは、「文部省唱歌」は明治中頃には完成した教材がつくられていくというのに、曲のなかに日本の旋律が存在しないことである。多少日本的な曲はあるが、すべてが五線譜で書かれた西洋旋律の曲である。明治14年の「小学唱歌集」をみても、「むすんで　ひらいて」はフランスのルソーが作った曲だと伝えられている（異論もある）し、「つりがね草」「蛍の光」はスコットランド民謡、「かすみか雲か」はドイツ民謡というように、西洋の曲に日本の詩をつけたものが圧倒的に多い。

明治以降の日本は、日本的なものを根底から否定、破壊しようとしていったのである。そのためには、音楽的感性をも変えてしまう必要があった。学校教育で人間をつくりかえることによって、国家のために生きる人間を創造しようとした。それが明治からの日本であったということを、いま私たちは「文部省唱歌」からも知ることができる。

井上武士編、音楽之友社、1972年による

42

江戸時代の改革者とは『日暮硯』

最近（２０１０年代）の日本の政治はひどい、と思っている人は多いだろう。日本だけでなく、世界中が似たようなものなのだけれど、政治路線や政策を云々する以前の問題として誠実さのようなものがまったく感じられなくなった。嘘をついて開き直り、誤魔化して力で押し切る。そんな政治が常態化してしまった。この状況にうんざりしているときに思い出したのが本書だった。『日暮硯《ひぐらしすずり》』は江戸時代の中頃に書かれたもので、写本されて武士たちのなかで広く読まれた。舞台となっているのはいまの長野県北部にあった信州松代藩である。１７００年代半ばにさしかかると松代藩は財政危機に陥っていた。この頃はいろいろな藩が似たような状況にあったのだけれど、松代藩では１７４２年に大水害が起こり、水田の３分の１が荒れ地になったともいわれている。このとき松代藩には二人の人物がいた。一人は13歳で家督を継ぎ、名君と謳われた真田幸弘、もう一人はこの幸弘に取り立てられ、家老として藩政、藩財政改革をおこなった恩田木工《もく》である。この本は、二人がいかに優れた人物であり、優れた改革をおこなったのかを書いたもので、ゆえに武士の間で広く読まれることになった。

名君の資質を物語る鳥籠のエピソード

さて、真田幸弘はどのように描かれているのだろうか。『日暮硯』には一つの話しか載っていない。このことを知れば、どれほど名君だったのかは誰にでもわかる、とでもいうように。

それは次のような話である。あるとき殿様の御側衆が、殿も退屈であろうと幸弘公に鳥を飼ってはどうかと勧めた。幸弘は、それならば飼ってみよう、ついては其の方にすべて任せるから鳥籠などを準備せよと申しつけられた。この命令を受けた家来は張り切り、3畳もあるような大きくて立派な鳥籠をつくった。鳥籠ができたとき、幸弘はつくった家来に鳥籠の中に入ってみよと言った。家来が中に入ると、ではこれから食事などは籠の中に届けさせるから、籠の中で暮らすがよいと申された。家来がそればかりは、と申したところ、幸弘は次のように言われた。

「鳥類は、天地の間を住居として、虚空を自在にかけ廻り、心のままに食物を求むるものなり。わずかなるせまき籠の内に入れられ、……鳥類の苦痛は其方が難儀に思ふよりも、何百倍増して苦しきとも計り難し」と述べ、余の慰みのために鳥をそのように苦しめることが許されるのか、よく考えてみよと言われた。さらに、もしも余が鳥を飼えば、藩士たちも次々と真似をするようになり、さらには領内のなかにも真似をする者たちが出てこよう。そんなことになったら、いったいどれほどの鳥が苦しむというのだ。これこそ悪事というものだ。これからは善事を勧める模範として生きよ。余は其の方の気持ちはよくわかっている。私への忠義ゆえにこのような計画をつくったのだから、これからも余のもとで奉公せよ。人々に善事を勧める模範となれば、その行為は国を栄えさせる礎になるだろう。其の方が居たからこそ、そういうことが言えるのだ。そう言って、その家来に褒美にと10両を与えた。これは幸弘が15歳のときの出来事で、このように幸弘は前代未聞の名将であった。

『日暮硯』に出てくる真田幸弘の話はこれだけである。自然のなかの生き物たちのことを思い、おこなった行為は誤りでも自分への忠君の気持ちからの行為として、それをした家来の気持ちも思いやる。名君とはそういう人だというのである。

恩田木工の藩制改革

ではその幸弘から藩政改革、藩財政改革を任された恩田木工はどのように描かれているのだろうか。木工はこの役目を引き受けたとき、まず家族や家臣を呼び、妻への離縁、子の勘当、家臣に暇を出すことを伝えた。なぜかと問われ、これからはけっして嘘をつかず、食事は飯と汁だけとし、着るものは木綿のみとし、余った金は藩に返すことに決めた。それでは皆が気の毒だから、このような措置をとったと言った。妻も子も家臣も、自分たちもそれを守るからいままでどおりにしてほしいと言い、離縁などはしなかったが、以降恩田家はこのような暮らしをするようになった。その後に領民の代表者を集め、これまでの財政悪化によって、来年の年貢や再来年の年貢まで納めるように命令を下したりしてきたけれど、以降はけっしてそのようなことはしない、また御用金としてお金を納めてもらい、これは本来は後に利息をつけて返すものなのだが、実際には利息どころか元金さえ返さないというようなことがまかり通ってきたが、これからはこのような御用金の調達はしない。ただしこれまでに納めてもらった御用金は、利息を放棄して元金のみ返済するということで了承してくれないか。また人々が働くのは生活を楽しむためであるから、生活の楽しみはけっして奪わない。博打も御法度ではあるが、博打自体は取り締まらない。ただし博打で商売することは固く禁止する。博打を商売とし、借金を負わせたものはその借金を勝った者から負けた者へと返済せよ。そういったことを次々に約束した。さらに目安箱のようなものをつくるから、役人による不当な行為などがあったときは、そこに訴えを入れておくように。そうすれば必ず解決させる、というようなことなども約束した。

藩財政が危機に陥っているというのに、増税どころか減税を実行したのである。とともに年貢を物納から金納に変え、毎月納めるように変えた。領民はこの決定を大いに喜び、藩に感謝するとともに、いっそうまじめに仕事をするようになって、藩の収入も徐々にふえていった。また藩の侍たちも恩田木工がしている質素な暮らしを真似るようになり、文武の精進に力を注ぐようになった。その結果藩の侍たちから、恩田に倣って使わなかった収入を藩に返却する動きも生まれ、藩財政も少しずつ好転していった。

『日暮硯』自体は後に記述された本だから、実際に恩田がおこなったことを正確に書いているわけではないらしい。書かれていない改革もいっぱいしたし、逆に少々誇張されていることもあるようだ。といっても、江戸時代の優れた改革者像はみえてくる。それは誠実に事に当たり、けっして嘘をつかず、他者を思いやり、信頼関係を構築する人が真の改革者だという視点である。

人を罰せず、システムを改革する

松代藩は十万石の大名家である。真田家が関ヶ原の戦いのとき息子二人を東軍と西軍に分け、真田幸正は西軍に、真田信之は東軍についたことはよく知られている。どちらが勝っても家の存続をはかったという説が強いが、その信之が上田から入封したのが江戸時代の松代藩である。松代藩は幕府からさまざまな普請を命じられ、かつ大火や前記した水害などにみまわれ、藩財政は逼迫していた。千曲川に堤防をつくり、さまざまな改革を試みたが、性急な改革は家臣や領民の反発を招き、足軽のストライキや農民一揆も起こっていた。そういう状況下で幸弘や恩田木工の改革もすすめられたのである。この本はその全容を書いているわけではないが。

武士たちが尊敬した名君や優れた改革者は、何をした人なのかの前に、どのような道徳、倫理の持ち主だったのかが語られていることはおもしろい。藩士や領民と信頼できる関係を構築していける人物こそが、改革者なのだというのが本書の主張である。

恩田木工は目安箱のようなものをつくったと述べたが、そこにはたちまち「投書」が入っていた。下級藩士による領民へのたかりを訴え出たものであった。木工はその訴えを読んだということは明らかにしたが、そのようなたかりをした役人を処罰はしなかった。そういうことをする者たちは、「どちらにもつき候者」だというのである。よき上役が使えばよき行いをし、悪しき者が使えば悪さをする。悪事を働いた者を処罰することより、悪事が許されるシステムを変えていくことの方が大事だという考え方だった。木工は人を糾弾する改革者ではなく、そういうことが起こってしまうシステムの改革を重視し、その改革をすすめるためには、思いやりや信頼できる関係づくりが何よりも必要だと考える改革者だった。

木工は神仏への祈りを大事にし、念仏を日課としていた。また前記したように食事は飯と汁しかとらなかったが、客が来ると三菜などをつけてもてなした。そのときは家人から下働きの者にまで客と同じ料理を食べさせ、自分自身は飯と汁のみの食事をとった。家の者は客が来ることを喜んだとも書かれている。

改革者が成立しない時代に

この本を思い出したのは、あまりにもいまの政治がひどいからである。自然や他者への思いやりなど、いまの政治には微塵も感じられない。国会では悪しき役人や悪しき政治家たちが、誤魔化しと身の保全をはかる答弁などをしつづけている。木工ならそのような悪しき人間たちが跋扈できるシステムにメスを入れようとするだろう。そしてその改革を推しすすめるためには、上に立つ者が優れた道徳、倫理をもっていなければならないと言うだろう。そんなことを考えながら『日暮硯』を思い出した。

だが現実には、世界中で同じような政治が跋扈している。とするといままでは、上に立つ者が倫理観を失ったというようなことではなく、現代の世界システムがこのような政治を必要としていると考えた方がよいのかもしれない。このような政治がなければ、現代世界の基本システムは維持できない、ということである。とすればそれは、政治の腐敗というような次元で終わらせることはできず、現代の世界システムが腐敗した政治を必要としていると考えることもできる。

私たちの社会はひどい格差を放置してきた。それは、この格差がなければ維持できないような経済システムをつくりあげたということでもある。安い賃金だけを目的にして海外に進出し、いまでは外国人労働者を大量導入しようとしている。それはかつてヨーロッパの先進国が歩んだ道であり、そういうシステムを土台にしてできあがっているのがいまのヨーロッパでもある。このような時代に高い倫理性をもつ政治家など必要なはずはない。

とすると、『日暮硯』は江戸時代の日本だからこそ成立する「改革者の物語」だったのだろうか。今日とは、このような改革者が成立しえない、あるいは求められていない時代なのだろうか。そんなことを考えながらこの本を振り返ってみた。

笠谷和比古校注、岩波文庫、1988年による

Ⅴ 宗教・信仰

43

信じるとは何か

『歎異抄』

唯円 著

『歎異抄』は浄土真宗の開祖・親鸞（1173〜1262）没後に、自身の暮らしていた関東の親鸞の弟子たちの混乱を収めようとして、唯円が書いたとされる本である。唯円は上洛して親鸞から直接教えを受けており、『歎異抄』も前半は親鸞の語録、後半は唯円のまとめという構成になっている。書かれたのは推定で1200年代終盤、鎌倉時代の後期と考えられている。

この本は成立してから数世紀の間、ほとんど知られることなくおかれていた。江戸時代の中期に一部の人々のなかで知られることとはなったが、注目の書として広く読まれるようになったのは、明治時代に真宗大谷派の僧・清沢満之らによってその重要性が提起されてからである。ところが知られるようになると『歎異抄』は浄土真宗という宗門の内部より、むしろ宗門外の一般の人々によってよく読まれるという歴史をたどった。私がこの本を読んだのは1960年代の後半のことであったが、当時も一種の教養書として多くの人たちが読んでいた。それだけの魅力をもった本だったのである。

阿弥陀仏のもとでの平等

『歎異抄』というとすぐに人々が思い出す有名なくだりがある。その部分を紹介しておこう。

「善人なをもて往生をとぐ、いわんや悪人をや。しかるに世のひとつねにいはく、悪人なを往生す、いかにいわんや善人をやと。この条、一旦そのいわれあるににたれども、本願他力の意趣にそむけり。……」

善人でさえ往生することができるのだから、悪人が往生できないはずはない。ところが世間の人たちは悪人でも往生できるのだから、善人にできないはずはない、と考える。この考えは親鸞の伝える他力の思想に反する、という一文である。

「往生する」とは極楽往生をする、ということであり、報土に行く、悟りを開いて仏の領域に達する、という意味でもある。報土とは人間がとらえうる浄土のことであり、浄土がとらえられないものであるとするなら、報土はそう感じられた浄土のことだと思えばよい。

この文章は多くの人々を面食らわせた。書かれているとおり「悪人なをもて……いわんや善人をや」ならわかりやすい。悪人でも大丈夫なのだから、善人ならなおさらだ、ということになるからである。ところが親鸞はこの考えは本願他力の思想に反するという。一体どういうことなのか。このことを考える前に、もう一つ別の箇所を紹介しておくことにしよう。

「聖人のつねのおほせには、弥陀の五劫思惟の願をよくよく案ずれば、ひとえに親鸞一人がためなりけり……」

法然、親鸞とつづく浄土思想では、この世界には人間を救おうとして阿弥陀様が光のように救いの手をさしのべていると説く。その光に気がついて、阿弥陀仏に救いを求めれば、誰でも極楽往生できる、と。そのときの阿弥陀様への頼みの言葉が「南無阿弥陀仏」である。「南無」とは帰依する、従うという意味で、お願いします、とか、助けてくださいと解釈してもかまわない。

つまり阿弥陀仏は皆のためにあるのであって、一人のために存在しているわけではない。そんなことはわかりきっているはずなのに、親鸞は「よくよく考えれば阿弥陀仏は親鸞一人のためにある」と述べる。それはなぜなのか。ここに親鸞のとらえた救済のかたちがあった。

絶対他力の思想とは、自分の力で悟りを開こうとせず、悟りを開かせてくれる阿弥陀仏の絶対的な力にすがるということを出発点にしている。阿弥陀の力によって悟りを開かせてもらうのだから、老若男女、善人悪人を問わず、さらには学問を深めた者でも無学の者でも、分け隔てなく悟りを開いて往生をとげることができる。阿弥陀仏の前では、すべての人間は平等なのである。とすればいかに親鸞といえども、阿弥陀仏は親鸞を特別扱いはしない。

ところが阿弥陀仏の力で往生をとげようとしている親鸞にとっては、阿弥陀仏はその親鸞を救うために存在しているのである。阿弥陀仏は自己の救済のためにある。「親鸞一人のためにある」のである。そのことに気がつくと、同朋の世界がみえてくる。阿弥陀仏に救いを求める一人一人が、平等の人間として、同朋なのである。阿弥陀仏と人間という縦軸の関係をみることによって、横に広がる同朋たちの世界を知る。だから次のようにも言う。

「親鸞は弟子一人ももたずさふらふ」

親鸞は弟子の一人ももっていない。実際には多くの弟子が親鸞を師として仰いでいた。だが、根本は違うのである。阿弥陀仏と結んだ一人一人が平等に存在しているのであって、親鸞を頂点とするピラミッドなど親鸞思想にはありえない。ゆえに次のようにも述べる。

「親鸞は、父母の孝養のためとて、一返にても念仏まうしたること、いまださふらはず」

父母のために念仏をあげたことなどないというのである。なぜなら父母もまた、阿弥陀仏によって救われていく同朋の一人だからである。父母だけを特別視する必要はない。阿弥陀仏がすべての同朋を救おうとしているのだから、その阿弥陀の願いにすがるだけなのである。

「善人なをもて往生をとぐ」の意味

さてもう一度「善人なをもて往生をとぐ、いわんや悪人をや」に戻ることにしよう。この一文をどう考えるべきかをめぐっては、歴史的にはさまざまな説が現れた。まずは「善人」「悪人」をそのまま善い人、悪い人ととらえ、それらの人が自己を後悔するときの思いと結びつけて読み解くものであった。善人は自分が善く生きてきたと思っているから、阿弥陀の前で自己の犯した罪悪を悔いるとしても、その罪悪感は深いものではない。しかし悪人が自己のこれまでを悔いるときにはどうしようもない深い思いがある。そんな深い思いをもってすがってくる悪人を阿弥陀仏が救わないはずはない、という解釈である。

ところが戦後になって歴史学者がこの文の解釈に参入してきた。その結果、鎌倉時代に「悪人」と呼ばれていた人を社会構造的に説明する説が生まれた。それは『歎異抄』の次の一節にも対応していた。

「さればとて身にそなへざらん悪業は、世もつくられさふらはじものを。また、うみかわに、あみをひき、つりをして、世をわたるものも、野やまに、しゝをかり、とりをとりて、いのちをつぐともがらも、あきなひをもし、田畠をつくりてすぐるひとも、たゞおなじことなり」

当時「悪人」と呼ばれていた人には、農民のように作物をつくるのではなく、生き物の命を奪って生きている人たちがいた。そういう人たちは蔑まれ、「悪人」と呼ばれ地獄におちるとされていた。親鸞はこの社会構造に対して、そうではないと述べたのだという説である。さらに「悪人」と呼ばれていた人々を被差別民ととらえる説も生まれていった。

だが私自身は、すなおに「善人」「悪人」と読んでおいた方がよいと考えている。もちろん社会構造的に悪人と呼ばれていた人もいただろう。それらの人たちへの思いを親鸞がもっていただろうことは、他の文献を読んでも推測はできる。だがそれだけでは仏教にはならない。仏教はこの世界で人間たちが区別しているものもまた、よく考えてみれば何の意味もないことだったという思いを基底にもっている。現象は差異を生むが、根本には差異などない。だから「阿弥陀仏は親鸞一人のためにある」のである。そのことに気がついたとき、一人一人のためにある阿弥陀仏のありがたさが感知され、そこにある平等な同朋の世界に気がつくのである。

信仰は社会を構造的に解釈することではない。その構造の虚妄性に気がつくことであり、いわば構造を認識の世界で破壊したときみえてくる「真理」こそが基盤なのである。とすると善人とか悪人とかいうものも、社会構造のなかで解釈された価値基準であり、阿弥陀信仰にとっては意味のないものになる。「悪」という構造のなかで生きなければならなかった人間を包んでいる、その構造自体がまず破壊されなければならないのである。

『歎異抄』は、かつては、社会改革をめざす人々にもよく読まれていた。その理由は、社会改革をめざす人たちには一つの課題があったからである。彼らは人々にこの社会を変えなければならないと語る。だがそう述べるとき、自分を変革の必要性を知っている人という高みに立たせてしまう。それを知っている自分が、まだそのことに気づいていない人たちに語る、という構図である。この構図にはまると、自己肯定による他者差別が生まれてしまう。

ところが親鸞は「気がつけば阿弥陀仏は自分一人のためにある」と語ることによって、この構図にはまることから免れていた。

気がつけば社会変革も自分一人のためにあるのである。自分がそうしたいのである。それでよい。そのことに気がついたとき、同じように社会変革を望んでいる同朋が感じられてくる。同じようにこの社会に矛盾を感じている「同朋」が。『歎異抄』はそんな読まれ方もした本である。

受け継がれることが真実

その人間と社会との関係を考えるために、『歎異抄』の別の一節を読んでみよう。

「おのおの十余ヶ国の境を越えて、身命かえりみずして、訪ねきたらしめたもう御志し、ひとえに往生極楽の道をとひきかんがためなり。しかるに、念仏より他に往生の道をも存知し、また法文等を知りたるらんと、心にくくおぼしめしておわしましてはんべらんは、大きなる誤りなり。もししからば、南都北嶺にも、ゆゆしき学生たち、多くおわせられてそうろうなれば、かの人々にもあいたてまつりて、往生の要よくよくきかるべきなり。親におきては、ただ念仏して弥陀に助けまいらすべしと、よき人の仰せをかぶりて、信ずる他に別の子細なきなり。念仏は、まことに浄土に生まるる種にてやはんべるらん、また地獄に落つべき業にてやはんべるらん、総じて存知せざるなり。たとえ法然聖人にすかされまいらせて、念仏して地獄に落ちたりとも、さらに後悔すべからずそうろう。その故は、自余の行をはげみて仏になるべかりける身が、念仏を申して地獄に落ちてそうろうはばこそ、すかされたてまつりてという後悔もそうろうはめ、いずれの行をもよびがたき身なれば、とても地獄は一定の住処ぞかし。弥陀の本願まことにおわしまさば、釈尊の説教、虚言なるべからざる。仏説まことにおわしまさば、善導の御釈、虚言したまうべからず。善導の御釈まことならば、法然の仰せ空言ならんや。法然の仰せまことならば、親鸞が申す旨、またもて虚しかるべからずそうろう歟《か》。詮ずるところ愚身の信心におきては、かくのごとし。こんうえは、念仏をとりて信じたてまつらんとも、また捨てんとも、面々の御はからいなりと、云々」（読みやすくするために、一部の漢字、ひらがな、などの表記を改めた）。

長い引用になってしまったが、南無阿弥陀仏と念仏を唱えれば極楽往生できるかどうかは説明されて理解するものではなく、信ずるものであるということを述べた一文である。少し簡略化して現代文にしてみよう。

東国の十余ヶ国の弟子たちが訪ねてきたのは、念仏が本当に極楽往生の道なのか、他の道はないのかを学びたいと思ったからであろうが、そういうふうに思うのなら、東大寺や延暦寺などの南都北嶺にも優れた者たちが数多くいるのだから、そういう人たちから学べばよいのだ。私＝親鸞は法然から学んだ念仏の道をただただ信じているだけであって、念仏が極楽浄土に往く種になるのか、それとも地獄におちる業であるのかは知識としてはまったく知らない。たとえ法然聖人にだまされて地獄におちたとしても後悔することはない。その理由は念仏以外の行に励んでも仏となって浄土に往くことができない自分が、念仏を唱えて地獄におちたとしても、どちらも地獄おちなのだから、地獄で暮らせばよいだけのことだ。

仏教において大事なことは、説明されて理解することではない。阿弥陀様の願いをお釈迦様が説き、その教えを中国で浄土宗を開いた善導が受け継ぎ、その教えを法然が唱え、親鸞はさらにその教えを受け継いでいるということにあるのだ。阿弥陀様の願いについてお釈迦様が述べられたことが偽りでないのなら、善導が述べたことも偽りではなく、法然、親鸞が述べたことも偽りではないことになる。この受け継がれたものに真実があると信じているのが親鸞の信心である。正しい考えとは何だろうかと考えることは、念仏者の道ではない。念仏の教えを開き、受け継いできた歴史のありがたさを信じているのが念仏者である。

キリスト教やユダヤ教、イスラム教なら正しい教えがある。それが書かれているのが『聖書』であり、『コーラン』である。もちろんその解釈をめぐってはときに議論が戦わされるが、それらに正しいことが書いてあると考えることに変わりはない。ところが仏教の経典はそういうものではない。なぜなら仏教では、言葉にすること自体が真理からはずれていると考えるからである。真理は言葉の奥にある。あるいは真理は言葉にできないところにあると東洋の思想は考えてきた。もちろん経典はできるだけ仏教の考え方を説こうとしているのだが、それでもなお言葉は奥底の真理を語れないのである。

だから仏教は真理を説明するのではなく、真理を識るための方法を提示する。この方法が「行」であり、浄土系では一心に念仏を唱えることが行であり、禅宗では座禅を組むことが、真言宗では阿字観が、修験道では山での荒行が行である。ただし行を積んで悟りの世界に向かうわけではない。行をしているとき自体が悟りの世界、菩薩の世界、仏の世界なのである。だから仏教における「信」は、行を信じるということになる。親鸞においては念仏を唱えることを信じるということである。

だがそうだとすれば、念仏を唱えることが信じるに値するという「証」はどこにあるのか。それは説明されるような考え方にあるのではなく、阿弥陀様の教えが釈迦、善導、法然と受け継がれていまもなお信じられているというそのこと自体のなかにあるのだ、ということである。ちなみに親鸞が自分の教えを体系的に書いた本の名は『教行信証』である。

説明できない「信」が社会を支えている

『歎異抄』を読んでいると、これからの社会づくりを考える、もう一つのヒントが存在していることに気づく。それは私たちには、社会づくりと「信」との関係について、もう一度検討してみる必要があるのかもしれないというヒントである。たとえば上野村にいると、山の神信仰や水神信仰はこれからも大事にしていかなければならないと感じることができる。村らしい村を守っていくためにはそれらは大事なものなのだと。しかしその理由は、言葉で説明しきれるものではない。住んでいるとそう感じるということであり、いつからこのような信仰があったのかはわからないが、少なくとも千年以上の間人々が山の神や水神を大事なものだと感じながら村を守ってきたということが、この信仰の大事さを教えている、ということなのである。大地に根付いた日本の信仰とはそういうものだ。そういう信仰とともに村の人たちが生きてきたこと自体が、この信仰を信じるに値するものだと感じさせるのである。

地域社会にとって祭りはなぜ必要なのか。それは祭りとともに生きてきた人々の歴史があるからだ。だから祭りは維持しなければならないということを私たちは信じている。祭りがなくなったら地域が崩れていくのかどうかは知らない。もしかすると代わりに何かが生まれていれば、それですむのかもしれない。だがそういう議論は実はどうでもいいのであって、祭りと地域との関係を信じていることのなかに、地域を守っていこうとする私たちの思いが存在しているのである。

さらに述べれば、村が消えてしまったら何が困るのかと聞かれたら、私たちは適切な説明をできるだろうか。だんだん人がいなくなって住む人がいなくなるのなら、それはそれでいいということもできる。しかし農村や山村、漁村にかかわってきた人たちは、けっしてそうは言わないだろう。このかけがえのない世界を守らなければいけないと思うだろう。それもまた受け継がれてきた歴史への思いであり、どこかで維持されなければならないということを信じているのである。

現代社会は、すべてのことを合理的に説明しようとしてきた。ところが人間たちの精神や行動は、必ずしも合理的にはつくられていない。なぜなら合理的なものには、それを正しいとする共有された指標が必要で、人間はそれを共有するとはかぎらないからである。たとえばある程度の収入がなければ人間は幸せにはなれないと考えるのは、収入を共通の指標とする合理的な考え方であるが、実際にはその収入以下でも幸せに暮らしている人はいるし、逆に収入が多くても不幸な人はいる。幸せには共通の指標はなく、ゆえに、合理的に説明できるものではない。

地域づくりでもそうだ。雇用場所がないから若者は農山村から離れるという考え方は、雇用を共通の指標にした合理的な考え方であるが、若者が農山村に戻ったり移住してくる理由はむしろそれぞれの思いの方にある。先祖から受け継がれてきたものを自分の代で終わりにしてよいのかとか、子どもの頃の思い出とか、サラリーマンが嫌になったとか、農に魅力を感じたとか、理由は実にさまざまである。そういうけっして合理的ではない思いを受け止める力があるかどうかが、これからの地域づくりには欠かせない。

とするとここでも重要なことは、そういう若者たちの思いを信じてあげることが地域社会にできるかどうかだ。戻ってくる人や移住者にはそれを信じるしかない思いがあり、地域社会がまたそういう人たちを信じつづける。地域の力とはそういうものである。それを失った地域は、残念ながら衰退していくだろう。だがそういう「信」とともに展開する営みが本当に正しい結果を得るのかと問われたら、それは合理的には説明できない。親鸞が述べていたように、念仏を唱えたら極楽往生できるのか、それとも地獄におちるのかは説明できないことなのである。彼にとって信じられるのは、念仏を受け継ぎながらいまに至っているその確かさだけなのである。

どこかで「信」が社会を支えている。とするとその「信」とは何なのか。親鸞はそれを仏教のなかで語ったが、それはかつての人々の社会づくりへの思いでもあったのではないかと、私は思っている。

金子大栄校注、岩波文庫、1981年（改版）による。他に、角川ソフィア文庫、本願寺出版社など

44

意味づけされた世界の虚無

『チベットの死者の書』

何となく本箱を見ていたとき『チベットの死者の書』に目がとまった。というだけの理由でこの本を取り上げてみようと思う。

もっともチベット仏教、あるいはチベット密教の聖典であるこの本を「古典」として取り上げることには、疑問を抱く人もいるかもしれない。なぜなら日本の仏教研究者の間ではこの本は「偽書」、「偽経」とみなされることの方が多いからである。偽経とは後世にどこかの地域ででっち上げられたお経のことで、仏教の根本的な考え方から外れているもののことである。たとえば中国でつくられた偽経に「血盆経」がある。大変短いお経で、女性は不浄だから死んだときに血の池地獄におちる、と書いてある。仏教の考え方に女性差別はないはずなのだけれど、男尊女卑の思想を強くもつ儒教が基盤にある中国で仏教を広めようとしたとき、このような偽経が必要になったのであろう。ところが鎌倉時代にこれが本物のお経として日本に入ってきた。その後江戸時代になるとこのお経を根拠に女性たちにお守りやお札のようなものを売る寺院商法が広がっていった。これを買ってもっていれば血の池地獄におちなくてもすむ、ということである。こうして仏教への誤解が定着してしまった。

他にも中国でつくられたのか日本でつくられたのかわからない偽経である「地蔵十王経」をはじめとして、たくさんの偽経がつくられている。『チベットの死者の書』も、この偽経の一つなのではないかと考えている多くの仏教研究者がいるのである。

この本は14世紀中葉にチベットの行者によって発見された。伝承によればつくられたのは8世紀のことで、それまで秘匿されていた教典であった。インドでつくられたものにはない教典で、このかぎりでは「偽経」という評価が生まれるのも無理のないところである。ところがチベット仏教の世界では、聖典として人々の信頼を集めている。

輪廻転生をどうみるか

もう一つ偽経説が出てくる根拠に次のようなものがある。それは輪廻転生の理解である。インドに生まれた仏教はバラモンの教えが広がる土壌の上に成立した。古代バラモン教はヒンズー教の前史と考えてもよいが、このバラモン教の世界から自己と自然=宇宙の一体性を説く人々が現れ、このなかから釈迦やマハービーラが登場し、仏教やジャイナ教が生まれ、後にシバ神などの出現とともに今日のヒンズー教も発生していく。このような経過をたどったためにバラモン教の輪廻転生の考え方が、少なくとも教えを広めていく過程のなかでは、仏教にも反映されていくことになった。ところが1世紀頃になると「今日」の仏教は釈迦の考えを正しく伝えていないのではないかという疑念が生まれ、仏教の再解釈をおこなう動きが生まれてくる。ここに誕生したのが、その後にチベット、中国、朝鮮を経て日本に伝えられてくる大乗仏教である。以降、釈迦の言行にのみ従う原始仏教、釈迦の唱えた法の研究を重視する小乗仏教、さらに新しい解釈を加えることによって本当の仏教の内容を取り戻そうとした大乗仏教が展開することになった。ただし原始仏教、小乗仏教という名称は、今日では正確な用語としては使われていない。なぜならそれは大乗仏教を名乗った人々が、「おまえたちの仏教は原始仏教だ」、「小乗仏教だ」といったレッテルにすぎないからで、今日では「上座部仏教」、「部派仏教」という名称を使うのが普通である。大乗仏教が成立するのは、釈迦の死後500〜600年くらいを経た頃、と考えておけばよい。しかし正確には釈迦がいつ生きていたかについて複数の説があり、大体紀元元年頃、くらいに思っておいた方がよいだろう。

大乗仏教と部派仏教（小乗仏教）の一番の違いは、悟りを開くのは何のためなのかというところにある。部派仏教では自分が修行を積んで仏の位を獲得する、＝仏陀と同じようになっていくことが目的だが、大乗仏教では自分が悟りを開くことによってすべての人を救済することが目的になった。つまり利己ではなく利他、あるいは利他利己なのである。他者のためにこそ自分はあるのであって、そういう生き方をすることが自分のためでもあるのである。ところで仏教における救済とは極楽浄土に往くこと、あるいは極楽浄土に生きる人間としてこの世を生きていくことなのだから、それは普遍の世界である。ここに永遠の世界があるといってもよい。とすると、すべての人間が救済される、つまりすべての人間が永遠の世界に往くのなら、輪廻転生は起きようもない。輪廻転生は救済されない人間が発生するから、修行をやりなおすためにいろいろな世界に生まれ変わるのであって、すべての人が永遠の世界に往けるのなら修行をやりなおす必要などはないのである。ここから大乗仏教においては輪廻転生はありえないという解釈が成り立つことになる。

ところが『チベットの死者の書』は輪廻転生を説明した本なのである。だからこれは偽経なのではないかという解釈が生まれてくる。

『チベットの死者の書』によれば、人間は死後3日半たったときに意識を取り戻すとされている。自分の身体も見えているが、それは自分の意識がつくりだした幻影にすぎない。このとき悟りを開いている者＝解脱している者はただちに光と一体になり普遍の世界に往くことができる。ところがほとんどの者は悟りを開いてはいないから、その後毎日恐ろしい形相をしたものたちに恐怖を味わわされることになる。しかしその恐ろしい形相をしたものたちは自分の意識のなかにある悪、穢れがつくりだした幻影にすぎないから、この恐怖をつくりだしている原因は自分にあることがわかれば恐ろしいものたちは去っていく。それがくり返され49日がたったときに、死者は女性の体内に入っていき、生まれ変わる。

死の時間はたった49日間しかないのである。長い生の時間があり、短い死の時間があり、再び長い生の時間がある。解脱していないほとんどの人間たちは永遠にそれをくり返す。うんざりするほどに生きなければならないのである。『チベットの死者の書』はこの49日間の死者の心構えや、輪廻転生がうまくいくためにどんな供養をしたらよいのかを書いた本なのだが、この本が世界的に有名になっていくには三つの出来事があった。一つは1927年にエヴァンス・ヴェンツによる英訳が出版されたことだった。もう一つは1960年代にヒッピーが盛んになり、彼らがヴェンツやこの本を聖者、聖典に祭り上げたことだった。ヒッピーたちはこの本のなかに真実が書かれていると感じた。こうしてインドやネパールに出かけるヒッピーたちがふえていった。自我が光と一体化しながら普遍的自我……それを「吾」とここでは書いておくが……に転じていくありさまを、彼らはこの本のなかに感じていた。

無意識に眠っている記憶の表出

もう一つは1935年にドイツ語版が刊行されたとき、その解説を心理学者のユングが書き、この本を称賛したことであった。ユングの心理学は人間の精神は意識できる意識のわずかな領域と、その奥に広がる広大な無意識の意識という領域からなっていて、この無意識の意識は集合意識として形成されていると考えるところにある。つまり、その人が誕生する以前の人類史のすべての記憶、さらには生物が発生してから以降の全記憶がすべての人の精神のなかには眠っていると考えるところに特徴がある。ただしこの無意識の意識は意識できない。あくまで無意識なのである。にもかかわらずこの無意識はしばしば精神に現れ、人間の行動や判断に影響をおよぼす。今日でもユングを支持する心理学者やセラピストは世界的に多く、ユングを20世紀の巨頭の一人といっても問題はないだろう。

ユングは『チベットの死者の書』を人間の無意識の意識のなかに眠っている記憶の表出として、人間のなかにある神性が回復していくときの通過儀礼を描いたものとして読んだのである。いわば人間の魂の彷徨が描かれている本として、あるいは記憶の奥底にある魂の記憶として。

これらの出来事が『チベットの死者の書』を世界的な本に押し上げた。大乗仏教の観点からいえば私もこの本は偽書だといってもよい気がする。だが違う領域の本だという視点から読めば、別の関心が出てくる。とともに、もう一つ、次のようなことを述べておかねばならない。

仏教はそれを信仰する人々とともにある、ということである。単なる研究対象ではないし、論理的な整合性を争うものでもない。仏教への思いとともに生きている人たちが仏教徒なのであり、そこに生きている仏教がある。研究者たちの解釈などここでは何の意味ももたない。もちろん仏教の根本義からあまりにも外れているのなら私もそれを仏教とはいわない。仏教とは別の信仰だということになるだろう。ところが『チベットの死者の書』は人間の本質は空であることをくり返し教えようとしている。見えているものは意識によって意味づけされた世界であり、そんなものに本質はない。この自分で意味づけしてみている世界が虚妄であり、空＝無であることに気づき、一切は空であることを知ったとき、つまり空のなかにこそ永遠があることを知ったとき、人間は自然と一体化し、自己の内部にある仏性を開放する。もちろんその自然は意味づけされた自然ではなく、ジネンでしかない自然なのだけれど、そこにまばゆい光の世界や生命の誕生の世界があることを書き記したのがこの本である。そしてこの本を聖典として生きている人たちが、チベットには満ちている。とするとこの本は偽書なのか、真書なのか。おそらくそういう意味づけをすること自体が、仏教的ではないのであろう。

はじめに述べたようにこの本を取り上げたのは、たまたま本箱にあるのに目がとまったというだけのことである。ところがなぜかこの本を取り上げなければいけないという気持ちになってしまった。おそらくその理由は、私たちはわからないことに包まれて生きているということを伝えたかったからではないかと思っている。わかる世界のなかで生きていると思ったとき、人間は貧弱になった。そんなことを振り返りたかったからなのではないかと思う。

川崎信定訳、ちくま学芸文庫、1993年による

45

古代の民衆の精神

『日本霊異記』

景戒 著

5月に入ると上野村では火渡りがおこなわれる。護摩木を大きく積み上げて火をかけ、燃え尽きた上を走って渡る。天台修験道御嶽法流に属する木曽の御嶽山の修験者、山伏たちが集まってこの行事はおこなわれる。上野村はかつて御嶽信仰の行者たちの多い村であった。燃え尽きた上を走って熱くないのかといわれそうだが、昨年は参加者の大半がやけどをしてしまった。火が燃えさかっている間、一般参加者も一緒になって般若心経や真言を唱えるのだけれど、昨年は一般参加者の呼吸が合わず、いわば「念力」を一つに結集することができなかったのである。やけどといってもたいしたことはないから、誰も騒ぐこともなかった。

古代からつづく信仰

最近ではこういうことに関心をもつ若い人たちがふえてきた。日本列島に暮らした人々の昔からの精神に魅力を感じる人が少しずつふえている。自然信仰、合理主義を超えた内奥の精神。そんな様子をみていると、私たちはようやく戦後思想に直接的、間接的に大きな影響を与えたマルクス主義の呪縛から自由になりはじめているのかもしれないという気持ちになってくる。マルクス主義は資本主義を分析する手段としてはいまでも有効性をもっているが、人間の精神と社会の関係をとらえる方法としては不十分なものだった。マルクス自身は必ずしもそうではないのだが、マルクス主義といわれたものは人間の精神は社会がつくりだすものという素朴唯物論を超えるものではない。宗教、信仰の問題も、宗教は阿片であるという視点だけでかたづけている。文芸批評家の小林秀雄は「雲が雨を作り雨が雲を作るように、環境は人を作り人は環境を作る」(「様々なる意匠」)と書いているが、環境と人間の精神は相互関係なのである。その時代の社会、環境が人間の精神をつくっていくが、人間たちの精神がその時代の社会、環境をつくっていく。また宗教権力はときに人々を精神的に服従させ、権力維持の装置としての機能を発揮するが、こう述べるだけでは人々が神や仏に祈る気持ちは説明できない。たとえば修験道・山岳信仰は、人間としての垢を落として自然的人間になりたいという古代からつづく人間たちの思いとともに展開してきたのである。

日本列島に暮らした人々はどんな精神をもちながら生きてきたのか。もちろんこの問いに答えるのは容易ではない。なぜなら普通の人々がどんな思いをもっていたのかは文献には残されにくいからである。この傾向は中世、古代と時間を遡れば遡るほど強くなっていく。それが現実ではあるが、私が好きな一冊の本を取り上げてみようと思う。『日本霊異記』。この本は奈良時代から平安時代初期にかけて、薬師寺の僧、景戒《きょうかい》が各地に伝わっていた民間伝承を長い時間をかけて集めて書いた本である。この本が成立したのは822年頃ではないかという説が有力であるが、794年には平安京が誕生している。

自然・人間世界のとらえ方を垣間見る

『日本霊異記』は「にほんりょういき」と読むのが普通だが、「れいいき」と読んでいる場合もないではないし、筆者の景戒が冒頭に記した表題は「日本國現報善悪霊異記」である。この表題に現されているように、集められている民間説話は善悪の報い、といったものが大半を占めている。よき行いを重ねた結果よい縁をえていったとか、逆に悪行の末にもたらされた悲惨、といったものである。薬師寺の僧が集めたものであり、仏法を広げるために重要な説話が集められているということでもあるが、善悪の報いが将来の縁をつくりだすという感情は、当時の人々の過去・現在・未来をつなぐとらえ方でもあったのだろう。

この本は全体を読んでいるといくつかのことに気がつく。その一つは男性と女性が平等に描かれていることである。「女性だからこうなる」というような話が見受けられない。それはおそらく当時の社会が、男尊女卑のような社会ではなかったのだろうということを垣間見させる。

第二に、「自度」、「優婆塞《うばそく》」といった言葉が頻繁にでてくることに気づく。「自度」、「優婆塞」

は私度僧のことで、正式な得度をしていないから寺門の僧ではないが、自主的に修行をし、人々から僧侶とみなされるようになった人のことである。多くは山に入って行者として修行をした。景戒自身がもともとは私度僧であり、後に薬師寺の僧となった人物なのだが、この時代には正式な僧だけでなく、おそらくは彼らよりはるかに多い民間の私度僧たちがいて、ときに山で修行をし、ときに里に下りて人々の救済に力を使っていたのであろう。いつかは山に入って修行をしたいという気持ちがこの時代の人々のなかには広がっていた。

第三に、正式な僧と私度僧たちの間に、差異が認められていないのもこの説話集の特徴である。私度僧だから限界があった、というような話はどこにもない。そればかりか正式な僧であっても行いに問題があったために地獄をみることになった人もいるし、むしろ決意して私度僧になった人たちが立派な人々として描かれている。正式な僧というと奈良、平安初期の時代では官寺で得度するしかないから、そこは民衆からすれば遠い世界なのである。つまりこの遠い世界とは違う民衆仏教の世界がつくられていて、そこで活躍する私度僧たちの世界が展開していた。

といっても、第四に、正式な僧と私度僧の世界を結ぶような活動をしている僧たちもいた。その代表的な人物が行基で、行基は日本が律令制の中央集権国家をつくりだしていく668年から749年までを生きた。湊や堀をつくり、橋を架け、貧しき人々のための布施所を建設して、どんな人をも受け入れて仏法を説いた。国家によってたびたび弾圧されたが、後に東大寺の大仏をつくるときには朝廷に頼まれてその中心になった。日本初の大僧正になっている。東大寺の大仏は朝廷、貴族のつくった大仏というより、743年に聖武天皇が発願したが民衆の寄進を集める大運動を起こすかたちでつくられている。だから民衆の絶大な支持があった行基の力が必要だったのである。『霊異記』にも〈行基は難波に湊をつくり、仏法を説いて人を教化し、道俗貴賤が集まって行基の説く仏法を聞いていた〉と書かれている。

第五に、神の世界と仏の世界が分けられていないのも一つの特徴である。修行者たちは山に入り、経文を読み、神仏の世界に身をおこうとした。

第六に、『霊異記』にはキツネ、牛、狸といった動物たちも登場するが、牛は前世の因縁で牛になったというような話が多いが、おもしろいのはキツネである。キツネと人間の夫婦の子として生まれたために、人間にはないような優れた能力をもっていたというようなかたちで登場してくる。人間と動物を分けていないばかりか、動物の方が能力が上なのである。それもまた当時の人々の自然・人間世界のとらえ方を垣間見させてくれる。

もう一つ、次のようなとらえ方もおもしろい。中巻の第七にこんな説話が載っている。〈聖武天皇の時代に智光法師がいた。智光は学問に優れ、経典の注釈書をつくるなどして仏教を広めていた。ところが行基が人々から菩薩と呼ばれるようになり、聖武天皇が大僧正に任ずるということが起こると、智光は行基をねたみ「自分の方が学問は上だ」などというようになった。そんなことをしたので智光は重い病気になり死にそうになった。閻魔大王の使いがきて、智光を地獄に連れていった。火炎地獄に往かされ、骨しか残らないほどに焼かれた。三日後に生き返らされまた焼かれ、さらに三日後にまた焼かれた。その後に生き返り、自分のねたみの心を焼き切る必要があったことに気づいた、云々〉。地獄とは単に天罰を受けるところではなく、自分の心のなかにある問題点を捨て去るための場所と感じられていたのであろう。

役行者伝説を生みだした民衆の思い

中巻の第一に次のような話がある。〈聖武天皇が元興寺で大法会を催したとき、長屋王が僧侶たちの食事の係をすることになった。その食事のときに巷の僧が現れて食事をとる場所に行き、食べ物をえようとした。長屋王はもっていた象牙の笏《しゃく》でその僧の頭を打った。僧は頭から血を流し去っていった。それから後に「長屋王は国を乗っ取って国王になろうとしている」と讒言する者がいて、長屋王の屋敷に天皇の兵が差し向けられた。長屋王はまったく身に覚えがなかったが、もはやこれまでと子と孫を殺し、自らも自害した、云々〉。長屋王の乱は、民衆世界ではこのような説話となっていったのだろう。核心は僧に貴賤はないということである。それを破って僧の頭を打った長屋王は、自分がなぜ朝敵になったのかもわからないままに自害する。この不条理な死こそが、長屋王にはふさわしいということである。

上巻の第二十八には次のような話が載っている。〈役の優婆塞（＝役小角＝役行者、修験道の開祖）は生まれながらにして博学の人であった。修行を重ね、四十代のときに孔雀明王の呪法を身につけ、不思議な験術をもつようになった。一言主の神が役小角は天皇家を傾けようとしていると讒言したので、天皇は役小角を捕らえようとしたが験力が強く捕らえることができなかった。それではと母親を捕らえたので、小角は自ら縄につき、伊豆に流された。ところが流刑地で夜になると空を飛び、富士山で修行したりしていた。三年後に許され、仙人となって唐に飛んだ。その後に道照法師が唐から新羅に渡ったとき役小角に出会った。小角を讒言した一言主の神は小角に呪縛されて、未だに解脱できないでいる、云々〉。

後にこの話をもとに、さまざまな役行者伝説ができあがっていくのだが、正しくは『続日本紀《しょくにほんぎ》』（現代語訳版、講談社学術文庫）をみた方がいい。『続日本紀』は朝廷の公式の記録文書で、699年の5月24日に役小角を伊豆に流したと書いてある。こちらでは、かつては役小角の弟子であった韓国連広足《からくにのむらじひろたり》が讒言したとなっている。大変な呪術使いであったということは変わらない。『古事記』には天皇が一言主にひれ伏したという話が載っているが、いまでも葛城山の麓に一言主を祀った大きな神社がある。おそらくは葛城一族の氏神だろうと思われているが、役小角が若い頃修行をしていた場所も葛城山である。その神も役小角の呪術には歯が立たなかったというかたちで、民間説話がつくられていったのだろう。

『霊異記』にでてくる優れた僧は、単に仏教の研究を深めた人ではない。行基のように橋を架けたり、湊をつくったりして人々のために働いた人であったり、薬草を用いたり祈祷するなどして人々の病を治す人だったりする。そういう人たちを民衆は菩薩と呼び、この菩薩たちのなかには正式な得度を受けた者も私度僧もいた。このような信仰＝生活世界のなかで民衆は暮らしていた。

役小角がつくりだしたとされる修験道は、日本の土着的な自然信仰と仏教、とりわけ密教と道教が融合しながら生まれたといわれている。『霊異記』にでてくる新羅で会ったという道昭（道照）は654年に唐に渡った遣唐使であり、三蔵法師玄奘から直接学び、日本に法相、唯識の考え方をもたらした僧である。だから役小角の説話は、道昭が登場したのでは年代が合わない。人々が言いたかったことは、南都第一の学僧よりも、役小角の方が力があるということなのだろう。それは国家に庇護された仏教に対して、自分たちの神仏の世界を対抗させた民衆の気持ちを表現しているのかもしれない。

上野村の火渡りは、古代の民衆の精神を受け継いでいるのである。自然と火の力に包まれながら、修験道系の寺では本尊として祀られることの多い不動明王や、自然から湧き出る水とともにある八大龍王に祈る。私たちが属しているのは国家ではなく、この世界なのだという確認。それがいまもつづいている。

『日本古典文学大系』第70巻、遠藤嘉基・春日和男校注、岩波書店、1967年による。他に、講談社学術文庫（全3巻）、平凡社ライブラリーなどがある

46

「捨てる」ことでみえる「おのずから」の生き方

『一遍上人語録』

私の家は曹洞宗の檀家だから、法事などがあると『修証義《しゅしょうぎ》』が読まれていた。『修証義』は曹洞宗の開祖、道元の考え方をコンパクトにまとめたもので、曹洞宗では一番よく読まれる文献の一つである。そのはじまりのところを、一部ひらがなにして引用してみよう。

「生《しょう》をあきらめ死をあきらむるは仏家一大事の因縁なり」

子どもの頃は耳で聞いていたから、この「あきらめ」の部分を「諦める」だと思っていた。この読み方だと「生きることを諦め、死ぬことを諦めるのは、仏教に従うものにとって一番大事なことである」ということになる。だから子どもの頃の私は、この部分を聞くたびに、「これは大変だ」と思ったものだった。生きることも死ぬことも諦めるなど簡単にはできそうもない。

ところが後に印刷されたものを読んでみると、「あきらめる」は「明める」となっている。これなら「生きるとは何かを明らかにし、死とは何かを明らかにする」ということになる。やはり簡単にはできそうもないが、「諦める」よりは可能性がありそうである。

だが、なのである。さらに時間がたつと、かつての日本語の「明らかにする」は「諦める」と表裏一体のものであることを知るようになった。生きるとは何かを知ろうとすることを「諦め」てこそ、生とは何かが「明らかになる」のである。とするとやはり「諦め」なければならないということになる。

『修証義』では生と死を「明らかにする」ことが大事だと述べた後で、悟りがあれば生も死もない。すべての時間が涅槃の時間である。つまり悟りを開いた仏としての時間が広がっているだけである、というふうに書かれていく。

念仏とは「自然」に身をゆだねること

さて、ここで取り上げる一遍は、鎌倉時代に愛媛県松山市で生まれている。法然門下の僧に従い、次第に専修念仏の生活に入っていく。熊野で名を一遍とあらため遊行《ゆぎょう》に明け暮れるようになった。遊行とは旅をしながら修行をするかたちで、古くから空也上人や修験者たちによって実践されてきた。1279年からは踊り念仏をおこなうようになり、89年にこの世を去っている。江戸時代になると幕府は遊行禁止令を出し、一遍門下の者たちも時宗《じしゅう》の僧として定住せざるをえなくなった。神奈川県の藤沢市に総本山遊行寺が存在している。

一遍は法然、親鸞とならぶ浄土系の仏教を大成した人だった。しかし法然を開祖とする浄土宗、親鸞を開祖とする浄土真宗と比べれば、時宗はそれらとならぶほどの宗門を築いていない。その理由は遊行禁止令が出されるまでの時宗の僧侶は旅に明け暮れ、民衆聖として生きたことにあった。宗門下の寺を増やしながら教線を延ばすというような宗派ではなかったのである。もう一つの理由は、法然の『選択本願念仏集』、親鸞の『教行信証』にあたるような文献を一遍が書こうとしなかったことにある。それればかりか死を前にして自分の書いたものをすべて焼くように指示し、実際、同行していた者たちが持っていた一遍の文献は燃されてしまった。ゆえに一遍のものとしては死後に弟子が描いた『一遍上人聖絵』や、弟子たちが持っていたものを編纂した「語録」くらいしか存在しない。

とするとなぜ一遍はそのようなことをしたのだろうか。少し長くなるが、よく知られた箇所を引用してみよう。

「むかし、空也上人へ、ある人、念仏はいかが申すべきやと問いければ、『すててこそ』とばかりにて、なにとも仰せられずと、西行法師の撰集抄に載せられたり。是誠に金言なり。念仏の行者は智恵をも愚痴をもすて、善悪の境界をもすて、貴賤高下の道理をもすて、地獄をおそるる心をもすて、極楽を願う心をもすて、また諸宗の悟りをもすて、一切のことをすてて申念仏こそ、弥陀超世の本願に尤もかなひ候へ。かように打ちあげ打ちあげとなふれば、仏もなく我もなく、まして此内に兎角の道理もなし。善悪の境界、皆浄土なり。外に求むべからず、厭うべからず。よろず生きとしいけるもの、山河草木、ふく風たつ浪の音までも、念仏ならずといふことな

し。人ばかり超世の願に預かるにあらず」（一部旧仮名遣いを新仮名遣いにあらためた）

浄土門では、法蔵が菩薩が阿弥陀如来になるようにと推挙されたとき、法蔵は四十八の願をかけ、それらが受け入れられないのなら自分は如来にはならないと言ったとされる。この四十八願の中心におかれたのがすべての人の極楽往生であり、生まれも育ちも生前の行いも関係なく極楽浄土に往けるというものであった。その後に阿弥陀は阿弥陀如来になっているから、この阿弥陀の願は実現していると考えるのが浄土門である。ゆえに阿弥陀にすがればよく、念仏（南無阿弥陀仏）を唱えることがすべてであると考えてきた。

このような考え方では法然も、親鸞も、一遍も共通しているのだが、いくつかの相違もまた存在していた。法然は人が阿弥陀に救われ、往生をとげるのは死後だとしていたが、親鸞と一遍は生前往生説をとっている。念仏を唱えたときに人は往生をとげているという考え方である。彼らはそのような言葉は使わないが、即身成仏の思想である。この身のままで成仏すると考えればよい。念仏を唱えて阿弥陀仏の世界へ往き（親鸞においては往相往生）、それはそのままこの世に仏として戻ること（還相往生）でもある、ということである。

とすれば、念仏を唱えるときにはどんなふうに唱えればよいのか。極楽往生したいから念仏を唱えるでは、自分の欲望＝煩悩を実現させようとしていることになる。極楽浄土に往きたいと願うのも、人間の煩悩である。

この問いに一遍が答えたのが引用した箇所である。「捨ててこそ」。すべてを捨てて念仏を唱える。極楽に往きたいという心も捨て、善悪という概念にとらわれる心も捨てる。仏教の理論も捨て、仏と自分を分ける心も捨てる。理論もなければ善悪の区別もないのが浄土である。だから山川草木はむろんのこと、すべての「生きとし生けるもの」が成仏できる。このように一遍は述べた。自然と人間の区別も浄土には存在しない。

一遍は生と死という概念は、人間の意識がつくりだしたものにすぎないとも述べている。「生死というは妄念なり。妄執煩悩は実体なし」。だから自力だ、他力だと考えることにも実体はないのである。一般的には浄土門の考え方は、自力で修行し悟りを開こうとするのではなく、阿弥陀にすべてを預ける絶対他力の思想だとされる。確かに法然、親鸞においてはそうであった。だが一遍はこの区別もまた人間の意識が何かにとらわれている結果にすぎないと思っていた。自力と他力を区別する心をも失わせていく念仏の世界にこそ、絶対他力が存在するのだと。人にはただただ念仏しかないのだ。その意味を考えたり、自力との区別をはかったりすること自体が、往生を妨げている。ただ念仏を唱え、唱えた念仏が身体のなかでいつまでも共振している。それがすべてだということである。

それゆえに一遍は死を前にして、書いたものをすべて焼くように命じた。文献などにとらわれてはいけない。念仏があるだけでよいのだ。だから念仏を唱えなければいけないということでさえない。心のなかに念仏があり、それが身体のなかで木霊していれば十分だ。とするとこの念仏とは何なのだろうか。それは自然（じねん）の唱えであり、考えによって唱えるものではない。

気がつけば身体のなかで念仏が共振している。それは自然（じねん）＝おのずからのことであり、そうやって赴く浄土の世界もまたすべての概念が消えたただただ「おのずから」の世界なのである。

このように一遍を読んでいくと、冒頭に引用した道元の『修証義』とも共通するものがあることがわかる。生とは何か、死とは何かを明らかにしようとしているかぎり、それは明らかにはならない。明らかにすることを諦めてこそ、その意味はみいだせるのである。一つの理論として明らかになるわけではない。この世界の奥にある自然（じねん）＝「おのずから」に身をゆだねたとき、生と死の区別のない世界がつかみとられていく。道元はそれを只管打坐《しかんたざ》（無の境地で座禅をする）に求めた。一遍にとってはそれは念仏であった。自然（じねん）＝「おのずから」の世界に赴くという点では、つまり道理を求めないという点では両者は共通している。

「おのずから」の生き方に対峙するもの

現在の日本は、一面では仏教ブームなのだと思う。仏教に関心をもつ人も、親鸞や空海に関心をもつ人もふえている。だが宗教ブームではない。宗教には関心はないのである。ところが、考えてみれば、それこそが日本の仏教だった。実際、親鸞も一遍も教団はつくりだしていない。法然や道元は寺をつくり、そこに多くの弟子たちが集まってはいたが、それも教団というより、自分たちの修行道場のようなものであった。人々は神や仏の教えに学びながら、自分たちの生きる世界をつかみなおそうとしていて、そこにかつての仏教はあった。

とすると今日の仏教ブームは、この時代への回帰であるとも言える。経済に従属し、お金や時間に縛られながらいる自己に対する疑いが、それを生みだしているからである。自分の「おのずから」のあり方をつかみなおそうとしているといってもよい。

そして「おのずから」のままに生きようとすれば、それを不可能にしている現実と向き合わざるをえなくなる。それが私たちの生きている現代世界である。生も死もなく、善も悪もなく、人間も自然（しぜん）もなく存在する根源的な世界をみつめるとき、そのようなあり方を破壊しつづけている市場経済や国家の政治、現実の市民社会と対峙せざるをえないのである。だがその対峙のためには、「捨ててこそ」があることも確かだ。市場経済や国家の政治などによってつくりだされていく現代的な生き方をどこかで「捨てようと」してこそ、「おのずから」の生き方をみいだすことも、現実と対峙することもできる。

一遍の時代には、目に見えない巨大なシステムが人間たちを飲み込み、そこから私たちが出られなくなるというようなことはなかった。だから生と死の区別のない世界、善悪や意識がつくりだした理論の世界の虚無をつかみとれれば、それが人間たちの往生だった。だが今日の私たちは「往生」をとげるためにも、そんな生き方を破壊するシステムと対峙せざるをえないのである。


大橋俊雄校注、岩波文庫、1985年による

47

救いはどこにあるのか

『往生要集』『選択本願念仏集』

源信 著
法然 著

この2冊の本は、平安時代から鎌倉時代にかけての歴史のなかで、浄土系仏教の流れをつくりだした書物である。厳密にいえば、源信の前に空也上人の活動があり、後半には法然の弟子であった親鸞、さらには旅に明け暮れた一遍上人の活動などもふくめて、浄土系の仏教は確立、定着していくのだが、ここではこの2冊の本を読んでみようと思う。

はじめに当時の状況を述べておけば、『往生要集』がつくられたのは900年代終盤のことであった。藤原道長が勢力を伸ばす前史にあたる頃である。その頃都で疫病がはやり、藤原一族からも多くの者がこの世を去った。それに対して『選択本願念仏集』は1198年の作で、時代は平安から鎌倉へと移行している。藤原氏の絶頂期からその没落、武士の台頭、鎌倉幕府の成立へと向かう歴史のなかで日本の浄土思想は確立されていった。

ところで仏教的伝承によれば、釈迦の没後の一千年間が正法の時代、その後の千年間が像法、つづいて末法の時代が現れるとされていた。正法とは仏教の真理が世界を覆い、悟りを開いて仏になる者たちが次々に現れる時代であり、像法は仏教の真理は世界を覆っているが悟りを開く者が生まれなくなった時代、末法は「教え」だけは残っているが、悟りを開く者がいなくなっただけではなく、仏教の真理が世界を覆わなくなった時代だとされた。この歴史観に従えば、源信、法然の時代は末法の世である。救いがなく、悪いことが次々に起こる時代だと思えばよい。

実際この時代には疫病の大流行だけではなく、869年の貞観地震が東北地方に大きな被害を与え、874年には富士山の大噴火、938年、976年には京都付近で大地震が起こり、さらに1026年の万寿地震、1088年の岩手の大地震、1096年の永長地震、1099年と1185年には畿内地方で大地震があって神社仏閣なども大きな被害を受けるといった災害が頻発していた。そういう状況のなかで、末法思想が広がっていったのである。

このような末法を意識した時代のなかで、人々は自分たちを救ってくれる仏を求めた。その役割を担ったのが阿弥陀如来、地蔵菩薩、観音菩薩である。地蔵菩薩と観音菩薩は、宗派を形成することもなく信仰されていったが、教義の確立を伴って信仰されたのは阿弥陀信仰であった。

ところで仏教の仏には、如来、菩薩、明王、天などがいるが、日本では如来は釈迦如来、大日如来、阿弥陀如来、薬師如来しかいない。ただし弥勒菩薩は56億6000万年後に如来となってこの世に現れ、人々を救うことが約束されているから、弥勒如来と呼ぶこともある。これら如来の一歩手前にいるのが菩薩たちで、菩薩はそれぞれが自分は修行してどんなことを実現したいのかという願い（誓願）を立てている。その願いが叶えられたとき如来になるとされている。

阿弥陀如来は、如来になる前は法蔵菩薩であった。そのとき、四十八の実現したい願いを立てている。一番有名なのは、その第十八願なのだが、四十八願全体が第十八願に集約されているといってもよい。その内容は、「往生したいと願うなら、私に救いを求めなさい。そうすれば私は、必ずすべての人を私の仏国土＝極楽に招き入れます。もしもこのことを仏教の真理が約束してくれないのなら、私は最終的な悟りを開いて如来にはなりません」というようなもので、このような願いを立てたうえで法蔵菩薩は阿弥陀如来となったのだから、法蔵菩薩の願いは実現していると考えるのが浄土系の仏教である。ゆえに阿弥陀に救いを求めれば、誰もが極楽往生をとげることができる。もっともこの第十八願には「ただし五逆の悪と仏教を誹謗した者は救いの対象から除外する」とも書かれていて、この部分の解釈をめぐってはいまでも論争がつづいている。

私自身はこの部分はわれわれの生きている世界の教えにすぎないと理解していて、仏の真理の世界においては善も悪もないのだから、どんな人でも救済されると読んでいる。善悪は人間たちの生きている世界で発生するものであり、善悪の構造から自由になっていくのが悟り＝仏の世界である。ただしこの解釈が経典解釈として正しいのかどうかは私は知らない。私は仏教の解釈学には関心はなく、このように理解しなければおもしろくないと思っているだけである。

阿弥陀にどう救いを求めるか

さて話を元に戻そう。平安から鎌倉に移行していく時代のなかでは、人々のなかに末法思想が広がり、末法の世の救いを求めて地蔵信仰や観音信仰、阿弥陀信仰が広がっていった。阿弥陀信仰を広めた最初の人としては空也がいる。源信の『往生要集』がつくられたのもこのような時代のなかであったが、この本ではじめに地獄の様子が克明に描かれていた。その後にたくさんつくられていく地獄絵図などは、この本をもとにしているといってもよい。

それは人々に大きな恐怖感を抱かせたようだ。末法とは救いのない時代なのだから、このままでいたのならこのような恐ろしい地獄におちる、ということである。『往生要集』では、つづいて末法の世の救いの道を説く。阿弥陀如来はすべての人の極楽往生を約束している。だから、阿弥陀に救いを求めなさい。そのことを『経典』を駆使しながら説いた。

法然の教えも、基本的にはこの延長線上にあるといってよい。ただし阿弥陀へのすがり方が違っていた。源信は観想という方法を説いている。阿弥陀仏を心のなかに描き、次第に心のなかにみえてきた阿弥陀仏と自己の心を一体化させていく。そして一体化されたとき心はなくなり、阿弥陀の慈悲が心になる。自分の極楽往生のために阿弥陀にすがったのに、阿弥陀の心と一体化したとき自己は消え失せ、すべての人たちの極楽往生を願っている。いわば阿弥陀の本願（願い）と一体化するのである。それが源信にとっての阿弥陀にすがるということである。

ところが法然が説いたのは、阿弥陀の名号を唱えるということだった。「南無阿弥陀仏」である。「南無」は従う、すがる、お願いするというような意味だから、名号を唱えることによって阿弥陀にすがるのである。法然によって専修念仏が生まれた。

ついでに述べておけば、前記した五逆の徒などは阿弥陀をもってしても救えないのかどうかについて、法然は犯した悪行を悔いる気持ちがあれば阿弥陀は救うと述べている。悔いるからこそ阿弥陀にすがるのであり、そういう人々を阿弥陀は救わないはずはない、ということである。

このようにして生まれていった日本の浄土系仏教は、鎌倉時代には広く浸透していく。もちろん浄土思想自体は中国で確立されたものであり、その礎をつくった善道を二人とも重視している。経典としては『無量寿経』、『観無量寿経』、『阿弥陀経』を「浄土三部経」とした。

民衆に受け入れられた他力の思想

さてこのようにみていくと、なぜ阿弥陀なのかと思うかもしれない。釈迦如来であれ、地蔵菩薩であれ、大乗仏教の考え方では諸仏はみな、人々を救済するために行を積んできた仏である。とすれば阿弥陀だけに絞り込む必要性はないはずである。この問題に対して浄土系の思想は次のように考える。前記したように、法蔵菩薩は四十八願を願った。その核心は、すべての人の極楽往生にあった。そしてこの願いこそが、諸仏の願いでもあったのである。だから仏教の願いは、阿弥陀の願いに集約された。さらに述べれば、悟りを開いた者たちの願いはみな同じであり、共通の真理の実現なのである。そしてこの願い＝本願こそが仏そのものなのであり、だとすれば多彩な仏たちはその本質においては一つだということになる。浄土思想では、仏教の願いを阿弥陀の願いに仮託した。他の仏たちを否定したわけではない。

だから法然は、他の宗門の行の方法も否定してはいなかった。『選択本願念仏集』では次のように述べられている。仏教には悟りの道と救いの道がある。前者は聖道門、後者は浄土門である。悟りの道は苦行をおこなって悟りを開く道であり、救いの道は阿弥陀にすがり、阿弥陀に助け出してもらう道である。浄土門の方が優れているのは、阿弥陀がすべての人を悟りの世界へ導くことを約束しているところにある。だから誰もが往生をとげることができる。ところが聖道門では苦行を積んでも悟りにまで到達できるのはわずかである。なぜなら自分の意志で修行をするのだから、この意志が悟りの妨げになっているのである。悟りとは自己を捨て去り、仏の願いで生きることとなのだが、だとすれば自己の意志をもって自己を消滅させることは至難の業になる。それに対して浄土門では、阿弥陀にすがるということ自体が自己の放棄であり、絶対他力なのである。

法然が述べているのはこのような内容なのだが、聖道門を否定しているわけではない。この道もあるが困難だ。それより阿弥陀にすがった方がいい、といっているだけである。法然にとっては自力は否定の道ではなく、困難な道だということである。

この他力の考え方は、日本の民衆には受け入れやすかった。なぜなら日本の土着信仰自体が自然に救いを求める発想をもっていたからである。自然（じねん）、つまりおのずからであること自体のなかに真理があり、自我のない世界、欲望のない世界がある。その世界を理想とし、そこに行く導きもまた自然の働きである。このような土着的な自然信仰の「自然」を阿弥陀と読み替えれば共通するものがでてくる。だから法然の弟子である親鸞は晩年に「自然（じねん）法爾（ほうに）」を語り、一遍はよりこの傾向を強めていく。こうして鎌倉時代以降に、阿弥陀信仰はさまざまな展開をみせていくことになった。

ただし法然自身は教学研究者という一面を強くもっていた。『選択本願念仏集』もなぜ阿弥陀なのか、なぜ専修念仏でよいのかを浄土三部経や善導の文献に依拠して説明している。文献研究が軸になっている、というような書き方である。

とすると源信、法然のいう浄土思想は、それを自分たちの生きる世界で再構築した民衆の存在がなければ、人々のなかに広がっていくことはなかったのかもしれない。人間は自己なるものに縛られて、自己を苦しくさせている。そのことから自由になるためには、自己をもたない真理の世界にすがるしかない。そんな発想が民衆のなかに堆積していたからこそ、浄土思想は民衆のなかに広がった。

『往生要集』は花山勝友訳、徳間書店、1972年、『選択本願念仏集』は『法然全集』第2巻収録、大橋俊雄訳注、春秋社、2010年（新装版）による。いずれも文庫をふくめて多数の出版社から出ている

48

意識がつくりだした世界の奥に

『般若心経』

日本で一番よく読まれているお経といえば、『般若心経』であろう。もちろんこのお経を無視する宗派も存在するが、『般若心経』は大乗仏教の基本経典として、またその短さから写経をするときのお経としてもよく用いられてきた。この『般若心経』を読んでみようと思う。

現在用いられている漢語の『般若心経』は、玄奘三蔵がサンスクリット語から訳したと伝えられている。玄奘三蔵（602〜664年）は唐の時代の人で、629年にインドに渡った。645年に多くの経典などを持って中国に戻り、数多くの経典を漢語に訳している。ちなみに645年は日本で乙巳《いっし》の変（かつては大化の改新と呼ばれた）が起こった年で、中大兄皇子（後の天智天皇）と中臣鎌足（後の藤原鎌足）が蘇我氏を滅ぼし、天皇親政の世をつくりだそうとした年にあたる。玄奘三蔵は、三蔵法師として猪八戒などを連れてインドに渡った物語、『西遊記』のモデルでもある。

『般若心経』は「観自在菩薩（かんじざいぼさつ）　行深般若波羅蜜多時（ぎょうじんはんにゃはらみったじ）」という文章からはじまる。一般的な理解では「観自在菩薩」は観音菩薩のことである。つまり「観音様が真理を知るための修行を深めていたときに」という文章から『般若心経』ははじまっている。そして次のようにつづく。「照見五蘊皆空（しょうけんごうんかいくう）　度一切苦厄（どいっさいくやく）」。この世界をつくりだしている五つの要素は、すべて空だということに気づかれた。そのことによって、すべての苦しみから解放された、という文章である。その後「舎利子」と呼びかけ「色不異空（しきふいくう）　空不異色（くうふいしき）　色即是空（しきそくぜくう）　空即是色（くうそくぜしき）」と同じ内容のものが4回くり返される。舎利子は釈迦の弟子の名前である。「色」は「とらえられるもの、かたちあるもの」を指しているから、とらえられ、みえているものの本質はすべて空なのだという意味である。

『般若心経』は一般的には「空論」として読まれている。すべては空だというのがこの経典の軸だからである。「空」は「無」と同じ意味で、「何もない」と解釈する人もいるが、私はそうではないと思っている。「確かにあるのだけれど、とらえることができない」という意味だと理解した方がいい。たとえば心は確かに存在する。ところが心はどこにあるのかもわからないし、とらえることもできない。「私の本体」というものもそうで、私の本体は間違いなくある、しかし何が私の本体なのかはとらえることができない。つまり、どちらも空なのである。

「空論」の基本には、この世界は意識がつくりだしたもの、という考え方がある。なぜそうなのかといえば、私たちがとらえる世界は意味で満たされているからである。たとえば死について考えてみよう。人間は死を嫌い、ときに恐怖したりする。だが何に恐れを感じているのかといえば、意識がつくりだした死の意味に対してである。死は現世との断絶だというのも意識がつくりだした死であり、死後という観念も意識がつくりだしたものにすぎない。つまり意識によってつくりだされた死の観念に対して、人間は恐怖していることになる。それに対して本物の死とは何かはとらえられないのである。本物の死はとらえられないのに、意識がつくりだした死に対して恐怖する。この転倒からの解放をめざしたのが、「空論」の立場だといってもよい。

私たちの世界にはたくさんの人間や自然が暮らしている。その人間や自然もまた意識によって意味が付与されている。あの人はこんな人だとか、人間や自然とは何かとか。すべてが意味なのであり、その意味は意識がつくりだしたものだ。人間や自然が本当は何なのかはとらえられないものであり、私たちが知っている人間や自然は意識によって意味付与されたものにすぎない。とすれば、私たちの暮らす世界は意識によってつくられているということにはならないか。

この意識によってつくられた世界の本体は、とらえられないもの、その意味で空としてあるというのが「空論」の立場である。

『般若心経』が漢訳された頃とは、中国で大乗仏教と小乗仏教の区別がつけられていった時代にあたる。つまり、大乗仏教が中国で生まれていく頃だと思えばいい。そしてほぼ同じ時代に、中国にはインドから密教がもたらされ、呪術色の強かったインドの密教が、少しずつ大乗仏教色を強めていくのも、この頃の中国においてである。

真実をみえなくする意識の存在

ここで全体をとおして、『般若心経』を意訳を交えながら現代語に訳してみよう。

「観音菩薩が真理の探究を深められていたとき、この世界をとらえさせている五つの要素（五《ご》蘊《うん》。意識によってとらえられているのが現実の世界なのだから、五蘊は、この世界をつくりだしている五つの要素と解釈してもよい）は、すべて空だということに気づかれた。そのことによってすべての苦しみから解放された。舎利子よ、かたちあるものと空なるものは何も違わないのだ。空とかたちあるものは異なっていない。かたちあるものはすなわち空なるものである。空なるものはすなわちかたちあるものである。意識がとらえていく世界＝意識によってとらえられた世界はすべてそういうものなのだ。舎利子よ、この世のすべての実体は空なのだ。ゆえに生ずるものもなければ滅んでいくものもない。穢れたものもなければ、浄らかなものもない。ふえていくものもないし、減っていくものもない。この世界はすべて人間の意識がつくりだしたものにすぎないのだ。ゆえに迷いもまた意識がつくりだしたものであって、そんなものに実体はない。実体がないから迷いが尽きることもない。老いも死もなく、ゆえに老いも死も尽きることはない。小乗仏教が教えているような悟りへの道も存在しない。真理を求めようとする者は、知識も必要ではないし何かが得られるものでもない（知識も、何かを得ようとすることも意識がつくりだしたものだからだ）。

得るものがないのだから、知ることもない。真理を求める者＝悟りを求める者は真理だけを求めて心を覆うものがない。心を覆うものがないのだから、恐怖も存在しない。人間の意識がつくりだした実体のないものを実体があるかのごとく思う意識から離れて、真理を求める者は、ひたすら涅槃＝悟り、解脱を探求する。すべての仏は皆この真理を求め、同じことに気づいて悟りを開いていった。ゆえに般若波羅蜜多こそが大いなる真言であり、無上の真言、無比の真言である。それは一切の苦しみを取り除く、偽りのない真実である。般若波羅蜜多の真言は次のようである」そして、「羯諦（ぎゃてい）羯諦　波羅羯諦（はらぎゃてい）　波羅僧羯諦（はらそうぎゃてい）　菩提娑婆訶（ぼじそわか）　般若心経」とつづいて終わる。この部分はサンスクリット語の音をそのまま漢字にしたもので、一種の呪文だと思えばいい。あえて訳せば、「歩め、歩め、彼岸に向かえ、彼岸にたどり着いた者よ悟りあれ」というような意味である。

骨格になっている思想は、私たちは意識に邪魔されて真実がみえなくなっているということである。人間たちがつくりだしたにすぎない意味付与された世界に縛られて、悩みや苦しみのなかに陥っている。それが私たちだという提起である。だから意味付与された世界から解放されれば、人間は究極の自由を獲得することができると『般若心経』は説く。

呪術と仏教と呪文

ところで、最近は少なくなったけれど私の暮らす群馬県上野村にも、朝起きるとまず『般若心経』をあげ、それから一日をはじめる人たちがいた。その人たちにとっては、『般若心経』の解釈はどうでもよかった。『般若心経』をあげることに意味があったのである。

ということは、多くの人にとって『般若心経』には、それ自体のなかに真言、呪文的な要素があったということである。

インドでは古くから言葉には霊力があるという考え方があった。言葉自体に人を陥れる霊力もあれば、逆に救う霊力もある。さらには神と結ぶ霊力も、神の力を借りる霊力もある。ときに神聖な、ときに恐ろしい霊力を言葉自体が発するのである。そういう考え方があるから、古代バラモンの時代から言葉を用いた呪術が存在し、それは後のヒンズー教にも取り入れられていった。釈迦は呪術的なものを否定したといわれているが、インドで密教が生まれてくると、その密教には呪術が積極的に取り入れられた。

中国に入ってきた初期密教は、呪術仏教でもあったのである。ところがその時代には大乗仏教も入ってくる。大乗仏教は、自分が悟りを開いて菩薩になっていく、つまり自分のための仏教であった小乗仏教を否定して、すべての人々を解放するために悟りをめざして修行をすることこそが仏教だという立場をとった。それを言葉にすれば利他行、菩薩行ということになるのだけれど、なぜ自分の修行が人々のためになるのかを思想化していく過程が、大乗仏教の成立過程だったといってもよい。

この過程で大きな役割を果たしたのが中国での華厳経の漢訳だったのだけれど、大乗仏教は中国で完成して日本に入ってきたわけではない。模索中のものが日本に入り、中国と日本で異なった深化をとげていったと考えた方がいい。

密教も同じだった。初期密教は呪術を用いて自分の利益を獲得するという、ある意味では小乗的な性格が強かったのだが、日本に入ってくると呪術を用いてすべての人たちのために役立てるという方向に向かっていく。初期密教の呪法の一つである孔雀明王の呪法にしても、日本では雨乞いや地域からの悪霊の退散に使われることが多かった。さらに密教は大乗仏教として深化し、人間の心の奥には菩薩心＝仏性があり、それは個々人のなかにありながらすべての人々とも、さらにはすべての自然とも結ばれて存在していると説くようになる。結び合う世界こそが本体であり、にもかかわらず意識は個別のものが本体であるととらえさせる。その自己撞着から人間を解放し、浄らかな結び合う世界に戻っていく方法を行として提起していくようになった。

その方法のなかにお経もあったのである。だから『般若心経』もまた一つの呪文として、あるいはそれを唱えることが一つの呪法として人々のなかに広がっていくことになった。とすると『般若心経』はそれを解釈することより、浄らかな世界に戻ろうとする願いのなかにある呪法だと考えた方が、正解なのかもしれない。

49

現実世界で苦しんでいる人々にこそ解脱の道が『維摩経』

私の本箱の奥にこの本が隠れていた。１９６７年に手に入れたようなのだが、高校３年生の年だから、当時の私がこんな本を読もうとしていたのかと少し驚いた。手に入れていたということは、読もうという意志はあったのだろう。ちなみにこの本は６００ページ近い上下二段組みの本なのだが、定価は４８０円とある。このことにも少し驚いた。

この本に収録されている「維摩経《ゆいまきょう》」を取り上げてみようと思う。現在では中村元による現代語訳などのさまざまな「維摩経」が刊行されているが、あえて１９６７年に手に入れた『世界の名著』版をテキストに使うことにした。

時代のなかで展開してきた仏教運動

仏教は紀元前４００年頃に釈迦が解脱し＝悟りを開き生まれたとされている。ところが釈迦がどのような教えを説いたのかはよくわからないことが多い。というのは釈迦は一行も文献を残していないし、弟子たちも釈迦の教えを記憶し、次の弟子に伝えるというかたちをとったために、弟子もまた文献を残していないのである。しかも釈迦の死後100年くらいがたつと、仏教集団も大衆部と上座部に分裂し、さらに細かく分かれていく。そして後にそれぞれの「部」が「釈迦はこう述べた」というかたちで文献化していった。だからその文献が、釈迦の教えを正しく伝えているのかどうかがわからないのである。釈迦の死後100年くらいたったときから、200年くらいをかけて少しずつつくられていったのではないかと考えられている原始仏教経典に、四作からなる「阿含経」があり、これが釈迦の教えをもっともよく反映しているのではないかと思われているが、その後も仏教にはくり返しくり返し改革運動があり、時代とともに仏教は新しい深さをつくりあげていく。だからどの思想をもって仏教の本質というのかが明確ではない。仏教は、一つの教義を守り抜くという信仰ではなく、時代のなかで展開する仏教運動なのである。運動だから、つねに新しい考え方が付与されてくる。

このような仏教史のなかでも特筆すべき出来事は、紀元元年くらいからはじまる大乗仏教運動の展開であった。大乗側は、それまでの仏教は小乗だと批判した。大乗とは大きな真理の乗り物に乗っているということなのだが、乗り物が小さいと大乗側から批判されたのは旧上座部系の仏教であり、それは当時のインド仏教の主流派だっただけではなく、スリランカに伝播し、後にスリランカからタイ、ミャンマーなど東南アジアに伝わっていく仏教であった。仏教思想としては、

「説一切有部（せついっさいうぶ）」の考え方が広がっていた。

上座部（小乗）系の仏教では、人間が永遠の輪廻（生まれ変わり、地獄道や畜生道などに生まれ変わることもある）から離れるには、出家して修行を重ね解脱することが必要だとされた。といっても出家すれば解脱するわけではないし、悟りの境地を獲得しても阿羅漢になれるだけで、その先にもまだ長い修行がつづく。

大乗仏教運動を推進した人たちは、この出家至上主義的な仏教を批判した。「釈迦の教え」は誰もが悟りを開き、永遠の苦しみから解脱できるというものではなかったのか。現実から離れ、僧院で瞑想に明け暮れる出家者たちよりも、現実世界で苦悩しつづける普通の人たちの方が、解脱への思いや解脱の意味を知っているのではないのか。仏教は在家主義の立場に立つべきであり、誰もが解脱できる信仰であったはずだ。大乗仏教の推進者たちは、そういう立場をとった。この仏教が中国を経て日本に入ってくる。大乗仏教は中国、朝鮮、日本、チベット、モンゴル、ベトナムに広がっている。

そういう運動のなかで、大乗仏教経典の編纂もはじまった。そのはじまりは1世紀頃からだと思われているが、はじめにいくつもの「般若経」がつくられ、つづいて「法華経」や「華厳経」、「無量寿経」などが生まれていった。日本では、むしろおなじみの経典である。この大乗仏教経典も「釈迦はこのように語った」とか釈迦が出てきて教えるというようなかたちで書かれているが、釈迦の死後600年以上を経てつくられたものもあるから、むしろ釈迦の教えを深めたもの、と理解しておいた方がいい。「維摩経」もそういう経典の一つで、釈迦の死後400〜500年がたった1世紀から2世紀頃の作と考えられている。

空としてのみ本質や真理は存在する

大乗仏教は、空（くう）の思想を軸においている。最初に編纂された「般若経」群でも空思想は柱になっているが、この思想を一つの完成形に高めた人にインドの龍樹（150〜250年頃）がいる。この世界は意識がつくりだしたものであり実体がないばかりか、自己という実体も存在せず、真理という実体さえ存在しないという、つまり一切は空であるというのが彼の立場である。にもかかわらずそれらに実体があると思って、そのつくりあげられた実体のもので苦しんでいるのが人間だということなのだが、たとえば貨幣＝お金を考えてみるとわかりやすい。

お金はなぜ成立しうるのかといえば、みんなの意識がお金を承認しているからである。つまり人間の意識がお金をつくりだしている。実際には小さな紙の印刷物にすぎないものを、みんなの意識がお金に仕立てているといってもよい。とするとその意識を捨てたとき、お金はどうなるのか。ただの虚無である。意識を捨てたときのお金などとらえようもないのである。とらえようのないものなのだから、それは空であるといってもよい。空とは何もないということではなく、とらえられない、認識できない存在、という意味である。

ところが人間はお金に価値を与える意識をもっている。その意識もよく考えれば虚構なのである。虚構の意識が虚構のお金をつくりだしているといってもよい。とするとそういう虚構を捨て去ったときの意識とは何か。それは認識できない。なぜなら意識が生みだしたさまざまな虚構の世界とともにあるのが、私たちの現実の世界だからである。国家はみんなの意識がそれを国家と認めているから国家である。そういうことが成立するのは、人間はさまざまなものに概念を与え、その概念ごとに言葉をつくり、言葉によって意味が付与された世界、意味の体系としての世界にがんじがらめになっているからである。そしてその意味付与は、自己に対してもおこなわれている。この視点を捨て去った地点からみれば、自己とは意味付与された自己にすぎず、取り巻いている世界も意味付与によって整理された世界にすぎない。とすれば意味付与された虚構を捨て去ってしまえば、自己も世界もとらえられない静寂、静けさのなかに存在しているだけではないか。つまり空としてのみ本質や真理は存在するということである。さらに述べれば本質や真理があるとするのも、意味付与された意識のつくる物語である。実は本質や真理もとらえられないのだ。だから仏教が説く真理＝法もまた空なのである。

在家者こそが悟りを識っている

龍樹によって完成された空思想は、こういうものであった。大乗仏教はこの思想を受け継いだうえで、さらにさまざまな宗門を形成していくから、龍樹は大乗仏教八宗の開祖ともされている。龍樹のもとに集まった人たちを「中観派《ちゅうがんは》」というが、実は当時のインド大乗仏教の世界には「瑜《ゆ》伽行派《がぎょうは》」といわれるもう一つの思想集団もいた。この両派は激しく論争したが、仏教研究が専門ではない私からみると、何を対立していたのかよくわからないくらいにこの両者の思想は似ている。瑜伽行派の思想の軸にあるのも空思想である。この世界も自己も言語によって意味づけされたものにすぎないととらえるのも同じだし、強いていえば中観派は無常としてしか成立しない「心」に視点をもっていく傾向が強く、瑜伽行派は認識という行為の虚構性をより強く打ち出しているくらいが違いといえば違いだろうか。むしろ相互補完的だとみた方がいいような気がしてくる。

そういうことなのだが、瑜伽行派の教学は唯識教学といわれるようになった。この教学に基づいて生まれたのが玄奘三蔵を開祖におく中国法相宗《ほっそうしゅう》であり、それはたちまち日本にも入って、薬師寺や興福寺が法相宗の寺院になっていった。「維摩経」はこの唯識派の人たちが重視した経典でもある。

それは内容的には次のようなものである。釈迦がまだ生きていた時代に、維摩さんという在家の大変優れた仏教者がいた。その維摩さんが病気になっているというので、釈迦は弟子に見舞いに行くようにと言った。はじめに舎利仏に行くように命じると、舎利仏はいやだという。なぜかというと、以前に森のなかで瞑想をしていたとき維摩さんが近くをとおり、寄ってきてそんなものは本物の瞑想ではないと言った。本物の瞑想は、人々の苦しみのなかでおこなわなければいけないのだと。私はぐうの音も出なかったので、以降維摩さんは苦手です、ということである。それならと、釈迦は次々に高弟たちに見舞いに行くように言うが、みな維摩さんに批判された経験を語って辞退してしまう。最後に普賢菩薩が見舞いを引き受けるが、普賢と維摩の議論がどうなるか聞いてみたいと何千人もの弟子がついていく。そして議論の末に、出家した修行者たちは、誰も在家の維摩さんのレベルに達していないことを識る。簡単に述べればそういうお経である。

在家者が出家者に真理を教えるというかたちになっているのが、このお経のおもしろいところで、現実の世界のなかで苦悩している人の方が出家者より真理を知っているという大乗仏教の考え方がここにも投影している。以前に出家者たちが維摩に批判され、見舞いに行ってもまたやられてしまうかたちで語られているものは、空思想であり、唯識思想である。真理をみいだし、悟りを開こうとすること自体のなかに誤りがあることを、出家者＝真理の探究者たちは突かれる。真理も空、悟りも空なのである。何も語れない世界に赴いたときの自由がめざすべきものであり、そのことの大事さを知っているのは、日々意味づけされた世界で苦しんでいる普通の人たちだ、だからその人たちこそが菩薩なのだということを、維摩が宣言するかたちでこの経典は書かれている。

『世界の名著』第2巻「大乗仏典」収録、長尾雅人訳、中央公論社、1967年による

50

『華厳経』

実践と認識を統一する関係論

『華厳経』、正式名『大方広仏華厳経』は仏教経典としては比較的新しい経典である。仏教経典の文章化は紀元前2世紀頃からはじまるが、『華厳経』の一部分である「十地品」がまとめられはじめたのは、紀元1世紀から2世紀頃ではないかと推測されている。『華厳経』全体が姿を現すのは4世紀くらいと考えられているから、大乗仏教経典の『般若経』が成立する紀元150年くらいのものと比べても、比較的新しく生まれた経典だということができるだろう。

たいていの人は、一生に一度くらいは奈良の大仏を訪れるものである。私も中学の修学旅行で、大仏のいる東大寺を訪れたものだった。あの大仏は正式には毘盧遮那《びるしゃな》仏（盧舎那《るしゃな》仏ということもある）といわれるもので、『華厳経』がこの世界の真理が顕れたものとして教義の中心にすえた仏である。日本ではじめて『華厳経』が講義されたのが東大寺であった。「華厳」とは美しく荘厳であるというような意味で、日光の華厳滝の名称もここからきている。古くは『法華経』などとともに非常に重視された経典であったが、最近では仏教学者以外の一般の世界では、あまり読まれることのない経典になった。

しかし私は、自分が過去に読んだことのある経典のなかで、一番好きなものは何かと聞かれたら『華厳経』をあげる。この経典が解き明かしているのは、仏教的な真理とは何かであり、この世界とは何か、この世界のなかにいる私たちとは何かである。さらに、単なる真理の解説という本でもない。真理に気づくためには実践が必要だというのが『華厳経』の主張であり、認識と実践の統一がめざされているのである。

本題に入る前に触れておくと、中国で訳された漢文の『華厳経』には、六十章からなる「六十華厳」、八十章の「八十華厳」、さらに最終章の「入法界品」の部分だけを訳した「四十華厳」とがあり、その内容には多少の違いがある。一般的には「六十華厳」を軸に読んでいくのが普通のようだが、「六十華厳」だけでも大部の経典である。そのこともあって日本語訳としては、江部鴨村訳の『口語全訳・華厳経』が昭和10年に篠原書店から刊行されているだけで、この本も基本的には「六十華厳」の訳である。それでも2500ページにものぼる本で、読むのは容易ではない。現在国書刊行会から復刻されているが、価格も5万円近くする。

そんなこともあって『華厳経』の多くの訳本は、軸になる部分を抄訳し解説を加えるというものので、そのなかで一番読みやすかったのが、『現代意訳・華厳経』である。元は大正時代に刊行された本で、「意訳」だから原文に対して正確なわけではないが、『華厳経』の思想をつかむうえではとてもよい本である。

全宇宙的な自然と人間が結ばれる世界

仏教は釈迦が菩提樹の下で悟りを開き、真理を発見したことからはじまると普通は語られる。ところが『華厳経』では真理を顕しているのは毘盧遮那仏である。釈迦は毘盧遮那仏の真理をつかんだ人、という位置づけになっている。さてこの経典では、毘盧遮那仏も釈迦も登場してくるが、二人とも何も語らない。真理は語ることができない、言語化できないところにあるからである。このようなかたちで、大乗仏教の基本思想である「法（＝真理）空」の思想が表現される。『華厳経』で大活躍するのは、普賢菩薩、文殊菩薩といった菩薩たちや天、善財童子たちである。彼らが議論を重ねながら、毘盧遮那仏の真理を伝える役目を負う。

この毘盧遮那仏の真理の一つは、すべてのものは奥底で結び合い、融け合っているということであった。たとえば現実の姿としては私は私だし、自分でも私は私だと思っている。しかしそれは目にみえる世界でのことであって、本質はそんなところにはない。すべてのものと結び合いながら存在している私が、私の本質なのである。このようにこの世に存在するものはすべて結び合っていて、すべての人々ばかりか、あらゆる自然とも、さらには全宇宙とも結ばれて存在しているのが、この世界の真の姿だとこの教典は説く。『華厳経』は徹底した関係論の立場をとる経典である。

われわれは全自然とも、全仏とも結ばれて存在している。だから一つ一つのもののなかに、全宇宙が内包されている。『華厳経』はしばしば毛穴のなかに無数の仏が存在し、広大な宇宙が展開していると説くが、これは「一即一切」（一つのなかにすべてがある）の思想として伝えられた。この思想はわかりにくいようで、自然とともに生きている人間にはわかりやすい。たとえば小さな虫がいたとしよう。その虫が存在するためには、たとえばエサになる草がなければならない。その草が生えるためには、森や草原が必要で、森や草原が生まれるためには雨が降り、大気が流れる全自然がなければならない。このように考えていけば、小さな虫の存在のなかに、全宇宙の存在が包み込まれているのである。

すなわち私たちも、全宇宙的な自然や人間たちと結ばれて生きているということである。『華厳経』は、すべての生類が自由に生きる世界を願うのが仏教だという立場をとっている。人間たちの自由ではない。すべての生類である。ただしインドの発想では、動く生き物までが生類で、草木などはそれにふくまれなかったのだが、この点では草木どころか岩や土、水といった無機的な自然までもが悟りを開くと考えた日本の思想とは違っている。それはさておき、すべてが結び合っているから、仮に誰かが悟りを開いたとすると、それはその人の悟りではなく、結び合う世界の悟りということもできる。だから『華厳経』は、悟りを開くための行、真理を識るための行は、菩薩行でなければならないと説いた。菩薩行とは利他行のことであり、自分のためにではなく、すべての生類のためにおこなう行である。

菩薩行＝利他行が因果を超えた世界に導く

『華厳経』には、すべての生類が自由な存在を得たら、最後に自分もその後をついていくというようなことが書かれている。これこそが利他行の精神である。ただし、先に解放される者や後から解放される者がいるということではない。すべては結ばれているのである。自分の悟りはすべてのものと結ばれている世界のなかで起こる。精神としては他者のために修行をしても、他者が解放されたときは、その他者と結ばれている自己も解放されているのである。大事なのは、自分のための修行を否定したところにある。仏たちはすべての生類の解放を願ったというのが大乗仏教の立場で、それを徹底させたのが『華厳経』だといってもよい。

とともに、この経典では、悟りを開く、真理を識るためには菩薩行が必要だという立場が表明された。真理を認識するのは単なる知の働きではないのである。行が真理を識る道だということである。ただしその行は菩薩行＝利他行でなければならず、すべての生類の自由な存在＝差別なき世界＝概念にとらわれない世界を願うことが必要になる。その願いをとおしてすべてと結ばれて生きている自己がとらえられるということである。

だから、すべての生類の解放を願う「初発」の気持ちがすべてなのだとも『華厳経』は述べている。長い修行を経て真理を識るのでもなければ、研鑽を重ねて真理を識るのでもない。すべての生類の自由を願う気持ちが、無差別に結び合う世界を感じさせ、菩薩行の意味を教えてくれる。

とすると、初発の気持ちをもった時点で、その人はすでに菩薩なのである。全生類の解放を願う菩薩として生まれ変わった。この思想を一種の即身成仏思想として読むのは、読みすぎだろうか。

ところで、私たちがみているこの世界は現象的世界にすぎず、意識がつくりだしたものだと仏教は教える。だから現象的世界にとらわれるのではなく、本質的世界をみなさい、と。ではその本質の世界はどのようにつくられているのかというと、因果の世界である。原因があって結果が生まれる世界だといってもよい。「因」は「因縁」といってもよいが、この場合は「因」が主要な原因、「縁」は副次的要因ということになる。つまり、何らかの原因が次の結果をつくりだしていくのであり、上座部仏教（小乗仏教）では前世の「因」によって死後どこに生まれ変わるかが決まるとされている。

ところが『華厳経』ではこの問題のとらえ方でも独自性を発揮する。すべてが結び合い、それぞれが原因をつくり結果をつくる融け合った世界こそが本質の世界なのだから、直線的な因果関係は成立しないとするのがこの経典なのである。すべての要素が「因」をなし、しかしその「因」は別の「因」から生まれた「果」でもある。「因」と「果」を機械的に分けることなどできず、すべての要素はときに「因」でありときに「果」なのである。因果は直線の関係のなかに成立しているのではなく、円のなかの一要素として成立している。円のなかでときに「因」になりときに「果」になる関係こそが、真実の関係だということである。

そしてこの結び合う関係から生まれた現象的世界が、私たちにみえているこの世界だということになる。だから、現象的世界のなかに真実があると『華厳経』は教える。現実にとらわれるなという一般的な仏教の考え方とは違って、現実の世界も本質的関係の世界から生まれた現象なのである。だから現実の世界もまた真理に裏づけられた荘厳の世界であることに気づくとき、私たちはその奥にある関係の世界をもとらえているのだということである。この経典は、単純な現実否定の立場はとっていない。だから私たちは、現実世界のなかで菩薩に生まれ変わることができる。

根源的な関係が現象的現実をつくり、現象的現実のなかに本質的な関係がみえている。小さな一つ一つの世界のなかに、全宇宙の広がりが存在し、その広がりは結び合い融け合う世界として成立している。この本質的世界を識ることとともに悟りはあり、それを識ろうとするならすべての生類の自由を願う菩薩行＝利他行が必要だ。ただし菩薩心を起こした時点ですべての人は菩薩なのだ。このように考える『華厳経』は、実践と認識を統一させた関係論を軸にする経典である。この視点は後に成立する中期密教経典（大日経、金剛頂経）にも受け継がれていくが、私にとっては『華厳経』はもっともおもしろい仏教経典でもある。

『現代意訳・華厳経』原田霊道訳、書肆心水、2016年（新装版）による

おわりに

私たちは自分で本を選び、読んだと思っている。ところが後になって振り返ってみると、その時代が、その本を読ませたのだと感じるときがある。

私の場合もそんな感じだ。十代の頃の読書の背景には１９６０年代という時代があった。高度成長によってもたらされた「豊かさ」と、管理社会が確立されていく鬱陶しさが併存していた時代。ソ連や中国などの既成の社会主義への批判はあっても、社会主義思想はまだ光を失っていなかった時代。そして労働運動や学生運動が活発だったのが１９６０年代である。そういう時代が私にいくらかの読書をうながした。

その後にヨーロッパが生みだした思考様式への批判が高まる時代が現れ、私たちは自然、地域、コミュニティ＝共同体、地域文化、その社会の基層的な精神などを視野におさめなければならなくなっていった。そういう時代が再び私に読書をうながした。

本書は、『かがり火』誌に連載している「古典を読む」を収録するかたちでつくられている。どのような時代が、なぜその本を読むように求めたのか。「古典を読む」はそんな視点からの連載である。50冊の本のなかには、文学書や仏教系の本もふくまれているが、それらも私の趣味というより、時代にそういう本を読むことを求められた結果だと感じている。

ゆえに本書は書評的啓蒙書ではない。本を読むことをとおして、私たちはどんな時代を生きていて、何を問わなければいけなくなっているのかを書いていこうとした。私は取り上げた本と向き合っていたのではなく、その本を読ませた時代と向き合おうとしていたのである。

『かがり火』での連載は、まだしばらくつづきそうな気がする。これからも継続されるとすれば、来年の私はどんな本を取り上げているのだろうか。それもまた時代が決めていくのだろう。自分の方から打って出るような「主体性」は、西洋的恣意がつくりだした「主体性」である。今日とはそういう発想が限界を示しているのであり、私は自分から打ち出す「主体性」ではなく、関係のなかで役割をこなす「主体性」のなかに身をおかなければならないのだろう。

私を包んでいるさまざまな関係の総和、それが私の生きている時代である。とすれば、関係のなかの役割の一つに、時代のなかでの役割があるということになる。

時代の求めに応じて本を読む。そういう読書をこれからもつづけていこうと思っている。

2019年8月

内山　節

著者略歴

内山　節（うちやま・たかし）

１９５０年、東京生まれ。東京都立新宿高等学校卒業。哲学者。１９７０年代から東京と群馬県上野村を往復しながら暮らしている。むら人の暮らしの考察をとおして、自然と人間との関係、仕事と労働、時間や共同体などをめぐって、独自の思想を構築する。立教大学大学院21世紀社会デザイン研究科教授（２０１０年４月～２０１５年３月）などを歴任。ＮＰＯ法人・森づくりフォーラム代表理事。『かがり火』編集人。主な著書は『内山節著作集』（全15巻、農文協）に収録されている。最近の著書として『日本人はなぜキツネにだまされなくなったのか』（講談社現代新書）、『いのちの場所』（岩波書店）、『修験道という生き方』（共著、新潮選書）などがある。

内山節と読む　世界と日本の古典50冊

２０１９年10月15日　第１刷発行

著　者　内山　節

発行所　一般社団法人　農山漁村文化協会
〒107－8668　東京都港区赤坂７－６－１
ＴＥＬ　０３（３５８５）１１４２（営業）
　　　　０３（３５８５）１１４５（編集）
ＦＡＸ　０３（３５８５）３６６８
振替　　００１２０－３－１４４４７８
http://www.ruralnet.or.jp/

ISBN 978-4-540-19149-7
〈検印廃止〉

ＤＴＰ制作／㈱農文協プロダクション
印刷／㈱光陽メディア
製本／根本製本㈱
定価はカバーに表示
乱丁・落丁本はお取り替えいたします。